JN085496

ネオ・ベーシック商法 2

会社法Ⅰ【ガバナンス編】

道野真弘 編著

張　笑男／村上康司／黒野葉子／藤嶋　肇／
千手崇史／矢﨑淳司／多木誠一郎

Neo-Basic Textbook on Commercial Law Vol. 2

北大路書房

はしがき

　本書は，はじめて商法・会社法を学ぼうとする方々を主たる対象とする入門書と位置付けるものである。「ネオ・ベーシック商法」というシリーズ名が示すとおり，これまで刊行されている多くの優れた書籍とは異なる特色をもたせたいと意気込んで執筆に取り組んだが，まず何よりも，初学者が，基本的初歩的な知識を網羅的に理解し，ごく平易な内容から応用的・先進的な内容までを一気に把握することができるものと自負している。

　商法は会社法の母法であり，会社法は，会社編として商法に規定されていたところ，平成17（2005）年の改正で商法から分離・独立した。商法自体は企業取引に関する法としての意義があり，会社編はそのうちの企業組織法だったが，組織法の重要性から条文も増え，規制内容も複雑になってきた。そこで組織法の規制を一新するため，独立したわけである。

　商法は引き続き企業取引法として意義があり多くの大学でも「商法総則・商行為」科目がある。大改正を控える時期でもあったので，先行して令和元（2019）年に，〈ネオ・ベーシック商法シリーズ〉第1巻『商法入門／総則／商行為』として刊行した。そして続編としてこのたび，会社法のテキストを刊行することとなった。組織法として重要であり内容も多岐にわたるのでガバナンス編とファイナンス編の2分冊にした。

　第2巻「会社法Ⅰ　ガバナンス編」は会社をどのように統治するのか，最適な統治による経営形態はどういったものか，具体的には会社の各機関の意義や機能，全体的な機関設計と各機関による相互の監視監督，組織再編の方法などを主とする記述となっている。第3巻「会社法Ⅱ　ファイナンス編」は企業がどのように資金調達するのかを主とするものであり，具体的には株式等の資金調達手段や，企業の業績を示す計算書類に関する規制のほか，企業の決済方法や税務，保険，倒産処理にも触れている。

　なお，シリーズ第1巻の「はしがき」でも述べたように，ざっと斜め読みできる分量にするため脚注や参考文献は極力省略している。巻末に参考文献を一覧にしているので，本書を二度三度と読み返し，実力が向上してさらに深い疑問が生じた場合はそちらも参考にしてもらいたい。大学で講義を受ける機会が

ある読者は，担当教員にわからない点を質問することも肝要である。テキストを読み，講義を聞き，自分なりにまとめる（書く──ノートにまとめることに加えて，アウトプットとしての論述も含む）という3点は，学問の理解のために欠かせない。

　執筆を担当いただいた方々は，大学の一線で教鞭をとる気鋭の研究者である。研究・教育に多忙な中，無理を言って筆をとっていただいた。遅々として進まない編集作業により迷惑もおかけしたが，最大限のお力添えをいただいて，広範な会社法の全てを余すところなくお伝えできているものと思う。読者の皆様の，会社法の勉強の一助になれば幸いである。

　出版工房燧（ひうち）代表で北大路書房出版コーディネーターの秋山泰氏には同じくご多忙の中にもかかわらず編集作業等ご助力いただき，出版にこぎつけることができた。末筆ながら，ここに謝意を表したい。

2022（令和4）年3月1日

執筆者を代表して

道野　真弘

▶凡例 ─────────────────────────────────────

1 法令の略語

（主なもののみ。他は通例に従う，ただし，複数の条文，複数の法令が出てくる場合は，法令名を省略することがある。また，法令名が重要な場合は，正式表記をする場合がある）

会社	会社法（平成17年法86号，最終改正：令和元年法70号）
	例外：改正前会社法については，改正時期に応じて適宜，「平成26年改正前＊＊条」，「令和元年改正前＊＊条」とする。民法なども同様に表記する。
会社規	会社法施行規則
会社計算	会社計算規則
商	商法（平成30年改正商法）
商登	商業登記法
商規	商法施行規則
民	民法（令和3年改正民法）
会更	会社更生法
破産	破産法
民再	民事再生法
民訴	民事訴訟法
金商	金融商品取引法
国際海運	国際海上物品運送法
倉庫業	倉庫業法
保険	保険法
保険業	保険業法
割賦	割賦販売法
特商	特定商取引に関する法律
独占禁止	私的独占の禁止及び公正取引の確保に関する法律
不正競争	不正競争防止法

▶ 〔表記例〕（会社7条・8条1項・2項，商12条1項・2項）

2 判例引用等の略語 （主なもののみ。他は通例に従う）

最大判	最高裁判所大法廷判決
最 判	最高裁判決〔小法廷〕
高 判	高等裁判所判決
地 判	地方裁判所判決

〔決　決定〕

民　集	最高裁判所民事判例集
高民集	高等裁判所民事判例集
下民集	下級裁判所民事裁判例集
裁判所WEB	裁判所ウェッブサイト

判タ	判例タイムズ
判時	判例時報
金法	金融法務事情
金判	金融・商事判例

百選　　　神作裕之・藤田友敬・加藤貴仁編『会社法判例百選』（第4版，有斐閣，2021年）
　　　　　〔百選所収の判例事件番号を付す＝百選17事件〕

NB1商法入門他　ネオ・ベーシック商法1　商法入門／総則／商行為
NB2会社法Ⅰ　　ネオ・ベーシック商法2　会社法Ⅰ　ガバナンス編
NB3会社法Ⅱ　　ネオ・ベーシック商法3　会社法Ⅱ　ファイナンス編

▶〔**表記例**〕　（最判昭和49・3・22民集28巻2号368頁）
正式表記⇒最高裁判所〔小法廷〕昭和49年3月22日判決〔最高裁判所民事判例集28巻2号368頁〕

はしがき
凡例
執筆者紹介

06章__取締役会 —————————————————— 072

07章__株主総会 —————————————————— 088

11章__M&A法制【1】 ▶全体像/合併/株式交換・株式移転・株式交付 ── 150

12章__M&A法制【2】 ▶会社分割と事業譲渡/組織再編手続の瑕疵/組織変更 ── 164

▶執筆者紹介・執筆分担　（敬称略）　＊印は編著者

＊道野　真弘（みちの・まさひろ）　近畿大学法学部教授
　　　　　　　　　　　　　　　　　01章，02章，15章
　　　　　　　　　　　　　　　　　★Topic01〜04，19，20

　張　　笑男（ちょう・しょうなん）　長崎大学経済学部准教授
　　　　　　　　　　　　　　　　　03章，06章
　　　　　　　　　　　　　　　　　★Topic05，08，09

　村上　康司（むらかみ・こうじ）　愛知学院大学法学部教授
　　　　　　　　　　　　　　　　　04章，05章
　　　　　　　　　　　　　　　　　★Topic06，07

　黒野　葉子（くろの・ようこ）　愛知学院大学法学部准教授
　　　　　　　　　　　　　　　　　07章，08章
　　　　　　　　　　　　　　　　　★Topic10〜12

　藤嶋　　肇（ふじしま・はじめ）　近畿大学法学部教授
　　　　　　　　　　　　　　　　　09章
　　　　　　　　　　　　　　　　　★Topic13

　千手　崇史（せんず・たかし）　近畿大学経営学部准教授
　　　　　　　　　　　　　　　　　10章，11章，12章
　　　　　　　　　　　　　　　　　★Topic14〜16

　矢﨑　淳司（やざき・じゅんじ）　東京都立大学法学部教授
　　　　　　　　　　　　　　　　　13章
　　　　　　　　　　　　　　　　　★Topic17

　多木誠一郎（たき・せいいちろう）　小樽商科大学商学部教授
　　　　　　　　　　　　　　　　　14章
　　　　　　　　　　　　　　　　　★Topic18

01章__ 会社法への誘い

▶§1__ 会社法という小宇宙

　会社法と一口に言っても，法律学が学問における一つの宇宙とすれば，かなり大きな小宇宙と言える。

　会社法は従来，形式的意義の商法（要するに商法という名の法典）の中に規定されていたが，形式的意義の商法は，会社法や保険法が独立した結果，総則，商行為，海商の3編のみからなる法典となった。総則に規定されることは会社にも適用されていたが，会社法はこれを準用することなく類似の規定を置いたため，現在商法総則は会社には適用されない。このことから，会社に関しては会社法が主たる適用規定であり，商法との関連は商行為規定や海商に関連する事業を営む場合のみである。ただ，現状においても，実質的意義の商法（商法＝企業法説（論）とか商的色彩説（論）が唱えられるが，要するに商法の実際を考えた場合に，形式的意義を超えて一つの法分野を捉えた場合の「商法」分野）に含まれることは異論なく，商法総則と会社法総則は類似の点が多い（これらについては，NB１商法入門他を参照）。

　ところで会社法を学ぶ際，自己株式について知りたいとか，取締役の責任について勉強したいというように具体的にピンポイントで目標設定していることもあるかもしれないが，初めて勉強する者にとってはとりあえず会社法を学びたいという程度のことがほとんどであろう。大学の講義の担当教員は頭の中に「地図」を思い浮かべ，今どのあたりを説明しているのかわかって説明しているが，初学者はそうではない。例えば「自己株式」の解説が，会社法全体のどのあたりの話か（他のどの議論と関連があるか）をわかって聞く方が理解を深めるためには好都合である。初学者こそ，会社法の全体像としての地図を持っていてほしい。

　▶図表01_1は，会社法と名のつく講義で言及されるほぼ全てを網羅したものである（会社法総則は商法総則とともに「商法総則・商行為」などと称する科目で解説

▶図表01_1　会社法制把握の見取図

会社＝営利・社団・法人（会社の法的性質）←→他の企業形態との異同

　　会社は何のために存在するのか（誰のものか）＝企業統治／コーポレート・

　　── 持分会社：合名会社，合資会社，合同会社

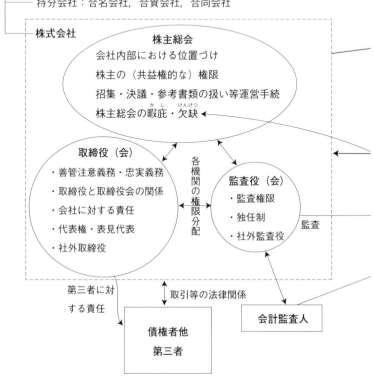

株式会社

　株主総会
会社内部における位置づけ
株主の（共益権的な）権限
招集・決議・参考書類の扱い等運営手続
株主総会の暇庇_{かし}・欠缺_{けんけつ}

取締役（会）
・善管注意義務・忠実義務
・取締役と取締役会の関係
・会社に対する責任
・代表権・表見代表
・社外取締役

各機関の権限分配

監査役（会）
・監査権限
・独任制
・社外監査役

監査

会計監査人

第三者に対する責任

取引等の法律関係

債権者他
第三者

株式会社の機関設計＝定食型からアラカルトメニュー型へ
・伝統型（三権分立型）
・指名委員会等設置会社　←（取締役とは別の）執行役という役職
・監査等委員会設置会社　←上記２種の形態の折衷的機関構成
・旧有限会社型（小規模閉鎖型）

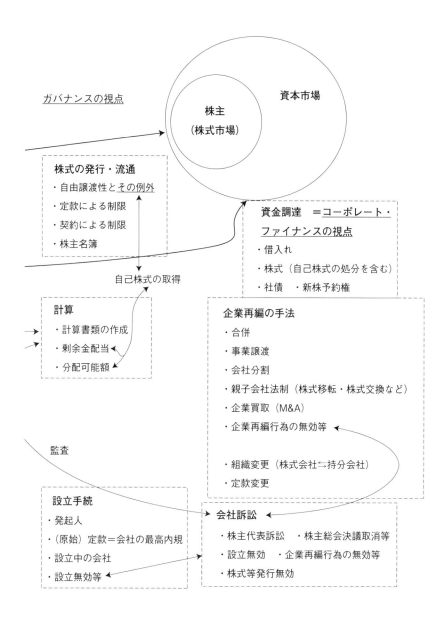

ガバナンスの視点

資本市場

株主
(株式市場)

株式の発行・流通
・自由譲渡性とその例外
・定款による制限
・契約による制限
・株主名簿

資金調達 ＝コーポレート・
ファイナンスの視点
・借入れ
・株式（自己株式の処分を含む）
・社債 ・新株予約権

自己株式の取得

計算
・計算書類の作成
・剰余金配当
・分配可能額

企業再編の手法
・合併
・事業譲渡
・会社分割
・親子会社法制（株式移転・株式交換など）
・企業買取（M&A）
・企業再編行為の無効等

・組織変更（株式会社⇆持分会社）
・定款変更

監査

設立手続
・発起人
・（原始）定款＝会社の最高内規
・設立中の会社
・設立無効等

会社訴訟
・株主代表訴訟 ・株主総会決議取消等
・設立無効 ・企業再編行為の無効等
・株式等発行無効

されることも多いと思われるので省略した）。いわば国土地理院発行の，特に手を加えていない純粋な地図というところであり，これをわかりやすくメモリーツリーにするなどすればよりわかりやすくなるであろうが，それは読者自身に委ねたい。ちなみに「自己株式」の取得は株式の自由譲渡性の例外であると同時に，分配可能額の範囲内で取得しなければならず貸借対照表のどの部に計上すべきかという点で計算規定とも関連し，自己株式を処分することは資金調達としての新株発行と同等の意味合いを有することがある。

▸§2＿ 経済社会の主要アクターとしての〈会社〉

▸図表01_1が示すように，会社法が規制する「小宇宙」は広範である。経済社会で活躍する企業は会社に限らず多様であり，個人企業もあるし，会社に準じる企業（相互会社，信用組合，信用金庫など）や非営利企業もある（非営利企業も収益事業をしてはいけないわけではない）。

歴史的経緯の中では，個人企業から共同企業，共同企業の中でも民法上の組合のような個人の単純な集合体から会社のような機関構成がはっきりとした団体へと，構成員が増えていった。会社も，合名会社，合資会社，株式会社とその位置付けとしては少数の出資者を念頭に置くものから多数の出資者を念頭に置くものへと進展していったが，株式会社の人気が高く，ごく小規模なものから大規模なものまで株式会社形態を採用するようになった結果，理念はさておき，株式会社が一般化し，それに対応する規制の必要に迫られた。

企業という場合，形態別のその正確な数を把握することは難しく，国税庁や法務省，中小企業庁等各省庁によってやや異なることがある（休眠会社を数に含むかなど統計の趣旨によって異なるからである）。国税庁の法人番号公表サイトを利用して調査すると，株式会社は全国に220万社以上，合名会社は約1万3000社，合資会社約6万5000社，合同会社約24万0000社，（特例）有限会社約168万社である。ただし登記簿閉鎖（すなわち解散・清算した法人）等の会社も含まれるため，正確な数字ではない。『国税庁会社標本調査』（国税庁長官官房企画課）の最新版は令和元（2019）年度版であるが，その組織別・資本金階級別法人数（同調査14頁第4表）によれば株式会社255万9561社，合名会社3343社，合資会社1万3540社，合同会社11万3196社，その他6万8780社である。ここでいう株式会社には有限会社が含まれる。

★Topic＿01　東京証券取引所の市場再編

　株式等会社の発行する証券を売買するために設けられた取引所は，古くは全国各地に
あったが，現在は世界的にもオンライン化が進み，日本においても取引所は東京，札幌，
名古屋，福岡のみである（大阪は東京と市場統合し，先物市場などに特化した）。東京
は最大規模であるが，この市場は本文にもあるように３つに区分されている。ただ，大
阪と統合する際に東京よりもやや緩やかな上場基準であった大阪の１部・２部の企業
をそのまま東京の１部・２部に編入したり，曖昧な面もあった。そこで，新たにプラ
イム・スタンダード・グロースの３市場に再編し，それぞれの上場基準と上場廃止基準
も厳格にした。例えば上場基準の株式の時価総額基準は250億円，廃止基準は100億円
で，従来10億円になれば２部降格であったところ，100億円を下回れば上場廃止となり，
下部市場に上場したい場合はあらためて申請する必要がある。

　ただこれも，現行の１部上場会社が，プライム市場基準に達していなくても基準達成
の計画書を提出すればプライムに移行できる経過措置があり，選別がうまく進んでいな
いとの批判もある。今後，経過措置をどのタイミングで終了させるのか，プライム市場
上場会社の信用，ブランド力向上のための行動が求められている。

　なお，令和４（2022）年４月４日スタートしたプライム市場には（経過措置295社
を含む）1839社，スタンダード市場には1467社，グロース市場には466社が上場した。

【道野真弘】

　法人以外にも企業はあるが，国税庁が把握する法人の中で会社は93％あるこ
とになる。しかも一般的にいう大企業は多くが株式会社であり，その経済活動
の規模が大きいことは言うまでもない。先ほどの表によれば，資本金10億円を
超える法人（全体の0.2％）は5878社であり株式会社は5281社を占める。株式市
場で株式が取引される株式会社（上場会社・上場企業と呼ばれることがある）は大
企業であり経済的信用のある会社であると一般には認識されている。上場会社
の数（令和４〔2022〕年４月４日現在）は，日本における最大市場である東京証券
取引所（プライム・スタンダード・グロースの３市場とプロの投資家限定市場のTokyo
Pro Marketがある）の上場数が3824社，名古屋証券取引所（プレミア・メイン・ネ
クスト）276社（単独上場61社），福岡証券取引所（本則市場・新興市場）108社（同
26社），札幌証券取引所（本則市場・アンビシャス）57社（同16社）である。さら
に後述の大会社（会社２条６号）は，１万社弱程度であると推測される（大会社

かそうでないかは変動もありこれも正確な数字は把握し難い）。

　このように，資本主義経済社会において数の上でも資本規模の面からも，会社特に株式会社が主要アクターであることは間違いのないところである。

▸§3__　企業をめぐる法律と会社法の位置付け

　前述のように，現行会社法の源は商法典にある。商法が，民事法または私法と呼ばれる法分野の中で，一般法である民法とどういった違いがあるのかという議論において，商法とは企業に関する法であるという企業法論が通説である。企業という用語も必ずしも一義的ではなく議論は錯綜するが，差し当たり「一定の計画に従い，継続的意図をもって資本的計算のもとに営利活動を行う法的に独立した経済単位」とすると，その企業に関するルール全般が，実質的意義の商法ということになり，そのうち企業組織に関する法が実質的意義の会社法ということになろう（企業取引に関する法が，商行為法として商法典に規定が置かれているものである）。企業に関連する法としてはいわゆる独占禁止法や金融商品取引法（金商法）もあるが，独占禁止法は企業間の競争が公正公平に行われることを規制するための法であり，金商法は証券市場等の公正性確保と投資家保護を目的としているものであって，企業組織法とは言えず，一部関連する部分はあるとは言え，実質的意義の会社法に含めるべきかどうかは，説が分かれそうである。

▸§4__　公開株式会社法という選択

▸▸1　株式会社の規模には大きな差がある

　会社とりわけ株式会社が経済社会における主要アクターであるとして，前述の通り多数ある株式会社の中で大企業と言えるのはその一部である。従来，合名会社や合資会社はごく小規模企業向けで，株式会社は大企業向けとし，商法の株式会社に関する規定も大企業を念頭に置いた規定ぶりであった。ところがますます小規模な株式会社が増えた結果，それを減らす努力（最低資本金制度の導入など）もしたもののうまくいかず，会社法を独立させ単行法として制定・施行する段階では，むしろ大多数を占める中小規模の株式会社を念頭に置き，大企業はその活動によって社会に与える影響が大きいため，より厳格なルール

が適用されるような規定ぶりとなった。そこである著名な研究者は会社法を「大いなる中小企業法」と呼び疑問を呈した。多数を占めるプレイヤーを念頭にルールが定まるのは当然としても，では会社法の理念，株式会社とはこういうものであるといういわば「美しい在り方」ないし「(株式会社の) 理念型」を示すために，どうすればよいか。諸外国でもなされることがあるように，株式会社の規模別に，大規模企業には公開会社法，小規模企業には私会社法という区別をすることも考えられる。私会社法に当たるものがすでに現行の会社法としてあるから，これに加えて，またはそのうちの大会社向け規定を分離して公開株式会社法を制定し大企業はこちらが適用されるようにしてはどうかという意見もある。実際，そのような議論が活発になされたこともあるが，現状においてはやや下火である。

　もっとも，大企業としての株式会社の規制を，中小企業としての株式会社の規制と同じにすることは，大企業にとっては規制が緩すぎる面もあり，なんとかせねばならないという共通認識は，立法担当者にも，会社法研究者にもある。そこで，コーポレートガバナンス・コードやスチュワードシップ・コードなどが，産官学連携のもと議論され，法令としてではなく，いわゆるソフトロー（自主規制とも言えるが，より明確化された規制であり，かといって法令ほどに国家権力による強制力を伴うものではなく，例えば各業界の契約書の雛形などもこの一種である）として公表されている。ちなみに法令等はハードローと呼ばれることがある。

▶▶2　コーポレートガバナンス・コードとスチュワードシップ・コード

　コーポレートガバナンス・コードは，金融庁と東京証券取引所（東証）が旗振り役となり，産官学の関係者が有識者会議を構成して作成した。その後も見直しがなされ，令和3 (2021) 年6月にも改正されている。形式上は東証の上場基準であるが，上場会社以外でも上場を目指すまたは上場会社に匹敵する信用の確保のために念頭に置くべきルールとして価値がある。

　当該コードでは，コーポレートガバナンスとは，「会社が，株主をはじめ顧客・従業員・地域社会等の立場を踏まえた上で，透明・公正かつ迅速・果断な意思決定を行うための仕組みを意味する。本コードは，実効的なコーポレートガバナンスの実現に資する主要な原則を取りまとめたものであり，これらが適切に実践されることは，それぞれの会社において持続的な成長と中長期的な企業価値の向上のための自律的な対応が図られることを通じて，会社，投資家，ひい

★Topic__02　株主（投資家）のタイプ

　株主と一言で言っても，さまざまなタイプがいる。自ら出資を引き受けて自ら経営に関与する資本家もいれば，経営への関与はあまり考えないがいわゆる利鞘稼ぎ（株価が上昇すれば購入価格との差額が儲けになるなど）や配当目当ての株主もいる。規模が大きくなればなるほど，そのような多様な株主と経営陣との間に乖離が生じ，それを所有と経営の分離という。多数派株主であっても，経営の専門家とはいえず，経営陣と必ずしも意見が一致するものでもない。株主としては，利益を上げてもらうよう経営陣を信用し監督するにとどめざるを得ない。

　経営陣は基本的に多数派株主の意向を汲んで経営をするが，株主数が増えれば増えるほど，多数派ではないが無視できない比率の株を持つ株主も多々存在することがある。経営陣としては様々な意見に耳を傾けることが必要になり，あまりにもそれが大変だと判断した際には経営陣または経営陣と従業員による株式の買収（MBO，MEBOなどと略称される）によって意思の疎通を図りやすくすることもある。

　投資家（株主）の区別の方法に機関投資家と個人投資家という区分がある。簡単にいえば企業組織体としての投資家と，一般人としての投資家であり，前者は投資のプロである（後者にもプロはいるが規模的には前者に及ばない）。プロであれ素人であれ損はしたくないが，機関投資家はその顧客から預かった資金でより多くの儲けを出すために投資している面もあって，投資先の企業に対して短期的な儲け（高配当）を要求することが時に起こる。そのようなことがないように中長期的な企業の成長にも配慮した対話が必要であると制定されたのが本文でも述べたスチュワードシップ・コードである（この点については，→★Topic__11参照）。

　なお，株主のタイプという意味では，敵対的な買収を仕掛ける株主もいる。ただ，現代においては敵対的買収が必ずしも悪ではなく，善とも言い切れない点で，敵対的株主を一括りにもしがたい。すなわち，敵対的というのは現経営陣にとって寝耳に水の買収であるというだけで，企業価値の最大化にとって当該敵対的株主がプラスの存在なのかマイナスの存在なのかはケースバイケースである。

【道野真弘】

ては経済全体の発展にも寄与することとなるものと考えられる」とあり，その基本原則として「株主の権利・平等性の確保」「株主以外のステークホルダーとの適切な協働」「適切な情報開示と透明性の確保」「取締役会等の責務」「株主との対話」が掲げられる。

スチュワードシップ・コードは，金融庁のイニシアティブのもと，先ほどと同様産官学の有識者により策定されたものである。正式には「責任ある機関投資家」の諸原則であり，日本版スチュワードシップ・コードと称される。当該コードにおいてスチュワードシップ責任とは，「機関投資家が，投資先企業やその事業環境等に関する深い理解のほか運用戦略に応じたサステナビリティ（ESG要素を含む中長期的な持続可能性）の考慮に基づく建設的な「目的を持った対話」（エンゲージメント）などを通じて，当該企業の企業価値の向上や持続的成長を促すことにより，「顧客・受益者」（最終受益者を含む。以下同じ）の中長期的な投資リターンの拡大を図る責任を意味する。本コードは，機関投資家が，顧客・受益者と投資先企業の双方を視野に入れ，「責任ある機関投資家」として当該スチュワードシップ責任を果たすに当たり有用と考えられる諸原則を定めるものである。本コードに沿って，機関投資家が適切にスチュワードシップ責任を果たすことは，経済全体の成長にもつながるものである」とされる。サブタイトルが「投資と対話を通じて企業の持続的成長を促すために」とあるように，機関投資家も短期的視野での利益にこだわりすぎず企業の持続可能性促進のための働きを，投資対象の会社とともに進めていく方策をということである。

▶§5__ 会社法改正の経緯と趣旨

▶▶1 「会社法」制定以前

　法の制定や改正がなぜなされるのか。当然のことながら，その必要があるからである。最初に商法が制定されたのは，他の主要法律と合わせて法の整備が国家の近代化にとって不可欠であったからであるが，封建社会からの脱却への反発や民法との整合性が十分でないことなどから施行は延期され，それでも会社，手形，破産編だけは明治26（1893）年に施行されている。それだけ，経済社会にとって会社に関するルールが必要だったからであろう。その後，明治32（1899）年に制定された商法が現行商法の大もとと言えるものであり，これはドイツ旧商法をほぼ踏襲したものである。

　第二次世界大戦前の比較的大きな改正としては明治44年（1911年）と昭和13年（1938年）があるが，明治44年は日露戦争後の汚職問題や監査役の有名無実化もあり，これへの対処としての改正が求められ（ただし抜本改正には至ら

▶図表01_2　日本における商事法・会社法制のあゆみ（1）明治から平成前まで

主な改正（制定）年	主な内容	
明治23年（1890年）	旧商法制定	国家の近代化
明治26年（1893年）	施行延期（ただし会社，手形，破産編のみ施行）	
明治32年（1899年）	新商法制定	
明治44年（1911年）	取締役・監査役の責任強化	新商法制定後10年を経て条文上の不備や解釈の問題等に対処
昭和13年（1938年）	・設立規制の厳格化 ・資金調達方法の拡充 ・自己株式取得禁止の例外を認める ・会社関係訴訟の拡充整備 ・整理・特別清算の新設，取締役の刑事責任強化 ・有限会社法制定	大正バブルとその崩壊時期 自由主義的・資本主義的立場を鮮明に
昭和23年（1948年）	・分割払込制廃止	GHQによる英米法的制度の導入要請
昭和25年（1950年）	・授権資本制度 ・無額面株式導入 ・株主の地位強化	
昭和30年（1955年）	・株主の新株引受権に伴う混乱への対処	
昭和37年（1962年）	・計算規定の現代化 ＝商法と証券取引法（当時）による二重規制体制 →双方の制度間の矛盾を解決 ・財産法中心の立場から，損益法の考え方を大幅に採用したもの	
昭和41年（1966年）	・定款による株式譲渡制限の許容 ・株主以外の者への新株引受権付与につき，特に有利な発行価額の場合に株主総会の特別決議必要	経済界からの切実な要望
昭和49年（1974年）	・大会社への会計監査人監査の強制 ・監査役に業務監査権限も与える ・資本金1億円以下の小会社の監査役については従来どおり会計監査のみ ・その他(中間配当,累積投票制度,休眠会社の整理,商業帳簿)	・企業倒産の頻発，粉飾決算＝会計監査制度の見直しの必要性は前回改正直後から問題に ・公認会計士と税理士との間の職域問題等
昭和50年（1975年）	「会社法改正に関する問題点」公表 1. 企業の社会的責任 2. 株主総会制度の改善策 3. 取締役・取締役会制度の改善策 4. 株式制度の改善策 5. 株式会社の計算・公開 6. 企業結合・合併・分割 7. 最低資本金制度および大小会社区分	戦後相次いだ部分的緊急的立法課題への対応の一段落→抜本改正への取り組み（試み）
昭和56年（1981年）	・株式単位の引き上げ等 ・相互保有株式の議決権制限等 ・株主提案権等 ・監査機能強化等	結局は部分改正にとどめる

▶図表01_3　日本における商事法・会社法制のあゆみ（2）平成2〜16年

主な改正年	主な改正点	
平成2年(1990年)	・設立規制の大幅見直し：1人会社設立の許容，最低資本金制度の導入 ・譲渡制限会社における株主には原則新株引受権 ・優先株式制度の合理化	昭和50年の7.最低資本金制度および大小会社区分関連を主とする
平成5年(1993年)	・代表訴訟提起の容易化 ・帳簿閲覧権の少数株主要件の緩和 ・大会社における監査役会の法定 ・社債法の抜本改正	日米構造問題協議による影響
平成6年(1994年)	・自己株式取得規制の緩和	経済界からの強い要望
平成9年(1997年)	・合併制度の整備 ・ストックオプション制度導入（議員立法） ・株主に対する利益供与に関する罰則強化	特に議員立法部分については自己株式取得とも関連する経済界からの強い要望
平成11年(1999年)	・株式交換，株式移転制度導入	独占禁止法改正による純粋持株会社解禁
平成12年(2000年)	会社分割制度導入	事業部門の子会社化の容易化
平成13年(2001年)	・金庫株の解禁（自己株式取得が原則自由へ） ・ストック・オプション制度の整理 ・IT（ICT）化：会社関係書類の電子化等 ・種類株式の多様化 ・大会社の監査役（会）制度の強化 ・取締役等の責任軽減制度の導入 ・代表訴訟制度の整備	・経済界からの強い要望 ・連綿と続く企業不祥事への対処
平成14年(2002年)	・委員会等設置会社（現指名委員会等設置会社）形態導入 ・連結会計 ・計算関係規定の省令委任→商法施行規則	日本型ガバナンスの限界
平成15年(2003年)	・自己株式規制のさらなる緩和 ・中間配当限度額の計算方法の改正	
平成16年(2004年)	・電子公告等 ・株式等のペーパーレス化	IT（ICT）利用の流れの加速

なかったようである），また昭和13年では有限会社法が特別法として制定されたことが重要である。ドイツで誕生した，株式会社と，合名会社・合資会社との折衷的な中規模企業向けに考え出された形態である。第二次世界大戦後には，GHQにより英米法の制度・考え方を取り入れた改正が昭和23，25（1948，1950）年になされた。その後昭和30（1955）年に新株引受権等の改正，昭和37（1962）年に計算規定の現代化等，昭和41（1966）年に株式譲渡制限の許容等，昭和49（1971）年に会計監査の厳格化（会計監査人の大会社への義務付け等）がなされた。そして戦後相次いだ緊急的部分改正の一段落のタイミングで抜本改正が試みられようとし，昭和50（1975）年に「会社法改正に関する問題点」が公

▶図表01_4　日本における商事法・会社法制のあゆみ（3）平成17～令和元年

主な改正（制定）年	主な改正点	
平成17年（2005年）	・現代語化 ・設立規制の緩和 ・有限会社法との規律一体化 ・機関設計の柔軟化 ・決算公告規制の維持 ・会計参与制度の新設 ・役員の責任，代表訴訟 ・剰余金配当の規制緩和等 ・合同会社の創設	・企業統治の実効性の確保 ・高度情報化社会への対応 ・企業の資金調達手段の改善 ・企業活動の国際化への対応の観点からの抜本改正 →準用や枝番号等が増えた商法から分離し単行法化
平成26年（2014年）	・社外役員（定義の変更等） ・監査等委員会設置会社形態導入 ・多重代表訴訟制度導入	制定後10年を経てその間に生じた問題点などに対処
令和元年（2019年）	・株主総会資料提供に関するICT活用の許容 ・株主提案の一人当たりの提出数の制限 ・取締役報酬の透明化 ・大会社における社外取締役の義務化 ・社債管理 ・企業買収	会社法学の問題というよりは，実務上の対応策への対処

表され，そこで提示された問題点は，大まかに言って表に掲載した7点であった。しかし結局は必要に応じた部分的改正に落ち着き，昭和56（1981）年には，株式単位の引き上げ，相互保有株式の議決権制限，株主提案権，監査機能強化等についての改正がなされた。

　このように昭和もそれなりのペースで改正は行われたが，平成以降は改正のペースが早まった。それは，会社法が資本主義経済社会に関する法であることも大きな理由であり，経済社会の変革ないし変革が求められるスピードが早まったことに比例したものとも言える。

　改正点は表に記載した他にも多岐にわたるが，繰り返しになるけれども，当時の時代情勢やそれに伴う経済界の要望が改正の一つの理由になっていたり，また企業不祥事への対処，計算規定のようにグローバル化の流れの中で国会審議を必要とする法の改正に委ねていては時間がかかりすぎることからより迅速に改正可能な省令ベースにするなど，必要があるからこその改正であることを忘れてはならない。

▶▶2　「会社法」の制定と「実質的意義の会社法」

　平成17（2005）年は，会社法が商法から独立し単行法化した年であり，大転

★Topic_03 　一般社団法人・一般財団法人という選択

　民法の法人法制は，民法が私法の一般法であるように，法人法制の一般法であると考えられながら，平成18（2006）年に5条のみを民法本体に置きつつ，「一般社団法人及び一般財団法人に関する法律」と「公益社団法人及び公益財団法人の認定等に関する法律」として単行法化された。従来民法上の法人は後者のような許認可対象としての法人を念頭に置いていたが，前者は準則主義であり，会社法と類似の規定を置いており，一般法・特別法の関係からすれば会社法を一般法とする特別法のようにも見える。

　国税庁の法人番号公表サイトで検索してみると，一般社団法人は6万6千を超える（令和3年2月末現在）。施行されたのが平成20（2008）年であるから13年ほどでこれだけ設立されたことになるが，その理由は設立の容易化にあるであろう。公益社団法人として認定されない限り税制上の優遇も取り立ててないし，株式会社の株主のような剰余金配当請求権・残余財産分配請求権は，一般社団法人の社員には認められない。内閣府の委託調査である『我が国における社会的企業の活動規模に関する調査報告書』（平成27（2015）年3月，受託企業・三菱UFJリサーチ&コンサルティング株式会社）によると，社会的企業を「社会的課題をビジネスを通して解決・改善しようとする活動を行う事業者」と定義し，一般社団法人はその68%が社会的事業に取り組んでいると回答している（前述報告書14頁。営利法人は49.7%であることと比較）ことからすれば，ビジネスといっても純粋な営利活動に特化せず社会的課題に取り組もうとする場合に，一般社団法人を選択するケースが多いと考えることはできよう。なお社会的事業への取組みに適した法人としては特定非営利活動法人があるが，これは事業内容が20に限られ，かつ所轄庁（都道府県知事など）の認証が必要となる。

【道野真弘】

換点と言える。従来会社にも適用のあった商法総則部分に類似する会社法総則を置くなどして極力他の法律の準用をしないことにより条文を参照しやすくしている。もっとも，実質的意義の会社法としてとりわけ会社法施行規則，会社計算規則，電子公告規則は重要であり，これらは時代の流れに合わせて迅速な対応をすべき計算規定等技術面等のルールを，会社法の委任に基づき担う省令として参照すべきものである。また会社法の施行に伴う関係法律の整備等に関する法律（会社法整備法）も，とりわけ有限会社を株式会社とみなして存続を認める（新たな設立はできず，存続する有限会社との合併も認められない）規定など，

重要である。

　このように，会社法という名の法典（形式的意義の会社法）を含めそれ以外にも会社に適用されるべき法令の総体を実質的意義の会社法と呼ぶことがある。例えば商業登記法や金融商品取引法も部分的には実質的意義の会社法に含まれると解する余地がある。

▶§6__　会社法総則について

　先述のとおり，会社法は，他の法律の準用を可能な限りなくす方向で，商法総則に類似する「総則」を置いた。商法総則は通則，商人，商業登記，商号，商業帳簿，商業使用人，代理商の7章からなるが，会社法では通則，会社の商号，会社の使用人等，事業の譲渡をした場合の競業の禁止等の4章からなる。なお会社法では（商法の商業帳簿に類する）「計算等」の章が第2編株式会社，第3編持分会社双方に置かれており（会社431条以下・614条以下），（商法の商業登記に類する）「登記」の章（第7編雑則第4章。会社907条以下）も商法総則に置かれている以上に詳細である。会社法は，基本的に自然人を念頭にした商法とは異なり大規模でかつ実態の見えにくい法人が対象のため，計算書類の作成や登記による事業内容の公示が出資者・債権者保護にとってより重要だからである。以下では，商法と会社法の異なる部分を主に説明することとし，類似する部分の詳細については，NB 1 商法入門他を，また会社の計算や登記，事業譲渡についてはNB 2 会社法Ⅰ，NB 3 会社法Ⅱの該当箇所を参照願いたい。

▶▶1　商号

　商法の「商号」第11〜14条と会社法の「会社の商号」第6〜9条(978条2号も関連)は主語が「（会社・外国会社を除く）商人」か「（外国会社を含む）会社」かの違いでしかない。もっとも，①商人は自然人を前提として（一つでもよいが）複数の商号を持つことができるのに対し（商11条1項），会社は法人として登記された一つしか商号は持てない（会社6条1項），②商人の商号登記は任意だが（商11条2項），会社の名称は登記事項である（会社911条3項2号など），③商人の商号は氏名その他を用いて自由に付けることができるが（商11条1項），会社はその種類を商号内に付加しなければならず，会社は別の種類の会社と混同させるような名称を付してはならず，会社以外のものは会社と混同させるような名称を付

してはならない（会社6条3項・7条）というような違いがある。

商法の「商号」に営業譲渡した場合の競業の禁止等に関する条文があるが（商16条〜18条の2），これは会社法の「事業の譲渡をした場合の競業の禁止等」の章の条文とほぼ同じである。18条の2は，会社法において詐害的事業譲渡がなされた場合，譲渡会社の債権者が，譲受会社に対して，承継された財産の価額を限度として債務の弁済を請求できることとした改正（平成26年改正会社法23条の2）に合わせて追加された条文である。会社が商人に対して事業を譲渡した場合は，会社が商法16条1項の譲渡人とみなして，商法17条〜18条の2の規定が適用される（会社24条）。

▶▶2 定義規定

会社法では，商法には用意されていない定義規定が置かれている。会社法2条は，1号から34号まで多くの定義がなされている。これは，金融商品取引法等昨今の経済法制でよくみられるところであるが，難解な用語をまとめて定義づけているところはありがたい。ただ，知識のない中でこれら定義規定を見ても実はよくわからないことも多い。例えば1号の「会社」の定義は「株式会社，合名会社，合資会社又は合資会社をいう」とあり会社はこの4種であるということでストレートにわかりやすいが，ではこの4種がどういった内容かは，これだけではわからない。3号の2は「子会社等」とあるが，子会社は3号に定義があってまだしも，「会社以外の者がその経営を支配している法人として法務省令で定めるもの」も「子会社等」に含まれる（同様に「親会社等」も4号の2に規定がある）。すなわち，親子会社法制を念頭に置いて，親会社と子会社を定義したものの，小規模な企業では，自然人たるオーナーが権力を握って会社を牛耳る場合もあり，それは親子会社に類似する側面がある。いわゆる1人会社は出資者（株式会社では株主）が1人であり，この1人が会社に対する絶大な権力を有しているのは，大企業が100％出資する子会社に対して自らの意向がストレートに影響するのと同様である。そのため，「子会社等」「親会社等」と，「等」に自然人又は会社以外の法人も親会社類似の立場にある実例を念頭に定義がなされている。

その他にも，取締役会設置会社とか監査役会設置会社といった定義がなされているが，設置が義務付けられている場合と，任意で設置される場合が同じ言葉で表される。これもまた初学者には分かりにくい。ただ，まずは取締役会が

設置されているのだな，監査役会が設置されているのだなという単純な認識から始めればよい。

その他複雑な定義も多いが，要するにこの定義規定は979条を超える会社法において，至るところで同様の用語が用いられたとき，どういった意味なのか迷ったとき確認するためのものであって，この条文だけ読んで理解できるものではないから，該当箇所で理解を深める必要がある。

▶▶3　会社の性質

会社の性質については，一般的に営利社団法人であるとされる。

【1】　法人性

法人であることは，構成員（出資者）が多数いる場合に，法的取扱いが簡便になることから，多くの組織形態で認められる。ただし自然人と異なり実体が見えにくい面もあり勝手に法人を名乗られても困るから，法律の根拠がないと認められない（法人法定主義。例えば宗教法人は宗教法人法が，生活協同組合は消費生活協同組合法が根拠法）。会社法は，会社の法人格を認める（会社3条）。

例えばA〜Eの5人が出資した団体があるとする（▶図表01_5参照）。この5人が共同で第三者甲と取引をするとか不動産を所有する場合，考えられる方法としては5人の共同名義か，Aに一任するかである。前者では出資者の変動があった場合契約ないし登記を再度し直す必要があり，後者の場合Aの権限が大きく，B〜EはAを信用するしかない（Aが悪い気を起こして自らの単独名義であることをいいことに当該不動産を勝手に売却してしまう可能性）。そこで，当該団体を法人として人格を与えることで，構成員と甲，構成員と不動産との間に置けば，構成員がどのように変動しようとも，法人と甲，法人と不動産との法律関係として認識することができる。古くは，欧州のキリスト教会において地域の信者や中央から派遣される神父，教会に所属する者など多数の関係者の法律関係をシンプルにするため，法人格を与えたのが最初とされる。

法人性との関連で問題となるのが，法人格否認の法理である。これは，一自然人が，個人商人として営業をしているのか会社として事業を営んでいるのか判然とせず，法人化の必要もないのに出資者の有限責任というメリットを享受したいがためにあえて法人化した場合（形骸化事例）や，別個独立した存在であることを濫用した場合（濫用事例）に，その法人格をなかったことにする考え方である（あくまで具体的な事例ごとの判断であって，解散命令のような法人格を

▶図表01_5　法人という人格（法人格）の仕組み

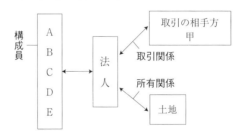

法人を構成員とは別個独立の権利義務の
主体とすることで法律関係が簡便に

▶図表01_6　法人格の否認と責任追及

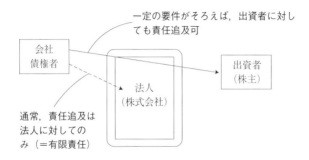

剥奪するものではない）。会社の債権者は会社に対してのみ債務の弁済など責任
追及ができるが，資産家の出資者がごくわずかばかりの出資金で会社を設立し，
会社が債権者に対して与えた損害の負担を免れようとすることがあったとき，
債権者と出資者の利害を比較衡量して債権者を保護すべき要素があったとすれ
ば，法人格のベールを破って出資者に責任追及できるとする（▶図表01_6参照）。
　もっとも，常に法人の裏にいる出資者に責任追及できることとするならば有
限責任の意味がないし，一定の要件を満たすことが必要である。形骸化事例の
場合，出資者即会社，会社即出資者といった状況（居宅と会社所在地が同じ，会
計がどんぶり勘定，唯一の出資者が唯一の経営者であるなど，必ずしもではないが1人
会社は形骸化事例に該当しやすい），濫用事例の場合は，ある会社が自らの債務を
免れるため別の会社を設立し，債務以外の資産をそちらに現物出資するなど法

人格を濫用していると認められる要件が揃っていることである。ある下級審判決（仙台地判昭和45・3・26判タ247号127頁）では，子会社の債権者が100％出資親会社への責任追及できるのは，受動的に当該債権者の立場になった場合に限るとする。親子会社などグループ経営が一般化しているが，それはリスクヘッジの意味合いもあるわけで，子会社が生ぜしめた損害を全て親会社が負担しなければならないというのも，別個独立の法人であることからすれば理屈に合わない。法人格否認の法理を日本において初めて認めた判決として，前述仙台地判が引用する最判昭和44・2・27民集23巻2号511頁〔百選3事件〕がある。

　法人格否認の法理の法的根拠は民法1条3項（権利の濫用はこれを許さない）とされており，一般法理であるから，他に具体的な適用規定がある場合はそちらで対処し，対処困難な場合に当事者間の利益衡量の結果として用いられるべきものである。出資者（株主）が経営者（取締役）であれば，取締役の第三者に対する責任の追及（会社429条）などが考えられる。

【2】 社団性

　社団には，人の集まりという意味と，（民法上の）組合よりは機関が明確な組織という意味がある。平成17（2005）年改正前商法52条には会社の社団性についての明文があったが，会社法にはそれがない。また合資会社を除き会社は1名の出資者により設立・存続できる（合資会社は無限責任社員と有限責任社員がそれぞれ1名以上必要）ことから，少なくとも人の集まりという意味での社団性はなくなったとする見解もある。ただ，会社は株式や持分を比較的容易に新たに発行するとか他者に分割譲渡することができるから，いつでも複数の出資者が存在可能となる。そのため，潜在的社団性ありとする見解が多数を占める。なお，会社法上出資者のことを社団の構成員という意味で社員と呼ぶ。

【3】 営利性

　端的にはお金儲けをすることであるが，宗教法人や学校法人などいわゆる非営利法人も一定の制約はあるが収益事業を禁止されているわけではない。非営利法人と営利法人とを区別する基準は，社団の構成員（社員）に儲けた利益を分配するか否かである。すなわち非営利法人は収益事業で得た利益は布教や教育活動に用いる（非営利法人には基本的に出資者は存在しない）。営利法人では分配可能である限り社員に分配することが原則である。

　なお，営利事業とは「収支相償う」ことを目的としていればよく，赤字であっても，また路上でのティッシュ配布など無償で行うことでも宣伝活動と判断

されれば，営利事業に含まれる。

　これとの関連で，企業の社会的責任（Corporate Social Responsibility ; CSR）というテーマがある。営利事業を原則とする会社が，営利とは必ずしも言えないような自然環境の保全や貴重絵画の保存などに取り組むことであるが，それ以外にも自然界に負担をかけない商品の開発など，かなり広範にわたる（最近話題に上ることの多いSDGs〔持続可能な開発目標〕もこれに含まれよう）。法的には定款所定目的（すなわち営利事業目的）との関連で企業は政治献金できるかという論点があり，判例（最大判昭和45・6・24民集24巻6号625頁〔百選2事件〕）によれば，会社に社会通念上期待ないし要請されるものである限り，それに応えることは会社の当然になしうることとする。この論点は，より詳細に言えば民法34条が，法人は法令の規定にしたがい，定款その他の基本約款で定められた目的の範囲内で権利義務の主体となることを規定していることから発している。すなわち営利目的たる定款所定目的があって，それをするのが会社の本分なのであるから，それ以外のことは会社の権利能力から逸脱しており無効ではないのかという議論があるところ，政治献金は会社のなしうる行為なのかが問題となった。学説上は定款所定目的によって会社の権利能力は制限されないという説が多数説であるが，制限されるされないに関わらず，定款所定目的に付随する行為も多々あり（例えば鉄鋼業を営む会社でもそれに付随して銀行から借入もするし作業服も購入するし，宣伝活動として景品を購入することもあるであろう），これには非営利の行為も含まれ，取引安全の見地から，ほぼその効力が否定されることはない。

02章__ 株式会社の機関設計

▶§1__ 機関総論

　会社法が定める会社には，株式会社，合名会社，合資会社，合同会社の4つがあり，合名・合資・合同の3つを総称して持分会社と呼ぶ（会社2条1号・575条1項かっこ書）。持分会社は定款自治がより徹底されていて，機関設計の自由度が高いものであるが，日本では，株式会社形態をとる企業が多くを占めている（01章▶§2参照）。ここでは，株式会社の機関設計について解説する。

　もともと株式会社は大企業向けに用意されたものであるが，実際には中小企業も多く，それらは中小企業向けに従来用意されていた有限会社と変わらず，会社法においては，詳細は後述するが有限会社は株式会社に統合され，株式会社形態は大企業から中小零細企業まで，様々な規模の企業が，自社の規模に合わせて機関設計を選べる，いわばアラカルトメニュー方式を採用した。

　▶図表02_1は，株式会社として選びうるパターンを示したものであるが，出資者の集まり（一人でも構わない）である株主総会と経営者である取締役は必須である。

　まず大会社，公開会社とは，会社の規模を区分するための一つの基準である。大会社とは資本金の額が5億円以上または負債額が200億円以上の会社であり（会社2条6号），公開会社とは，まず反対にすべての株式に譲渡制限をかけている会社を非公開会社として定義した方が理解しやすいと思われるが，同族企業のように，ごく限られた一部の出資者のみで構成されている閉鎖的な企業で，株式を他者に譲渡する意図のない会社である。そして非公開ではない会社すなわち全部または一部の株式について譲渡制限していない会社は公開会社と定義される（会社2条5号）。なお一般的に公開会社という場合は上場会社に準じるような大企業を思い浮かべるが，ここでいう公開会社は株式の譲渡制限の有無だけで分けているものであり小規模な公開会社もないわけではない。

　▶図表02_1では，大会社ではなく公開会社ではない会社の区分に10通りの機

▶図表02_1　株式会社機関設計のアラカルトメニュー

	大会社	大会社ではない会社
公開会社ではない会社	③⑦⑧⑨⑩	①取締役 ②取締役＋監査役 ③取締役＋監査役＋会計監査人 ④取締役会＋会計参与 ⑤取締役会＋監査役 ⑥取締役会＋監査役会 ⑦取締役会＋監査役＋会計監査人 ⑧取締役会＋監査役会＋会計監査人（監査役会設置会社） ⑨取締役会＋監査等委員会＋会計監査人（監査等委員会設置会社） ⑩取締役会＋3委員会＋執行役＋会計監査人（指名委員会等設置会社）
公開会社	⑧⑨⑩	⑤⑥⑦⑧⑨⑩

＊株主総会は省略している

▶図表02_2　旧有限会社類似の形態〔①〕

▶図表02_3　伝統的株式会社形態
　　　　　　（三権分立的）〔⑤〕

関設計が記載されている。これはまず中小企業を念頭に置いているという会社法の理念に合致するところであり，①～③は旧有限会社にも近いもので（典型は①〔▶図表02_2参照〕），従来株式会社と言えば⑤～⑩に該当する（典型は⑤〔▶図表02_3参照〕。ただし⑨と⑩は比較的最近大企業向けに制度化された）。本来的には①～③が小規模企業向けと言えるところこれだけ選択の余地がある一方，大会社かつ公開会社は⑧～⑩の3通りしか選択できない。大会社ではない公開会社と公開会社ではない大会社は6ないし5通りを選択できるが，規模が大きくなるにつれ厳格な形態を選択しなければならないという構造になっているし，小規模企業が⑧～⑩のような形態を選択することは，おそらく困難である。

　また従来⑤のパターンが，株式会社には最低限要求されていたところ，大会社でも公開会社でもない小規模な会社で，常勤の監査役を設置する余裕がない場合を念頭に，会計監査に限定した監査役の選任も認められる（会社389条）。

　その他，会計参与という役職は，会社法制定時に新設されたもので，計算書類を作成し公告することは広く中小企業であっても要求されているが，実際に

▶図表02_4　監査役会設置会社〔⑧〕

＊大会社かつ公開会社では会計監査人は必置

は不十分で，計算書類作成公告の遵守を目的に税理士・公認会計士等の有資格者（税理士法人・監査法人含む）のみ就任できる役職として置かれている（会社333条）。もっとも，従来型株式会社の基本形である⑤において監査役を設置しない場合は会計参与を置かねばならないとされている（すなわち④の形態。会社327条2項）以外は会計参与の設置は任意である。

▶§2__　大規模株式会社向け形態

▶▶1　監査役会設置会社

　▶図表02_1の⑧の形態は，大会社かつ公開会社である株式会社が選択しうる形態の中では比較的古くからあるものである〔▶図表02_4参照〕。

　⑤を基本形態とした場合，それとの違いは監査役会と会計監査人である。1名でいいはずの監査役を3名以上の監査役会としさらに半数を社外監査役を選任しなければならないこととして権限強化を図ったうえ（会社335条3項），公認会計士・監査法人のみが有資格者である会計監査人による会計監査が義務付けられる（会社328条2項）。取締役（会）の強い業務執行権限と対峙できるだけの監査権限を監査役等に付与する歴史が，会社法（商法）改正には常に付きまとった。

　なお，任意であれ強制的に設置しなければならない場合であれ，監査役会を設置する会社を監査役会設置会社と呼ぶ。監査役会が設置されていれば監査役会設置会社であるが（したがって⑥の形態も含まれる。会社2条10号），一般には，⑧形態を念頭に置きつつ，⑨⑩の形態と異なるというニュアンスで用いられることがある。

▸▸2 指名委員会等設置会社

▸図表02_1の⑩の形態（▸図表02_5参照）を先に説明する。監査役会設置会社が三権分立型であるのに対し，こちらは一元的なシステムであり，業務執行の実行と監督を区別し，取締役会が執行役の業務執行をモニタリング・フィルタリングするような設計になっている。すなわち，取締役と区別される監査役が取締役の監視をするのではなく，取締役会の内部機関でもあり取締役が兼務する監査委員会（取締役会の内部機関でもあり独立性も有する）が主として執行役（と取締役）の業務執行を監督する。

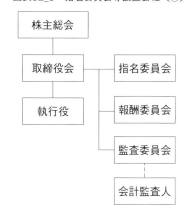

▸図表02_5　指名委員会等設置会社〔⑩〕

またモニタリングの目玉とも言えるのが3つの委員会の設置が必要とされる上（会社2条12号等），社外取締役が過半数選任されなければならないことである（会社400条3項）。社内のしがらみに縛られない外部の者を取締役として迎え入れ，彼らの手を借りながら，監督する。▸▸1の弱みと考えられる，同じ役員でありながら取締役会に一歩届かないような立場の監査役による監査ではなく，社外取締役が重視されるのは世界的な風潮であり，わが国でも導入された。ただ，▸▸1のような伝統型を前提とした場合，この形態では代表取締役（社長）が有する人事権，後継者の指名等が，外部の者に多くを委ねざるを得ず，それ以外にもこれまでと異なる執行役の選任や3委員会の設置等があり，なかなか浸透しなかった。大企業の典型である上場会社において，70社ほどしかない。

▸▸3 監査等委員会設置会社

▸図表02_1の⑨の監査等委員会設置会社（会社2条11号の2）は，指名委員会等設置会社形態の採用が進まない中での折衷策であると言えるが，▸▸1の監査役会設置会社から移行しやすく，監査役会に該当する人員を，監査等委員会として横滑りさせやすくしている〔▸図表02_6参照〕。

すなわち，実務的に考えた場合，監査役会設置会社が，指名委員会等設置会社にするには手間がかかるが，この形態は，▸▸1の監査役会を監査等委員会にして取締役会と合一化させるだけである。社外監査役を選任しており，それを

社外取締役にしてしまえば，役員選任コストもさほどかからない。

監査等委員会は，取締役会の内部機関でもあり，独立性も有する。過半数の社外取締役を選任しなければならない（会社331条6項）。▶▶2のように指名委員会，報酬委員会がないため役員に対する監視が不十分であると考えられ，これに対処するため，任意の指名委員会等を設置する会社もある。もっとも，任意の委員会であるから，その決議に従う法的義務がなく，やはり不十分であるという批判はある。

▶図表02_6　監査等委員会設置会社〔⑨〕

監査等委員会設置会社は，新聞報道によればすでに1000社を超えているが，社外取締役の選任が世界的に求められる（令和元年改正後の会社327条の2）流れの中で，監査役会設置会社からの移行も容易な監査等委員会設置会社が選ばれているのであろう。

なお，▶▶1，▶▶2，▶▶3の形態すべての図表では，会計監査人を会社内に記載しているが，役員に準じる立場でありながら，社外の会計の専門家であることが会計監査人の特徴であることを補足しておきたい。

▶§3＿　旧有限会社（特例有限会社），持分会社

▶▶1　旧有限会社

旧有限会社は，有限会社法に基づく会社であるが，合名会社・合資会社のような中小企業向けの形態と株式会社のような大規模企業向けの形態との折衷案として，ドイツで机上で考案された会社形態である。日本でもよく利用されていたが，規制内容が煩雑な上規制が甘い面もあり，株式会社の小規模な形態と大差もないため，これを廃止し株式会社と統合した。ただ，完全に廃止するのはドラスティックなため，新規設立を認めないだけで存続は認めた。有限会社法は廃止するので，根拠法（法人は根拠法が必要である。法人法定主義）を会社法にするために会社法整備法によって株式会社として存続を認めている（会社法整備法2条1項）。存続を認められた有限会社は，そのまま有限会社を名乗ることが原則である（同3条1項）。このような有限会社を特例有限会社と呼ぶが，

▶図表02_7　持分会社

	合名会社	合資会社	合同会社
社員	無限責任社員	無限責任社員＋有限責任社員	有限責任社員
所有と経営	一致が原則		分離も一部可能
機関等	社員＝機関（自己機関），定款自治		

株式会社への「組織変更」は定款変更による株式会社への名称変更だけで株式会社となることができる（同45条）。

▶▶2　持分会社

　持分会社は，合名会社・合資会社・合同会社を総称するものであるが，本質的には前2者がこれに該当すると言ってよい。すなわち，出資者たる社員に無限責任社員がおり，会社よりもその信用に負うところが多い小規模企業である。その結果，機関設計も自由度が高く，いわゆる定款自治が徹底している。合同会社については有限責任社員のみであり，株式会社と類似する面もあるので，持分会社と一括りにすべきかという批判はある。立法政策上，合同会社も定款自治を広範に認めることとしたが，社員が有限責任ということは会社自体の経済的信用を高める必要があるので，合名会社・合資会社よりはやや厳格な定めが置かれている。

　簡単にだけ持分会社を見ておくと，社員の責任は基本的に会社債権者に対する直接連帯責任である。ただし，会社の責任を主とする補完的責任である（会社に財産が残っていればそちらを弁済に充てた残りの債務が社員の責任ということになる）。3つの持分会社の異同はもっぱら社員の責任形態によるが，それによって「合名会社」「合資会社」「合同会社」を商号に用いる必要がある。当然のことながら，無限責任社員が有限責任社員となる場合には登記が必要であるなど，種々の規定が置かれている。原則として各社員は業務執行の権利・義務があるが，定款の定めにより一部の社員のみを業務執行社員とすることができる（会社590条1項）。業務執行社員の辞任・解任は正当な事由のある場合のみ可能である（定款による変更可）（会社591条4項5項）。業務執行の決定は社員（業務執行社員）の過半数によるのが原則だが（定款による変更可），重要な権限の委譲である支配人の選任・解任は総社員の過半数による（会社590条2項・591条2項）。日常の業務執行は社員（業務執行社員）の専断可能であるが，他の社員の異議

★Topic__04　GAFAはなぜ日本版LLCを選択するのか

　GAFAもしくはGAFAM（GAMFAとも）と呼ばれる国際的メガ企業は，どの国にとっても競争力という面で脅威である。これらの全てではなく，またこれらに限らないが，諸外国企業の日本法人には，合同会社形態を選択するケースが少なくない。その理由は明確に当事者が語っているわけではないが，設立の容易さや制度設計の自由度（定款自治），それとの関連で意思決定の迅速性が影響しているものと思われる。合同会社には1名の業務執行社員がいればそれでよく，外国の本社にしてもその1名と意思疎通を図るだけでよい。上場できないなどデメリットもあるにはあるが，あくまで日本にある子会社と割り切っている分には，合同会社は便利なのであろう。

　ちなみに周知の通り，GAFA (M) とは，Google, Apple, Facebook, Amazon, Microsoftのことであり，これ以外にも国際的企業は多々ある。

　なお，Facebookは最近Meta（正式にはMate Platform Inc.）に商号変更した（Facebookは提供するサービス名ということになる）。

【道野真弘】

あるときは原則（過半数による決定）に戻る（会社590条3項）。

　業務執行社員の善管注意義務・忠実義務（会社593条1項2項等），競業規制・利益相反規制（会社594条・595条），対会社責任・対第三者責任（会社596条・597条），株主代表訴訟類似の訴訟提起権ほか監視権（会社592条）については株式会社の取締役等に関するそれと類似するので省略する。

　代表権は，基本的には社員（業務執行社員）の各自代表とされ，定款によってその一部を代表社員とすることもできる（会社599条）。

　社員の変動については，社員の氏名・住所は定款記載事項（会社576条1項4号）であるから，その変更は定款変更手続が必要である。

　なお，組織変更と呼ばれるのは持分会社と株式会社の間での変更のことであり（会社744条以下），持分会社間での変更は名称変更（定款変更）で可能である（会社638条）。

▶▶3　合同会社と有限責任事業組合

　この章の最後に，合同会社と有限責任事業組合について解説する。有限会社

▶図表02_8 合同会社（LLC）と有限責任事業組合（LLP）

	合同会社（LLC）	有限責任事業組合（LLP）
法人格	有（会社法）	無（有限責任事業組合契約に関する法律）
最低資本金	無	無
労務出資	無	無
課税	法人課税	個人課税
責任	有限責任	有限責任

を廃止するにあたって，合名会社・合資会社も廃止し，株式会社だけにするべきとの主張もあったところであるが，多様性，持続可能性との関連で合名会社・合資会社を残すこととした。それに加えて，有限会社の受け皿となるような会社形態も新たに設けることになったのだが，その際当初の目論みでは二重課税の回避となるような企業形態を検討することにあった。すなわち，複数の会社が共同で事業を行う場合，ジョイントベンチャーとして合弁会社などを設置することがあるが，その場合，主体となる会社と合弁会社の両者に法人課税されることとなり，これを回避すべき方策として，合同会社が置かれることになった。ところが実際には合同会社も法人格を有するため法人課税は免れない。結果的に二重課税回避にはならなかったが多様性との関連で，導入されることとなった。利用状況によっては今後再検討を要するとされたものの，15年ほどの間に10万もの新設がなされたこともあり，今後も存続するものと思われる。

　二重課税回避との関連で新たに検討されたのが日本版LLPであり，これは民法上の組合の特則という形になる。民法上の組合であれば構成員たる会社は組合の無限責任社員であるが，それを有限責任とする特別措置を取った。このことにより，二重課税回避のためにはこの有限責任事業組合を利用することが多い。

03章__ 会社の経営機関

▶取締役

▶§1__ 総説

　会社は自然人ではないため，会社運営に関する意思決定およびその実行行為を自然人が行う必要がある。会社法では，会社の運営に関する意思決定およびその実行行為を行う一定の立場にある自然人または自然人の集まりを機関という。会社の機関がその権限内で行った行為の効果は，当然に会社に帰属する。会社の機関には，株主総会，取締役，取締役会，会計参与，監査役，監査役会，執行役および委員会型会社（→02章▶図表02_1の⑨⑩参照）における各種委員会がある。

　これらの会社機関のうち，取締役，会計参与，監査役は株主総会で選・解任される会社の内部機関であり，会社法では役員という（会社329条1項・339条1項）。また，会社法では，役員（取締役，会計参与，監査役）に会計監査人，執行役を加えて役員等という（会社423条1項）。なお，会計監査人は株主総会で選任される会社の外部機関であり（→10章▶§4参照），執行役は指名委員会等設置会社において取締役会で選任される会社の内部機関である（→06章▶§3参照）。

　前章で述べたとおり，会社はその規模や内部状況に応じて，会社法上のルールに従い各種機関を置く。株式会社では，会社の基本的意思決定機関である株主総会が取締役を選任し，取締役が会社の日々の経営に関する様々な活動を行うため，株主総会と取締役はすべての会社において必ず設置される機関である（会社295条1項・326条1項）。

　本章では，会社の日々の経営に関する活動を担う機関である取締役を中心に説明する。取締役の職務権限は，取締役会の設置の有無で異なる。本章では非取締役会設置会社の取締役を念頭において説明する。委員会型会社を含め，3人以上の取締役からなる取締役会設置会社における取締役および取締役会については，06章において説明する。

▶§2__ 取締役

▶▶1 取締役の職務権限

　株式会社では，取締役が会社の日々の経営に関する様々な活動を担っている。ここでいう経営とは具体的に，会社が営利活動をするための事業計画を立てること，および立てた事業計画を実現させることを指す。そして，事業計画を立てるためには意思決定をし，事業計画を実現させるためには意思決定を実行する必要がなる。会社法では，経営に関する意思決定を業務の決定，または業務執行の決定（会社348条2項・362条2項1号）といい，意思決定の実行行為を業務の執行（会社348条1項・363条1項）という。

　非取締役会設置会社では，1人以上の取締役が選任される（会社326条1項）。定款に別段の定めがない限り，取締役が会社の業務の執行を行う（会社348条1項）。非取締役会設置会社において取締役が2人以上いる場合には，定款に別段の定めがある場合を除き，その過半数をもって業務の決定を行う（会社348条2項）。業務の決定は，各取締役に委任することもできるが，一定の重要な事項については，各取締役に委任することができず，取締役の過半数をもって決定しなければならない。具体的には，①支配人その他の重要な使用人の選・解任，②支店の設置，変更および廃止，③株主総会の招集に関する事項，④内部統制システムの整備（→04章▶§1参照），⑤取締役の任務懈怠責任の免除の決定については，各取締役に委任することができない（会社348条3項）。

▶▶2 資格

　会社法では，取締役の資格について積極的な要件を定めておらず，消極的な要件，すなわち取締役になれない欠格事由を定めている（会社331条1項）。欠格事由の例として，取締役はその経営者としての能力が信頼されて選任されるため，法人は取締役になれない（会社331条1項1号）。会社法の規定のほかに，会社がその定款によって取締役の資格を制限することもできる。ただし，公開会社では，広く経営の人材を求める要請から，定款において取締役の資格を株主に限定することはできない（会社331条2項）。また，会計参与，監査役の独立性を確保する趣旨から，取締役は会計参与，監査役を兼任することができない（会社333条3項1号・335条2項）。

▶▶3　選任

　取締役等の役員は，原則として株主総会の普通決議により選任する（会社329条1項・309条1項）。ただし，取締役などの役員は，会社にとって重要な地位にあるため，これらを選任する株主総会決議は，通常の株主総会普通決議と異なり，定款の定めによっても定足数を排除することができず，定足数の引下げは3分の1を限度とする（会社341条）。

　なお，会社設立時の設立時取締役の選任（→13章▶§3参照），および委員会型会社のうち，監査等委員会設置会社における監査等委員である取締役の選任については，異なるルールが置かれている（→06章▶§4参照）。

　取締役の選任は，通常，候補者一人ずつに対して採決をとるため，資本多数決の下では，より多くの議決権を持つ大株主の意向が反映されやすい。少数株主の意向を取締役の選任に反映させる方法として，累積投票制度がある。同じ株主総会において2人以上の取締役を選任する場合に，定款に別段の定めがない限り，株主は累積投票による取締役の選任を会社に対して請求できる（会社342条）。累積投票では，通常の取締役の選任方法と異なり，すべての取締役を同時に選出する。具体的には，株主はその保有する議決権に当該株主総会において選任する取締役の数を乗じた数の議決権を持ち，そのすべての議決権を一人の取締役候補者に投じてもよく，または複数の取締役候補者に投じてもよい。例えば，100株を発行している甲社において，株主Aが甲社株式60株（60個の議決権），株主Bが甲社株式40株（40個の議決権）を有しており，取締役2人を選任しようとしている場合に，株主Aは候補者CとDを取締役として選出しようとし，株主Bは候補者EとFを取締役として選出しようとしているとする。通常の取締役の選任方法では，2人の取締役の選任は，より多くの議決権を保有している株主Aの意向どおりになり，CとDが甲社の取締役として選出され，株主Bの意向は反映されない。これに対して，累積投票では，取締役2人を同時に選出する。その際，株主Aの議決権数は120個（60×2），株主Bの議決権数は80個（40×2）として計算され，AとBは自己の議決権すべてを一人の候補者に投じてもよく，または複数の候補者に投じてもよいから，仮に，Bが80票すべてを候補者Eに対して投じればEは必ず取締役として選任される。このように，累積投票による取締役の選任では，少数株主の意向を反映させることができる仕組みになっている。しかし，累積投票によって株主間の対立が取締役会内に持込まれるおそれもあるため，会社法では定款の定めによって累積投票を排除するこ

とを認めており（会社342条1項），多くの会社が定款で累積投票を排除している。

　このほか，種類株主総会において取締役を選任することができる種類株式を発行している株式会社において，当該種類株主総会において定款であらかじめ定めた数の取締役が選任される（会社108条1項9号・同条2項9号）。

　取締役の氏名は登記される（会社911条3項13号）。

▶▶4　員数・任期

　株式会社では，1人以上の取締役を選任しなければならない（会社326条1項）。取締役会設置会社では，取締役は3人以上でなければならない（会社331条5項）。会社は会社法に定められた範囲内で，その定款において取締役の具体的な員数，またはその上限あるいは下限の員数を定めておくことができる。また，会社は取締役が欠けた場合に備えて，補欠の取締役を選任して置くことができる（会社329条3項）。取締役が任期の満了または辞任により取締役の欠員が生じた場合に，任期満了または辞任により退任した取締役は，新たに選任された取締役が選任されるまでは，なお取締役としての権利義務を有する（会社346条1項）。また，取締役の欠員が生じた場合，裁判所は，必要があると認めるときは，利害関係人の申立てにより，取締役の職務を一時行うべき者（一時取締役）を選任することができる（会社346条2項）。

　取締役への信頼を株主に定期的に問う機会を持たせるために，会社法は原則として取締役の任期を2年としている。定款または株主総会の決議によって2年よりもさらに短い期間に短縮することができる（会社332条1項）。ただし，株式が流通していない非公開会社では，株主の入れ替わる頻度が少なく，所有と経営の分離がなされていないことが多いことから，取締役への信頼を頻繁に問う必要性が公開会社よりも乏しいことから，定款により取締役の任期を最長で10年まで延長することができる。

▶▶5　職務代行取締役

　職務執行に相応しくない状況が生じた場合（株主総会での選任に疑義が生じている場合など），仮処分命令によって，取締役または代表取締役の職務代行者を選任することができる。当該職務代行者は，会社の常務に属する行為以外は裁判所の許可が必要である（会社352条1項）。これに違反して行った職務代行者の行為は無効であるが，会社は善意の第三者に対抗することはできない（同2項）。

何をもって常務というかは解釈に任されるが，基本的には，「会社として日常行われるべき通常の業務」のことである。取締役解任を議題とする臨時株主総会の招集が常務にあたるかに関しては，最高裁はこれを否定する（最判昭和50・6・27民集29巻6号879頁〔百選45事件〕）。

▶▶6　終任・解任

取締役は，任期の満了，会社法所定の欠格事由の発生，会社の解散によって終任となる。このほか，取締役と会社とは委任関係であるため，委任に関する民法の一般原則に従い，受任者である取締役の死亡，または会社もしくは取締役が破産手続の決定を受けたこと等の事由によっても終任となる（会社330条，民651条・653条）。

会社は株主総会決議によりいつでも取締役を解任することができる（会社339条1項）。ただし，正当な理由がないにもかかわらず解任された取締役は，会社に対して損害賠償を請求することができる（会社339条2項）。判例には，持病が悪化し療養に専念する取締役の解任を正当な事由として認めたものがある（最判昭和57・1・21判時1037号129頁〔百選42事件〕）。

不正行為等を行った取締役を解任する議案が株主総会で否決されたとき，一定要件の下，株主は当該取締役の解任の訴えを裁判所に対してできる（会社854条1項）。

種類株主総会において取締役を選任することができる種類株式を発行している株式会社において，当該種類株主総会の決議により選任された取締役は，原則として，当該種類株主総会によって解任する（会社108条1項9号・347条1項）。

▶▶7　会社の代表と代表取締役

非取締役会設置会社では，原則として取締役は各自会社を代表する（会社349条1項・2項）。ただし，代表取締役その他会社を代表する者を定めた場合は，当該取締役が会社を代表し，他の取締役は代表権を失う。取締役と異なり，代表取締役はすべての会社において必ず設置されなければならない機関ではない。非取締役会設置会社では，代表取締役の設置は任意であるが，指名委員会等設置会社を除く取締役会設置会社ではかならず1人以上の代表取締役を置かなければならない（会社362条3項）。代表取締役の欠員の場合は，取締役の欠員に関する規律付けと類似の規定が置かれている（会社351条）。

代表取締役は，対外的に会社を代表するとともに，対内的に会社の業務の執行をする。代表取締役は，会社の業務に関する一切の裁判上または裁判外の行為をする権限を有する（会社349条4項）。会社が代表取締役の権限に加えた制限は，善意の第三者に対抗することができない（会社349条5項）。

非取締役会設置会社では，代表取締役は，定款，定款に基づく取締役の互選，または株主総会決議により取締役の中から選定される（会社349条3項）。取締役会設置会社では，取締役会決議により取締役の中から選定される（会社362条2項3号）。

代表取締役の氏名および住所は登記される（会社911条3項14号）。

▶§3__ 取締役の会社に対する義務

▶▶1 善管注意義務と忠実義務

役員等と会社とは委任関係にあり（会社330条），民法上の委任に関する規定が適用される。委任は，当事者の一方（会社）が法律行為をすることを相手方（役員等）に委託し，相手方（役員等）がこれを承諾することによって，その効力を生ずる（民643条）。委任に関する民法上の規定によれば，役員等は，善良な管理者の注意をもって，会社から委託された日々の経営に関する行為を行う義務を負う（善管注意義務，会社644条）。また，会社法は，取締役について，法令および定款並びに株主総会の決議を遵守し，株式会社のため忠実にその職務を行わなければならない義務を定めている（忠実義務，会社355条）。このように，取締役は会社に対する一般的義務として，善管注意義務と忠実義務を負う。取締役がこれらの義務に違反して会社に損害を与えた場合には，会社に対して損害賠償責任を負う（会社423条）。善管注意義務と忠実義務の関係は，判例によれば，忠実義務は，善管注意義務を敷衍し，かつ一層明確にしたにとどまり，善管注意義務とは別個の高度な義務を規定したものではないとする（最大判昭和45・6・24民集24巻6号625頁〔百選2事件〕）。

会社から経営を委託された取締役は，会社との間で利益の衝突が起きる場合に，会社の利益を犠牲にして自己の利益を計ってはならないとするのが忠実義務の規定の趣旨である。会社法では，取締役の一般的義務としての忠実義務のほかに，取締役と会社との間で特に利益衝突が起きやすい，いくつかの場面において具体的な規制を置いている。具体的には，利益相反取引規制，競業取引規制，報酬規制がある。

▶図表03_1　自己のためにする直接取引

▶図表03_2　第三者のためにする直接取引

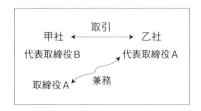

▶▶2　会社と取締役との利益衝突

【1】　利益相反取引規制

　取締役と会社との間で取引をする場面では，取締役と会社との間で利益衝突が起きる。例えば，甲社の取締役Aを売主，甲社を買主とする売買契約では，Aとしては売買の目的物をなるべく高く売りたい一方で，甲社としてはなるべく安く買いたいのが経済合理的であり，Aと甲社の利益が相反する。当該売買契約に関する甲社の意思決定過程において，Aが甲社取締役としての地位を利用して，目的物の価格などの取引条件が自身にとって有利で甲社にとって不利となるよう不当に影響力を行使する危険性がある。そこで，会社法は，取締役が会社との間でこのような取引を行おうとするときは，一定の手続を要求する。もっとも，このような取引は会社がその事業を行うために必要な場合もあり，会社法は，これらの取引をすべて禁じることはせず，一定の情報を開示させた上で所定の機関の承認を得させる形で規制している。

　❶　直接取引　　会社法356条1項2号は，取締役が自己または第三者のために会社と取引をしようとするときは，当該取引に関する重要な情報を開示させた上で株主総会での承認（取締役会設置会社では取締役会での承認）を要求する。取締役会設置会社では，当該取引を行った後，当該取引をした取締役は遅滞なくこれに関する重要な事実を取締役会に報告しなければならない（会社365条2項）。上記の例では，甲社とその取締役Aが売買契約を締結するには，甲社における承認が必要となる（▶図表03_1）。

　また，取締役が自己のために会社と取引しようとするときのみならず，取締役がほかの会社などの第三者を代表して会社と取引する場合も規制の対象となる。このような取引は取締役自身が会社と取引をする場合と同様に，取締役が会社における地位を利用して取引が第三者にとって有利で会社にとって不利なものとなるよう不当な影響力を行使する危険性が存在するためである。取締役

と会社との間でする売買契約のほか，金銭の貸付けなどもこのような取引に当たる。例えば，甲社と乙社の取締役を兼任するAが乙社を代表して，Bが代表する甲社と取引をする場合，甲社における承認が必要となる（▶図表03_2）。ここでいう自己または第三者の「ために」とは，通説によれば，取締

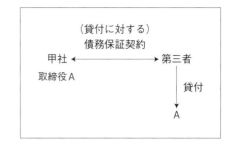

▶図表03_3 間接取引

（貸付に対する）
債務保証契約
甲社 ←――――→ 第三者
取締役A
　　　　　　　　　貸付
　　　　　　　↓
　　　　　　　A

役が自己または第三者の名義で取引の当事者になることを意味する（名義説）。

❷ 間接取引 会社法356条1項3号は，会社が取締役の債務を保証する場合など，会社が取締役以外の第三者との間でする取引で，会社と取締役の利益が相反する取引についても，直接取引と同様，当該取引に関する重要な情報を開示させた上で株主総会での承認（取締役会設置会社では取締役会での承認）を要求する。会社法356条1項3号では，このような取引類型の典型例として会社が取締役の債務を保証することを挙げる。例えば，甲社が第三者との間で，その取締役Aの第三者に対する債務につき，債務保証契約をする場合，甲社における承認が必要となる（▶図表03_3）。当該債務保証契約では，Aは債務保証契約の当事者ではないため，会社法356条1項2号にいう直接取引に当たらないものの，Aが債務の履行をしない場合に，当該第三者は会社に債務の履行を求めることができ，甲社がAの代わりに債務の履行をした場合には，会社は取締役に対して求償できる（民446条1項・459条1項）。これは，あたかも会社が取締役に貸付けを行う直接取引と同じ結果になる。従来，このような取引は判例法理によって直接取引と同様の規制に服すべきとされてきたが（最大判昭和43・12・25民集22巻13号3511頁〔百選56事件〕），昭和56年改正商法で明文化された。

会社と第三者との間でする取引で，どのような取引を間接取引として会社法356条1項3号の規制の対象とすべきかについて，通説は，会社と第三者との間でする取引であり，外形的・客観的に会社の犠牲において取締役に利益が生じる形の取引については規制の対象になるとする。

❸ 承認を要しない取引 利益相反取引規制は，取締役が会社の利益を犠牲にして自らの利益を図ることを防止するためのものであるから，客観的に見てこのような危険がない場合は，外形的に利益相反取引にあたる取引でも，会

社法上の規制を及ぼす必要性が乏しい。例えば，取締役が会社に対して無利子・無担保で金銭を貸し付ける取引は直接取引の類型に当たるが，以上のような危険がないから，承認を要しない（最判昭和38・12・6民集17巻12号1633頁〔百選7事件〕）。また，取締役が会社との間で，普通取引約款に基づく取引についても，その契約内容が定型的であることから，会社の利益を害するおそれがないため，承認を要しない。このほか，会社の全株式を有する取締役と会社との間で行われる利益相反取引（最判昭和45・8・20民集24巻9号1305頁）や，取引について株主全員の同意がある場合は，承認を要しない（最判昭和49・9・26民集28巻6号1306頁〔百選54事件〕）。

❹　承認を欠く取引の効力　　承認を欠く利益相反取引の効力は無効であるが，判例によれば，承認を受けない間接取引の効力については，当該取引につき承認を受けなかったことを取引の相手方が知っていたことを主張・立証して初めて，会社がその無効を相手方に主張できるとする（相対的無効説，最大判昭和43・12・25民集23巻13号3511頁〔百選56事件〕，最大判昭和46・10・13民集25巻7号900頁〔百選55事件〕）。直接取引の当事者は会社と取締役の二者であるため，承認を受けない取引を無効としても取引の安全は害されないが，間接取引では，取引の相手方の第三者がいるため，判例は取引の安全にも配慮するこのような立場を取る。また，利益相反取引に関する会社法上の規制は，会社の利益を保護することをその趣旨としていることから，相手方側からは取引の無効の主張をすることはできない（最判昭和48・12・11民集27巻11号1529頁）。

承認の有無にかかわらず，利益相反取引によって事後的に会社に損害が生じた場合は，利益相反取引に関係した取締役の任務懈怠責任が問われることがある（会社423条1項）。

【2】　競業取引規制

取締役はその立場上，会社の事業に関する様々な内部情報や知識に精通していると考えられ，これらの情報や知識を利用して会社の事業と競合する事業を行えば，会社の顧客を奪ってしまうなど，会社の利益が害される危険性が高い。このような危険性は，取締役がほかの会社などの第三者を代表して競合する取引を行う場合にも当てはまる。そこで，会社法は，取締役が自己または第三者のために会社の事業の部類に属する取引（競業取引）を行おうとするときは，一定の手続を要求する。

他方，取締役が自ら経済活動を行う自由を過度に制限することも適切ではな

く，そのため，会社法は，取締役が行う競業取引すべて禁じることはせず，利益相反取引と同様に，一定の情報を開示させた上で所定の機関の承認を得させる形で規制している。

❶　競業取引　　会社法356条1項1号は，取締役が競業取引を行おうとするときは，当該取引につき重要な事実を開示し，株主総会の承認（取締役会設置会社においては取締役会の承認）を要求する。また，取締役会設置会社では，当該取引を行った後，当該取引をした取締役は遅滞なくこれに関する重要な事実を報告しなければならない（会社365条2項）。

「会社の事業の部類に属する取引」とは，会社が実際に行っている事業の範囲内で行う取引と，会社の事業の目的物と市場が競合する取引を指す。さらに，現時点では行っていないものの，これから進出しようとして準備を進めている事業の範囲内で行う取引も含まれるとする裁判例がある（東京地判昭和56・3・26判時1015号27頁〔百選53事件〕）。競業取引規制は，「取引」を規制の対象としていることから，取締役が同種の事業を行うほかの会社の取締役を兼任することは規制の対象ではない。ただし，例えば，同種の事業を行う甲社と乙社の取締役を兼任しているAが，乙社を代表して取引を行おうとするときは，甲社にとってAは第三者のために競業取引を行うことになり，甲社における承認が必要である。

「自己または第三者のために」については，有力な学説は，取引の実質的な利益が取締役または第三者に帰属するかどうかを基準として判断すべきであるとする（計算説）。

❷　承認を欠く競業取引の効力　　承認を欠く競業取引の効力については，利益相反取引と異なり，承認を欠く競業取引の効力は無効とはならない。なぜなら，競業取引は取締役と会社以外の第三者との間で行われる取引であるため，取引の安全に配慮する必要があり，また，仮にこれを無効としても，会社の救済にはならないからである。

承認の有無にかかわらず，競業取引によって事後的に会社に損害が生じた場合は，競業取引に関係した取締役の任務懈怠責任が問われることがある（会社423条1項）。競業取引を行った取締役の会社に対する損害賠償責任を追及する場面では，承認を受けずに競業取引を行った場合，競業取引によって取締役その他第三者が得た利益の額は，会社が被った損害額として推定される（会社423条2項，→04章▶§1参照）。

【3】 競業取引と隣接したその他の忠実義務違反の類型

　このほか，競業取引にあたらないものの，これに隣接したその他の忠実義務
違反の行為として，会社の機会の奪取と従業員の引抜き行為が挙げられる。会
社の機会の奪取とは，会社が現に行っておらず，進出の準備もしていないが，
会社にとって有益な事業の機会が提供された場合に，取締役がこれを個人的に
取得する行為を指す。従業員の引抜き行為とは，会社を退任して自己で事業を
始めようとする取締役が，その在任中に会社の従業員に対して会社の退職と自
己の行おうとする事業への参加を勧誘することである。これらの行為において
も，取締役がその会社における地位を利用して，自己の利益を優先し会社の利
益を害する危険性があり，取締役の会社に対する忠実義務に違反する行為とし
て責任を問われる場合がある。

【4】 報酬規制

　取締役と会社とは委任関係にあり，委任契約は原則無償（民648条1項）であ
るが,実務慣行では,取締役は会社から報酬の支払いを受けるのが一般的である。

　取締役に支払う報酬の決定も会社の業務執行であるが，もしこれをほかの業
務執行と同様に取締役が行うとなると，自己の報酬を不当に高く設定してしま
う（お手盛り）危険性がある。このように，取締役が会社から報酬を受ける場
面でも，取締役と会社との間に利益衝突が起きる。そこで，会社法は，取締役
が会社から報酬を受けるには，会社法上の報酬規制に従い，定款または株主総
会決議によって一定の事項を定めなければならないとする。

　❶　報酬等の種類と規制　　会社は，取締役が会社から受ける報酬，賞与そ
の他の職務執行の対価として会社から受ける財産上の利益（以下では，「報酬等」
という）について，一定の事項を定款または株主総会決議によって定めなけれ
ばならない（会社361条1項）。具体的には，報酬等のうち，①額が確定している
ものについてはその額を，②額が確定していないものについてはその算定方法
を，③当該会社の募集株式・募集新株予約権についてはその数の上限等を，④
当該会社の募集株式・募集新株予約権と引換えにする払込みに充てるための金
銭については当該募集株式・募集新株予約権の数の上限等を，⑤上記③を除く
金銭でないものについてはその具体的内容をそれぞれ定款または株主総会決議
によって定めなければならない。これらの事項を定款で定めた場合，変更には
その都度定款変更の手続を採らなければならないため，実務では株主総会決議
によってこれらの事項を決定するのが一般的である。

　取締役が会社から定期的に受ける報酬は上記①として定められる。わが国の実務では，取締の個人別の報酬額を知られたくないという風潮が強く，取締役に支払われる報酬の総額を株主総会で定めておき，取締役に支払われる個人別の報酬額の決定は取締役会に一任するという決定の仕方が実務慣行として定着している。判例は，株主総会決議で取締役全員の報酬の上限を定めておけば，その具体的な配分は取締役会の決定に委ねることができ，各取締役の報酬額を個別に定める必要はないとする（最判昭和60・3・26判時1159号150頁）。これは，取締役に支払われる報酬の総額を定めておくことによって，お手盛りの危険の防止という報酬規制の趣旨が達成されると考えられているからである。しかし，報酬規制は，取締役が適切にその職務執行を行うインセンティブを付与するための手段でもあることに着目すれば，報酬の総額のみならず，個人別の報酬についても適切な方法で決定されることが望ましいはずである。そこで，令和元年改正会社法では，指名委員会等設置会社を除く上場会社等（監査等委員会設置会社および監査役会を設置する公開会社で大会社のうち，有価証券報告書の提出義務の

ある会社）において，取締役の個人別の報酬等の内容が定款または株主総会決議で定められている場合を除き，取締役の個人別の報酬等の内容についての決定に関する方針を取締役会で決定しなければならないとされた（会社361条7項，会社規98条の5）。

　また，使用人兼務取締役の使用人として支払われる報酬は，使用人として受ける給与の体系が明確に確立されている場合には，会社法上の報酬規制は適用されない（前記最判昭和60・3・26）。

　取締役に賞与として報酬を支払う場合は，額が確定しているものについては上記①，額が確定していないものについては上記②の事項が定められる。

　このほか，退職する取締役に対して，退職慰労金が支払われる場合がある。退職慰労金は，通常，上記①の額が確定しているものとして支払われるが，実務では，株主総会において具体的な額，または総額の上限を定めることはせず，「会社が定める支給基準に従って，その具体的な金額・支給期日・支給方法を，取締役会の決定に一任する」というような決議がなされることが多い。これは，その年に退任する取締役が少ない場合に，総額の上限を決定しても退任する取締役個人別の退職慰労金の額が判明してしまうからである。判例は，株主総会におけるこのような決議も，明示的または黙示的に支給基準を示し，具体的な金額等を当該基準に従って決定することを取締役会に一任することも許されるとする（最判昭和39・12・11民集18巻10号2143頁〔百選59事件〕）。

　以上のほか，取締役に報酬として募集株式や募集新株予約権が付与される場合がある。このような目的で付与される募集新株予約権をストックオプションと呼ぶ。取締役にストックオプションが付与される場合，将来的に株価が権利行使価格を上回れば，取締役は利益を得ることができるから，会社はストックオプションを取締役に付与することによって，株価を上昇させる効率的な経営を行わせるインセンティブを持たせることができる。会社が取締役にストックオプションを付与する場合は，上記③の事項が定められる。また，取締役に募集新株予約権の払込みに充てるための金銭を報酬として付与する場合についても，上記③と同様の事項が定められる（上記④）。

　❷　報酬規制所定の手続を欠く報酬の支払い・報酬の変更　　定款の定めまたは株主総会決議の決定がないのに取締役に報酬等が支払われたとしても，それは無効である。取締役の会社に対する報酬請求権は，定款の定めまたは株主総会決議の決定があって初めて発生するため，これらの定めがない場合には，

取締役が会社に報酬等の支払いを請求することもできない（最判平成15・2・21金判1180号29頁〔百選A21事件〕）。他方，定款または株主総会決議によって取締役の報酬が具体的に定められた場合には，その額は，会社と取締役間の契約内容となり，会社と取締役双方を拘束する。その後に取締役の同意なく，取締役を無報酬とする旨の株主総会決議をしても，取締役の同意がない限り，その報酬請求権を失わない（最判平成4・12・18民集46巻9号3006頁〔百選A23事件〕）。

04章__ 取締役等の責任

▶§1__ 役員等の会社に対する責任

▶▶1 総論

　役員等（経営陣）の行動次第で，会社の業績が低迷したり，損害が発生したりすることがある。株主は，当該役員が有能でなければ解任し，あるいは次の株主総会で代わりの者を選任することができるため，当該役員に対して解任・交代させられないために職務を果たそうというプレッシャーを与えることができるが，現実的に最も効果的な方策の1つは，損害賠償責任を負わせることによる規律付けである。事後的に，金銭的な責任を追及されることが，当人にとってこたえることは容易に想像がつくだろう。換言すると，損害賠償による規律付けの存在により，このような事態を回避したい役員等に対しては，事前に充分な計画・検討をする，注意深く職務執行をするといった圧力を与えることができると考えられる。このような，損害賠償による規律付けはどのような構造で説明できるであろうか。

　役員等と会社の関係は，委任に関する規定にしたがうことから，役員等は善管注意義務を負う（会社330条，民644条）（忠実義務との関係は→03章▶§3▶▶1参照）参照）。そのため役員等がこの義務に違反し会社に損害を生じさせた場合には，債務不履行に基づく損害賠償責任を負うことになる（民415条）。しかしながら，会社法423条1項は，会社の健全な運営のために役員等が果たすべき職務の重要性にかんがみ，債務不履行の一般原則とは別個に，責任を定めたものである。同条は，役員等の会社に対する責任を定めるいくつかの会社法の規定の中核をなすものである。

　任務懈怠とは，役員等がその職務遂行の任務を怠ることを意味する。その本質は，民法上の債務不履行責任であるから，任務懈怠責任が成立するためには，当該役員等の責任を追及する会社側が，① 任務の懈怠があること，② 会社に損害が発生していること，③ ①と②に因果関係（相当因果関係）があることを

立証する必要がある。他方で，役員等の側は，任務懈怠につき自己に帰責事由（故意・過失）がなかったことを立証できれば，その責任を免れる。

　なお，任務懈怠責任を問われる役員等のうち，実際に問題となるケースは，圧倒的に取締役であるため，以下では取締役を中心とした記述とする。その他の役員の責任については，各章において留意してほしい。

▶▶2　任務懈怠責任（会社423条1項）

　取締役会決議に参加した取締役は，議事録に異議をとどめていなければ，当該決議に賛成したものと推定される（会社369条5項）。取締役会決議に基づく行為が任務懈怠責任を負う場合，決議に賛成した取締役が任務懈怠となる場合には，やはり任務懈怠責任を負う。同様の責任を負う役員等が複数人存在する場合，それらの者は連帯して賠償する責任を負う（会社430条）。

　任務懈怠責任が問われ得る主な局面は，【1】具体的な法令違反がある場合，【2】善管注意義務・忠実義務違反がある場合である。このうち【2】は，❶経営判断を誤った場合，❷監視・監督が不十分であった場合が典型例である。以下では，それぞれの局面に分けてみてみよう。また，それ以外の特定の局面（競業取引に関する責任，利益相反取引に関する責任，株主の権利行使に関する利益の供与に関する責任（会社120条4項），剰余金の配当等に関する責任（会社462条））については後述する。

【1】　具体的な法令違反がある場合

　取締役には，法令および定款ならびに株主総会の決議を遵守すべき義務がある（会社355条）。このことは，判例（最判平成12・7・7民集54巻6号1767頁〔百選47事件〕）が「その職務執行に際して会社を名宛人とする……規定を遵守することもまた，取締役の会社に対する職務上の義務というべき」と述べるように，取締役自身の行動が法令に違反することがないことのみならず，会社に法令違反となる行為をさせないことをも意味する。この場合，通常，取締役には遵法精神をもって職務を執行してもらえるという，株主の合理的な期待が委ねられており，法令に違反していることをもって，任務懈怠と理解するわけである。なお，ここでいう「法令」には，会社法の規定に限られず，「会社がその業務を行うに際して遵守すべき全ての規定」が含まれると解されている。

　もっとも，取締役が法律違反となる行為を行ってしまったが，法律違反であることを認識せずに行っていた場合はどうだろう。前掲最判平成12・7・7は，

ある行為が法律に違反するとの認識を有するに至らなかったことにやむを得ない事情があったといえる場合には，取締役の責任を否定している。当該違法行為が，実は違法性についての見解が専門家の間でも分かれているような場合や，専門家の助言を得たり十分な情報収集の上でなされた場合であれば，取締役の責任を否定する余地があるだろう。

【2】　善管注意義務・忠実義務違反がある場合

　取締役に善管注意義務・忠実義務違反がある場合にも，任務懈怠となり得る。すなわち，取締役の職務執行に要求されている一定の注意を尽くす義務を怠ったことが任務懈怠を構成する。とはいえ，どのような行為をすること（しないこと）が，善管注意義務違反といえるのかについては，個別具体的に検討するほかない。

　❶　経営判断を誤った場合　　善管注意義務違反の有無を判断する際に，最も問題となり得るケースが，経営判断の誤りに関して生じた損害の賠償責任である。「経営判断をミスした結果，会社に損害が出たので，これを取締役らの善管注意義務違反とする」という一見わかりやすい論理に感じるかもしれないが，実際はそんなに簡単ではない。なぜならば，取締役の経営判断は，将来の予測をともなう不確定な状況下で求められるものであり，それにもかかわらずに，常に結果だけをもとに責任を追及されるとすると，取締役にとってはあまりにも酷な状況が生じ得る。新規の事業にうって出る，次に来るヒット商品はこれだと思ってやってみたが失敗したということは必ずしもめずらしいことではない。失敗したということは損失が出たということになるが，これをすべて当該取締役の責任として片付けてよいだろうか。仮に，結果がすべてだとして責任を負わせるとすると，取締役たちは失敗をおそれて，冒険的な経営をしようとしなくなるだろう（適切なリスクをとらず，萎縮し，より安全な選択肢をとろうとする）。これはつまり，会社にとって新しい事業を期待できないことを意味することだけにとどまらず，社会に新しい技術革新（イノベーション）をもたらさないこととなり，社会としての発展が見込めないことにも通じる。

　そのため，結果がすべてだとして取締役に責任を負わせるべきではないという考えが，アメリカで発達した。経営判断原則（business judgement rule）と呼ばれる判例法理である。これは，前述の通り，取締役の経営判断には，常に不確定要素がともなうので，その判断には一定の裁量を認め，その合理的裁量の範囲内であれば，仮に損害が発生したとしてもその責任を負わせるべきではない

との理解である。具体的には，経営判断をするまでの過程（情報収集や状況分析等）が合理的であれば，その後の結果について，裁判所は審査をしない（判断をしない＝経営判断を尊重する）という法理論である。

　わが国においても，このような取締役に広範な裁量を認めるべきとの考えは，裁判例によっても，表現の違いは見られるものの採用されている（もっとも，アメリカの理解とまったく同一ということではない）。そこでは，取締役に経営判断についての裁量を認めたうえで，後知恵的な評価ではなく，取締役の行為の当時を基準として，経営判断に至る決定過程と内容に「著しく不合理な点」がない限り，取締役としての善管注意義務に違反するものではないと理解される（最判平成22・7・15判時2091号90頁〔百選48事件〕）。わが国の裁判所は，経営判断の過程のみならず，実際に下した判断の内容も不合理でなかったかどうか審査するとしており，経営判断を行う裁判官の能力を疑問視する批判も向けられているが，事実認定の中で，取締役の経営判断の内容にも審査がおよぶ点に，（日本版）経営判断原則の特徴がある。

　いずれにせよ，経営判断原則が適用されると，取締役には善管注意義務違反がないと評価される。取締役には，社内外の適切なプロセスを経て，常識的な判断が下されていれば，たとえ会社に損害が生じていようとも保護される可能性が極めて大きい。このように，外形的には善管注意義務違反といえそうな損害発生の場合であっても，その義務違反を問わない効果が生じるため，経営判断が取締役と会社の利益相反関係を生じないこと，および（故意の）法令違反がないことが，経営判断原則を適用する前提として求められる。法令違反がなくとも利益相反関係にある場合には，自らが他方当事者であり，経営判断の客観性に疑問が残るため，判断が妥当であったことを担保するためにはさらに他の手段を用意する必要がある。また，いくら取締役の経営判断が尊重されるとしても，法令を違反してよいとする経営判断に保護は与えられない。

❷　監視・監督が不十分であった場合

（1）　監視義務　　取締役会設置会社において，取締役会は，取締役の職務の執行を監督する（会社362条2項2号）。つまり，取締役は，代表取締役を含む他の取締役の業務執行やそれを補助する従業員の行為が適法かつ適正に行われるよう監督する職務を負っている。それゆえに，他の取締役や従業員が問題となる行為を行ってしまい会社に損害を生じた場合に，その問題行為を行っていない取締役は，当該行為に対して適切に監督をしていなかったという不作為を根

拠として任務懈怠責任を追及される。

　判例も，取締役会の構成員である取締役は，取締役会に上程された事柄についてだけ監視するのではなく，代表取締役等の業務執行一般について監視することを要求している（最判昭和48・5・22民集27巻5号655頁〔百選67事件〕）。その根拠は，取締役には取締役会招集権（会社366条）があり，必要があれば，取締役会を自ら招集し，あるいは招集することを求め，取締役会を通じて業務執行が適正に行われるようにする職務を有していることである。具体的には，取締役の監視義務違反を追及するものがみられる（前掲最判昭和48・5・22，最判昭和55・3・18判時971号101頁）。

　非取締役会設置会社の取締役も，それぞれの業務執行につき，相互に監視義務を負うものと解される（会社348条・349条1項）。

　(2)　内部統制システム構築義務　　取締役は，従業員の行為を含めて会社の業務一般が適法に行われるよう監視しなければならない。比較的小規模な会社では，取締役自身が個々の行為を監視し，会社の違法行為を未然に防ぐことも不可能ではないかもしれないが，一定規模以上の会社（特に上場会社）にあっては，会社の業務は複雑化・専門化し，多方面で展開されるようになることから，個々の行為への監視を取締役に行わせるのには限界がある。そのため，「健全な会社経営を行うためには，……リスク管理が欠かせず，会社が営む事業の規模，特性等に応じたリスク管理体制（いわゆる内部統制システム）を整備することを要する」（大阪地判平成12・9・20判時1721号3頁）との理解が示された。すなわち，取締役は，直接的に他の取締役の業務執行を監視するのではなく，従業員の行為を含めて，会社の業務全体が適法に行われ，かつリスクが適切に管理されるよう注意すべき体制（内部統制システム）を整備することが，監視義務（すなわち善管注意義務）の具体的な内容と理解されるようになった。

　取締役会は，「取締役の職務の執行が法令及び定款に適合することを確保するための体制その他株式会社の業務執行並びに当該株式会社およびその子会社からなる企業集団の業務の適正を確保するために必要なものとして法務省令（会社規100条）で定める体制の整備」（会社362条4項6号，取締役会を設置しない会社につき会社348条3項4号）に関する決定を行わなければならない。

　内部統制システムに求められる項目は，①取締役の職務の執行に係る情報の保存及び管理に関する体制，②損失の危険の管理に関する規程その他の体制，③取締役の職務の執行が効率的に行われることを確保するための体制，④使用

人の職務の執行が法令及び定款に適合することを確保するための体制，⑤当該株式会社ならびにその親会社および子会社から成る企業集団における業務の適正を確保するための体制，の5項目である（会社規100条1項）。このうち，⑤は，グループ経営に対するガバナンス強化として，子会社の問題行為に，親会社として迅速に対処し，情報を収集できるよう，親会社が整備する義務を定めたものである。

　もっとも，内部統制システムの構築・運営は取締役の職務の内容であるから，具体的にどのような内容のものとするかについては，経営判断事項として一定の裁量が与えられてよい。また，取締役が通常容易に想定しがたい巧妙な不正行為までも想定しなければならないわけではない（最判平成21・7・9判時2055号147頁〔百選50事件〕）。ただし，企業を取り巻く環境は変化するため，社会的にみて水準に達しない内容になっている（なったままの）場合には義務違反の可能性を帯びる。業種や業態の状況，会社の事情にあわせて，適宜，見直される必要があろう。

　大会社（会社362条5項），監査等委員会設置会社（会社399条の13第1項1号ハ），指名委員会等設置会社（会社416条1項1号ホ）では内部統制システム整備に関する決定が義務付けられている。また，近年では，一定の内部統制システムが整備されていれば，仮に問題行為が発生しても，取締役等の任務懈怠責任が回避できる可能性があることから，上記以外の会社でも内部統制システムの構築を決定している会社が少なくない。

▶▶3　競業取引に関する責任

　取締役が競業取引を行う場合には，法定の承認手続を経なければならず（→03章▶§3▶▶2参照），これに違反したために会社に損害が生じた場合には，会社法違反であり任務懈怠責任が発生する可能性がある。しかし，通常，会社に生じた損害を測定し立証することは容易ではない（このような損害立証の困難は民事訴訟一般で生じる）。そのため，会社法は，当該取引によって取締役・執行役または第三者が得た利益の額を会社の受けた損害と推定することにして（会社423条2項，損害額の推定について，名古屋高判平成20・4・17金判1325号47頁），会社側の，立証についての負担を軽減している。

　また，競業取引につき法定の承認を受けていた場合であっても，会社に損害が生じたのであれば取締役には任務懈怠責任の可能性がある。この場合には，

会社423条2項の推定規定は適用されない。

▶▶4　利益相反取引に関する責任

　利益相反取引（→03章▶§3▶▶2参照）においても，法定の承認手続を経たかどうかにかかわらず，会社に損害が生じた場合には，①会社と利益相反取引をした取締役，②会社が当該取引をすることを決定した取締役，③当該取引に関する取締役会の承認の決議に賛成した取締役，は会社に対して任務懈怠責任が推定される（会社423条3項各号。監査等委員会の承認がある場合について同条4項）。

　もっとも，過失責任であるため，取締役の側で任務を怠らなかったことの立証に成功すれば，この推定を覆すことができる。ただし，自己のために直接取引を行った取締役の責任は，会社法428条1項により無過失責任とされ，任務を怠ったことが当該取締役の責めに帰すことができない事由によるものであってもその責任を免れることができない。

▶▶5　株主の権利行使に関する利益の供与に関する責任（会社120条4項）

　株式会社は，何人に対しても，株主の権利の行使に関し，財産上の利益の供与をしてはならない（会社120条1項，利益供与の推定につき同条2項）。株主に対して金銭や商品券等を「会社又は子会社の計算」によって提供し，会社の意向に沿う議決権行使をさせることを禁止している。もっとも，同規制は，いわゆる総会屋対策として昭和56年商法改正によって設けられたものであるが，一定の抑込みに成功した現在では，同条の趣旨を，より広く会社財産の浪費の防止，企業経営の健全性の確保といった観点に求めている。

　利益供与禁止規制に違反して，会社が財産上の利益を供与した場合，まず利益供与を受けた者はこの利益を会社に返還しなければならない（会社120条3項）。利益供与に関与した取締役（指名委員会等設置会社では執行役も含む）は，その供与した利益相当額を，会社に対して，連帯して支払う義務を負う（会社120条4項）。この責任は，利益供与を実際に行った取締役は無過失責任であり，決議に賛成した取締役は過失責任（監視義務違反）であるから，後者については，自らの無過失を立証した場合には責任を免れる（同項ただし書）。

　なお，会社法120条に違反する行為（総会屋等へ利益供与を行う行為など）は，社会経済秩序や株式会社制度を揺るがしかねない違法性の高い行為であるから，取締役等には，利益供与について，厳格な刑事罰の規定がある（会社970条

1項)。

▶▶6 剰余金の配当等に関する責任 （会社462条）

財源規制に違反する剰余金の配当（分配可能額（会社461条1項）を超える剰余金分配）がなされた場合，会社財産の流出から会社債権者を保護するため，一定の者に会社に対する金銭支払義務が発生する。具体的には，①金銭等の交付を受けた者（配当を受け取った株主），②当該違法配当に関する職務を行った業務執行者（会社462条1項柱書），③総会議案提案取締役・取締役会議案提案取締役（同項各号，会社計算160条・161条）である。①は，本来，受け取ることのできないはずの金銭であるから，無過失責任と解されており，交付を受けた全額を会社に対して支払う義務を負う。②・③は，違法に分配された剰余金等の帳簿価格の総額に相当する金銭を，連帯して会社に支払う責任を負うが，その職務を行うについて注意を怠らなかったことを立証したときには責任を免れる（会社462条2項）。また，②・③の責任は，違法配当時における分配可能額を上限として，総株主の同意によって免除が可能である（同条3項）が，分配可能額を超える部分については免除が許されない。

▶§2＿ 責任の免除・一部免除・限定

▶▶1 責任の免除

会社法423条1項に基づく任務懈怠責任は，総株主（議決権を有しない株式を保有する株主も含む）の同意によってのみ免除することができる（会社424条）。取締役の会社に対する責任は，会社の実質的所有者である株主の損害回復を目的とするため，総株主が同意するのであれば，取締役の責任を免除してもよいことになる（損害回復を求める株主が一人もいないということになるので，そのままでよいということ）。しかし，1人でも同意しない株主が存在する限り，責任免除はできない。これは，株主代表訴訟の提起権が単独株主権とされていることとの整合性を図るためである。

▶▶2 責任の一部免除・限定

上場会社など株主が多数存在する会社にあっては，総株主の同意によって取締役等の責任を免除することは現実的ではない。さらに，大和銀行ニューヨー

ク支店事件第1審判決（前掲大阪地判平成12・9・20）にみられたような，取締役等にあまりに巨額の責任（同判決では，取締役・監査役計11名に対して当時のレートに換算して約830億円の損害賠償責任を認めた）を負わせることには批判があり，また，そのようなリスクをおそれると，有能な人材が取締役に就任することを避け，会社ひいては社会に富をもたらすことができなくなるという負のスパイラルが発生しかねない。そのため，2001（平成13）年商法改正により，一定の条件のもとで，総株主の同意がなくとも取締役の責任を軽減することができることとなった。今日では，責任軽減の方法につき，次のようなバリエーションがある。なお，当該役員等が職務を行うにつき，善意でかつ重大な過失がないことが前提であり，自己のためにした取引をした取締役の責任（会社428条1項）については，一部免除は認められない（同条2項）。一部免除・限定が可能な額は，役職とその報酬額によって算出される。代表取締役は6年分，代表取締役以外の業務執行取締役等は4年分，非業務執行取締役等は2年分の報酬額が，以下の最低責任限度額となる。

【1】 株主総会の特別決議による一部免除

賠償の責任を負う額から最低責任限度額を控除して得た額を限度として，株主総会の特別決議により免除することができる（会社425条）。

【2】 定款の定めに基づく取締役会決議等による一部免除

監査役設置会社（取締役が2名以上ある場合），監査等委員会設置会社または指名委員会等設置会社は，あらかじめ定款で定めることにより，責任の原因となった事実の内容，当該役員等の職務の執行の状況その他の事情を勘案して特に必要と認めるとき，上記【1】と同様の額を免除することを決議することができる。具体的には，取締役（当該責任を負う取締役を除く）の過半数の同意，取締役会設置会社にあっては取締役会の決議による（会社426条1項）。

【3】 責任限定契約

株式会社は，非業務執行取締役等（業務執行取締役等であるものを除く取締役，会計参与，監査役または会計監査人）の責任について，定款で定めた額の範囲内であらかじめ株式会社が定めた額と最低責任限度額とのいずれか高い額を限度とする旨の契約を非業務執行取締役等と締結することができる旨を定款で定めることができる（会社427条1項）。

今日では，責任限定契約をあらかじめ役員の就任時に締結しておくことで，代表取締役の恣意的な責任軽減に影響されることがないため，有能な外部人材

を確保するための方策として，責任限定契約は有用であるといわれる。

▸§*3*＿　会社補償

▸▸*1*　補償契約

　役員等は，職務執行（委任事務）を処理するために必要と認められる費用を支出したときや，自己に過失なく損害を受けたとき，委任者である会社に対してその補償を求めることができる（民650条）。もっとも，実際に問題となると，会社が負担することができる費用や損害の範囲については，もっぱら解釈に委ねられる状況であったため，この要件を具体化したものが，令和元（2019）年会社法改正による会社補償の制度である。

　補償契約の範囲は，役員等がその職務の執行に対し，①法令の規定に違反したことが疑われ，または責任の追及に係る請求を受けたことに対処するために支出する費用（弁護士費用などの防御費用），②第三者に生じた損害を賠償する責任を負う場合に生じる損失（第三者からの賠償請求→後述に係る損害賠償金や和解金）の全部または一部である（会社430条の2第1項，なお，補償契約については，NB3会社法Ⅱ11章参照）。

▸▸*2*　補償契約の締結手続

　役員等の責任に対して会社が補償する決定は，両者が利益相反関係にあるため，利益相反取引の承認手続（→**03**章参照）と同様の手続が要求される。取締役会を設置していない会社では株主総会決議（普通決議），取締役会設置会社では，取締役会の決議が必要である（会社430条の2第1項）。また，取締役会設置会社では，補償契約に基づく補償をした取締役（会社側の取締役）および補償を受けた取締役は，遅滞なく，当該補償についての重要な事実を取締役会に報告しなければならない（同条4項，執行役について同条5項）。

　株式会社と役員等との間で補償契約を締結する場合，利益相反に関する規定や自己契約・双方代理の規定（民108条）の適用はない（会社430条の2第5項・6項）。

▸§4__　会社役員賠償責任保険 (D&O 〔Directors & Officers〕 保険)

▸▸1　会社役員賠償責任保険

　近時では，役員が損害を負う場合に備えて，会社役員損害賠償責任保険〔役員等賠償責任保険〕(以下，D&O保険) を締結する場合も少なくない。補償契約と同様，実務上の不具合が指摘されていたため，2019年 (令和元年) 会社法改正による整備が図られた。

　D&O保険とは，役員等がその職務の執行に関し責任を負うこと，または当該責任の追及に係る請求を受けることによって生ずることのある損害を，保険者 (保険会社) が塡補することを約する保険契約である。会社が保険契約者 (保険契約の相手方当事者)，役員等は被保険者 (保険の対象となる責任主体) となる (会社430条の3第1項，詳しくは，NB3会社法Ⅱ11章参照)。

▸▸2　会社役員賠償責任保険契約の締結手続

　基本的に，補償契約の場合と同様であり，取締役会を設置していない会社では株主総会決議，取締役会設置会社にあっては取締役会決議により (会社430条の3第1項)，株式会社がD&O保険契約を締結する場合，利益相反に関する規定や自己契約・双方代理の規定 (民108条) の適用はない (会社430条の3第2項・3項)。

▸§5__　役員等の第三者に対する責任

▸▸1　役員等の第三者責任の構造

　役員等 (取締役) は，会社ひいては株主の利益を損ねた場合には，任務懈怠 (善管注意義務違反) として，当該損害を回復するため損害賠償責任を負う (会社423条)。ここで，取締役の行為によって，何らかの損害が発生するとして，その損害は会社に対してのみにしか発生しないのだろうか。次のようなケースを想定してみよう。

　甲社の取締役Yは，経営判断を誤って甲社に損害を生じさせた。このとき，甲社は発生した損害をカバーできずに経営破たんしてしまったため，甲社の取引業者Xは残債権が回収できなくなった。この場合，甲社に対する損害賠償責任は，会社法423条での追及局面 (最終的には株主代表訴訟→§6による) である。

一方，Xの救済は図られないのかという疑問が生じよう。

　取締役（Y）と第三者（X）は，直接の契約関係にないため，本来，取締役の故意・過失による第三者の損害は，民法の不法行為責任（民709条）によって請求することが考えられる。しかし，そのための立証責任は，損害を受けた第三者の側の負担となり容易なことではない。そこで，第三者に対する役員等の責任について，会社法429条1項は，役員等がその職務を行うについて悪意または重大な過失による任務懈怠があったときは，それによって第三者に生じた損害も賠償する責任を負わなければならないと規定する。つまり，役員等の任務懈怠と第三者との間の損害との間に，相当因果関係（取締役の任務懈怠がなかったら第三者の損害も発生しなかったといえる原因と結果の関係）が認められる限り，役員等は第三者に対しても責任を負わなければならない。この規定の意味については，第三者は，役員等の任務懈怠を各種報道等によりつかむことができる場合も少なくないため，任務懈怠について役員等の悪意または重大な過失の立証の負担を軽減するとともに，社会経済的に重要な役割を担う会社の取締役としての職務の重要性にかんがみ，第三者保護のための特別な責任を定めたものと判例・通説は理解している（法定責任説。最大判昭和44・11・26民集23巻11号2150頁〔百選66事件〕）。

　この理解に基づいて，会社法429条1項に基づく法定責任は，別個に不法行為責任（会社350条，民715条。第三者への加害行為があれば，民709条）を追及することを妨げず（両者は請求権競合になる），直接損害・間接損害のいずれについても追及することができる（両損害包含説）。直接損害とは，経営状況が悪化している会社の代表取締役が，支払の見込みがないことを認識したうえで会社を代表して取引先から商品を仕入れ，会社が弁済できなくなった場合などに生じる損害である（会社に損害は発生せず，第三者に損害が発生している）。通説は，直接損害では，株主も第三者に含まれるとする。他方，間接損害とは，取締役の放漫経営により会社が倒産し，銀行や取引先への返済・弁済ができなくなった場合などに生じる損害である（一次的に会社に損害が発生し，第三者にも損害が発生している）。通説は，間接損害においては，株主は第三者に含まれないとする。会社の損害が回復されれば，株主の損害も回復されると考えられるため，間接損害は，株主代表訴訟によって損害の回復が図られるべきであるというのがその理由である。もっとも，ある事案について第三者に生じた損害が，直接損害なのか間接損害なのかは，択一的に定まらない場合もあり，その場合には，相

当因果関係の立証に委ねられよう。

　会社法429条1項の適用範囲は，通常，自ら行為した結果，会社や第三者に損害を与えた取締役等の責任にとどまらない。責任を追及する第三者の立場からは，責任の追及対象が多くなるほど，損害回復の可能性が高まるため，次のような者についても，責任追及の対象となり得る。

【1】　名目的取締役　　名目的取締役（法律上は適法な選任手続を経て就任しているが，実際に取締役としては活動をしていない者）についても，監視義務違反を理由に責任を認めるものがある（前掲最判昭和48・5・22）。もっとも，重過失を否定したり，任務懈怠と損害との相当因果関係を認めないことにより，この責任を否定する裁判例もある。

【2】　登記簿上の取締役　　登記簿上の取締役と呼ばれる類型には，❶適法な選任手続を経ていないにもかかわらず，登記簿上には取締役として登記がなされている者，❷取締役を辞任したが辞任登記が未了となっている者，がある。

　❶について，就任時について承諾を与えたことは，不実の登記の出現に加功したといえ，会社法908条2項の類推適用により，自己が取締役でないことを善意の第三者に対抗することはできず，会社法429条1項の責任が問われるとする（最判昭和47・6・15民集26巻5号984頁）。

　❷については，登記申請権者は会社の代表者であることから，会社に対し，退任登記の申請をしないで，取締役としての登記を残存させることに対し明示的な承諾を与えていたなどの特段の事情がある場合に限って，❶と同様に会社法908条2項の類推による会社法429条1項の責任を問う（最判昭和62・4・16判時1248号127頁〔百選68事件〕。ただし同最判は，結論は責任を否定）。

【3】　事実上の取締役　　事実上の取締役（一般に，取締役としての適法な選任手続は経ていないが，事実上，会社の取締役と評価しうるほどに，対内的・対外的に会社業務に関与している者をいうが，統一的な意味合いは形成されていない）についても，本来は懈怠すべき任務が存在しないはずであるが，その者の会社の業務への関与の度合いや持株比率等の総合的判断から会社法429条1項の類推適用により責任を認めた裁判例がある（名古屋地判平成22・5・14判時2112号66頁，高松高判平成26・1・23判時2235号54頁など）。

　これらは，比較的小規模な会社の倒産時に，会社の背後にある会社経営者の

責任を追及する手段として会社債権者が訴えを提起する事例が多い。その意味では、会社法429条1項は法人格否認の法理の代替的機能を有しているといえる。

▸▸3　虚偽記載に関する責任

　役員等は、職務遂行の一環として、一定の書類（計算書類など）を作成し、情報開示を行わなければならない（→NB 3 会社法II 07章参照）。それゆえに、この開示書類に虚偽があれば、第三者の判断に影響を及ぼしかねず、ひいては開示制度そのものへの信頼を損ねる。そのため、役員等は、計算書類などに虚偽の記載をしたり、虚偽の登記・公告をした場合に、それによって第三者に生じた損害を賠償する責任を負う（会社429条2項）。この責任は、過失責任であるが、軽過失についても責任が発生し、役員等の側で過失がなかったことを立証できた場合のみ責任を免れる（立証責任の転換。同条2項ただし書き）。

▸§6__　株主代表訴訟

▸▸1　株主代表訴訟の構造

　役員等が会社に損害を与えた場合、損害を受けた会社が、損害を与えた当該役員等に対して、損害賠償請求をするのが本来の姿のはずである。しかしながら、わが国の役員構造は、年功序列・内部昇進型になっているものが少なくなく、それによって、実効的な責任追及が行われないという可能性も否定できない。そのため、会社と役員の訴訟については、適法性監査を行う機関がある場合には、当該機関が会社を代表することとなっているが、これにも問題がないではない。したがって、会社法は、最後の手段として、訴訟を通じて株主が会社に代わって役員等の会社に対する責任を追及することを認めている。これが、株主代表訴訟と呼ばれるものである（会社847条1項）。

　株主代表訴訟の訴えの対象については議論があるものの（最判平成21・3・10民集63巻3号361頁〔百選64事件〕およびそれに関する評釈等を参照）、▸§1でみてきたような役員等の会社に対する責任が主であり、中でも役員等の任務懈怠責任（会社423条1項）を追及するものが圧倒的に多い。

　株主代表訴訟は、平成5（1993）年商法改正の株主代表訴訟にかかる費用の改正により、株主代表訴訟を提起するための手数料が大幅に引き下げられ、そ

れ以前に比べると件数が増加した。現在でも，手数料は，一律1万3000円である（民訴費用法4条2項，別表第1）。経営者への規律付けとしての効果が大きいが，他方で濫用的なものもないわけではない。会社法は，株主や第三者の不正な利益を図り，または会社に損害を加えることを目的とする代表訴訟は提起できない（会社847条1項ただし書・5項ただし書）こと，株主による訴えの提起が悪意によるものであることを疎明すれば，裁判所は，相当の担保の提供を原告株主に命じることができる（会社847条の4第2項・3項）旨を規定する。

▶▶2　株主代表訴訟の手続

　株主代表訴訟において原告となることができるのは，公開会社の場合，6か月前（定款で短縮可能）から引き続き株式を有する株主である。株主代表訴訟提起権は，単独株主権である。非公開会社の場合には，6か月の要件は課せられない。もっとも，いきなり裁判所に向かうのではなく，株主は，まず会社に対して，書面等により役員等の責任追及等の訴えの提起を請求しなければならない（提訴請求。会社847条1項，会社規217条）。このうち，取締役の任務懈怠責任を追及する場合の提訴請求の相手方は，監査役設置会社の場合には監査役（会社386条2項1号。監査等委員会設置会社の場合は監査等委員（会社399条の7第5項1号），指名委員会等設置会社の場合は監査委員（会社408条5項1号））である。

　提訴請求を受領した翌日から60日以内に，会社は訴えを提起するか否かを調査し決定しなければならない。会社が，株主の請求の通り，当該取締役の責任を追及することとした場合，監査役等が会社を代表して，当該取締役を被告とする訴訟を提起する。他方，訴えを提起しないと判断した場合，株主や被告とされた取締役からの請求により会社は不提訴理由を通知しなければならない（会社847条4項）。会社が所定の期間内に提訴しない場合，株主は自ら取締役等に対してその債務を会社に対して履行するよう，訴えを提起することができる（会社847条3項。なお5項）。

▶▶3　訴訟参加

　株主代表訴訟の結果は，会社に及ぶため，提起した株主のみならず，他の株主や会社も重要な利害関係を有する。そのため，なれ合い訴訟防止の観点から，他の株主や会社は原告側に共同訴訟参加できる（会社849条1項）。このような機会を確保するため，株主代表訴訟を提起した株主は，遅滞なく，会社に対して

訴訟告知をする必要がある（会社849条4項・386条2項2号・699条の7第5項2号・408条5項2号）。訴訟告知を受けた会社も，遅滞なく，その旨を公告または株主に通知しなければならない（会社849条5項・9項）。なお，会社は，被告側（取締役側）に補助参加することもできる。会社が，原告側と被告側のどちらにつくかということは，証拠の集めやすさ等にかかわる。

▶▶4 判決の効果

株主代表訴訟判決の効果は勝訴・敗訴ともに会社にその効果が及ぶ（民訴115条1項2号）。株主が勝訴した場合，役員等から会社に対して損害賠償がなされる。株主は，支出した必要費用と弁護士報酬のうち相当額の支払を会社に請求することができる（会社852条1項）。逆に，株主が敗訴した場合，訴訟に関連して会社には何らかの損害が生ずるかもしれないが，株主に悪意があった場合を除き，株主は会社に対して損害賠償責任を負わない（会社852条2項）。株主による経営監督機能を減退させないためである。

▶▶5 和解による終了

株主代表訴訟も，訴訟上の和解をすることができる。和解は，話合いによって妥協点を見出したということである。なお，会社の承認を得て行われた和解は確定判決と同一の効力を有する（会社850条，民訴267条）。令和元（2019）年会社法改正により，訴訟上の和解には，監査役（場合によっては各監査等委員会・各監査委員）全員の同意を得なければならないこととなった（会社849条の2）。

▶▶6 旧株主による株主代表訴訟

株主代表訴訟を提起した株主は，当該訴訟の係属中は株主であり続ける必要があるとされ，訴訟係属中に株主の地位を失った（たとえば株式交換・株式移転，合併等の組織再編によって株主でなくなった）場合には，原告適格を失って却下される事例がみられたため，平成17（2005）年会社法制定時に，原告適格を失わないこととされた（会社851条）。しかしながら，訴訟係属前になされた組織再編によって株主の地位を失った場合については未解決であったため，平成26（2014）年会社法改正により手当てがなされた。

▶図表04_1をもとにして確認してみよう。B社の株主Xは，取締役Yの任務懈怠責任を追及するために株主代表訴訟を提訴しようと考えた▶図表04_1の（1）。

しかし，B社はA社と合併することとなり，B社株主には合併対価として現金が支払われた▶図表04_1の(2)。Xは，株主の地位を失ってしまったが，組織再編の効力発生日までに，提訴請求の要件を満たす旧株主であるため，組織再編が行われた後であっても，組織再編の以前に生じた役員等（旧B社の取締役Y）の責任について訴えを提起することができる（会社847条の2）▶図表04_1の(3)。

▶▶7 特定責任追及の訴え（多重代表訴訟）

グループガバナンス（親子会社関係）に基づく規律の問題点の解消をめざし，2014年（平成26年）会社法改正により，一定

▶図表04_1 旧株主による株主代表訴訟の構図

(1)

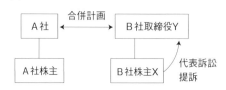

(2)

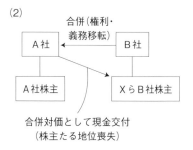

合併対価として現金交付
（株主たる地位喪失）

(3)

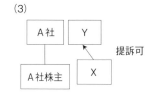

の場合に，親会社の株主に子会社の役員等の責任を追及する訴えの提起が認められた（会社847条の3）。▶図表04_2を用いて考えてみよう。

A社とB社は，意思決定の迅速化と業務の効率化のため，グループ（ホールディングス形態）を形成していた（B社の株式は，A社が100％保有しているという完全親子会社関係を形成）。B社の完全親会社がA社であり，B社にはA社以外の株主は存在しない（A社が100％保有）ため，A社の意向がそのままB社の経営方針に強く反映され，またそれを具体化すべく，B社の役員はA社から派遣されたり，A社の指示する者が選任される。他方で，A社には，その株主（A社株主）が存在している。

このとき，完全子会社であるB社の取締役Yの任務懈怠により，B社に損害が発生したとすると，この回復はどのように求められるだろうか。Yに株主代表訴訟を起こすとすると，原告適格はB社の株主であるA社ということになる。

▶図表04_2 特定責任追及の訴え（多重代表訴訟）の構図

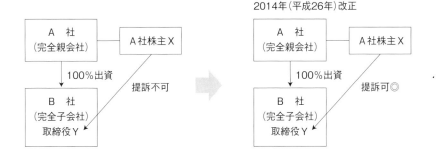

しかし，B社の役員はA社の意向が反映されているということは，通常の会社
の役員間で見られるようななれ合い状況が発生してしまうおそれがある。その
結果，A社が株主代表訴訟を提起しないとすると，子会社であるB社の損失は，
最終的には親会社Aの損失といってよく，A社の業績悪化や株価下落の影響を，
A社株主がもろに受けてしまう。そのため，「A社株主」に「B社の取締役Y」
の責任追及を可能にしたのが，特定責任追及の訴え（多重代表訴訟）である。
　もっとも，例外的扱いとなる特定責任追及の訴え（多重代表訴訟）を制限な
く認めることはできないため，最終完全親会社（事例ではA。多層構造では最上
位にある会社）の総株主の議決権の100分の1以上の議決権または発行済株式の
100分の1以上の数の株式を6か月前から有する株主が，完全子会社Bに提訴す
るよう請求することを経た後に限られる（会社847条の3第1項～3項・6項・7項・
9項）。そして，その対象となる責任も，A社においてB社株式の帳簿価格がA
社の総資産額の5分の1を超える場合におけるYの責任というように，グルー
プの総資産に占める影響が大きい完全子会社の役員等の責任に限定される。グ
ループ全体に与える影響が軽微なものについては，本来会社内で処理すること
が原則である。

▶§7＿ 株主の差止権

　株主代表訴訟は，役員等の任務懈怠によって生じた会社に対する損害を事後
的に回復する手段である。もっとも，事後的な回復では役員等の資力に左右さ
れ，回収不能リスクもあるため，会社に損害を与えるような行為は，事前に防

★Topic＿06　金融機関の取締役の善管注意義務

　会社の取締役は，会社の経営を委ねられた者（受任者）として，その状況下において通常果たすべき水準の注意尽くして職務執行をしなければならない（本文で述べた善管注意義務）。とはいえ，会社には様々な業種や環境が存在することは言うまでもなく，それぞれの会社における取締役の義務の内容にも，自ずと違いが生じてくるはずである。

　その中で，金融機関（銀行）取締役の善管注意義務の水準が，他の一般事業会社の取締役の善管注意義務よりも高度なものかどうかについて，特に議論がなされてきた。銀行の取締役と聞いても，ピンとこない人もいるかもしれない。実は，みなさんもおそらく利用しているだろう銀行も，れっきとした株式会社であり，株主が存在し，その利益となるように事業を展開している（信じられない人は，自分の取引銀行の情報を確認してみてほしい）。ゆえに，会社法が当然に適用される主体である。

　銀行取締役の善管注意義務違反が問われるのは，銀行の中核事業である，融資に関する判断についての事例が多い。刑事事件ではあるが，最決平成21・11・9刑集63巻9号1117頁は，銀行業務の特殊性等を考慮すれば，融資業務に際して要求される銀行取締役の注意義務の程度は一般の株式会社取締役の場合に比べ高い水準のものであり，経営判断原則が適用される余地はそれだけ限定的なものにとどまることを明らかにした。確かに，銀行取締役は，融資業務について，回収不能とならないように，専門家としての高度な判断能力を前提に，銀行関連法規や銀行内部のルールを遵守して合理的妥当な判断をすることが要請される。その意味で，一般事業会社の取締役が，関連企業等に融資を行う場合に比べて，注意義務が高度化するといえそうである。

　しかし，一般論として，銀行は，市民の金融資産を扱うという公共性の観点ゆえにリスク管理の要請が強く，銀行取締役には，よりいっそう慎重な経営判断が求められるといえるとしても，法律上の責任の判断に際して，公共性のゆえに，善管注意義務が重くなるとまでいうことができるかどうか，ぜひ，考えてみてほしい。

【村上康司】

止できる方が望ましい。

　会社法の規律としては，取締役会・監査役による取締役の職務執行の監視監督（会社362条2項2号・381条1項・399条の2第3項1号・404条2項1号）により違法行為の防止が図られ，監査役等による差止請求（会社385条・399条の6・407条）が用意されているものの，なれ合い等により必ずしも差止めが行われるとは限

らない。

　そのため，6か月前から引き続き株主を有する株主（非公開会社においては，6か月要件不要）は，取締役が会社の目的の範囲外の行為，その他法令や定款に違反する行為をし，またはこれらの行為をするおそれのある場合において，その行為によって会社に「著しい損害」（監査役設置会社，監査等委員会設置会社，指名委員会等設置会社では「回復することのできない損害」）が生じるおそれがあるときには，取締役に対し，その行為を止めることを請求できる（会社360条1項・3項・422条）。

05章__ 会社を代表する者

▶代表権

▶§1__ 代表取締役

▶▶1 選定と権限

　株式会社は法人であるから，その機関を通じて行動する。株式会社は，必要的機関として1名以上の取締役を置くことが要求される（会社326条1項）が，この者がどのような権限を有するかは，会社の機関設計により違いがある。

　取締役会を設置しない会社においては，株主総会において選任された各取締役が業務を執行し，各自が会社を代表する（会社349条1項本文・2項）。この場合，各取締役は，原則として，株式会社の業務に関する一切の裁判上または裁判外の行為をする権限がある（同条4項）。会社が，代表取締役の代表権に対して制限を加えたとしても，その効果は善意の第三者に対しては対抗することができない（同条5項）。また，取締役会を設置しない場合には，代表取締役の選定は任意であるが，株式会社は，定款，定款の定めに基づく取締役の互選または株主総会の決議によって，取締役の中から代表取締役を定めることができる（同条3項）。なお，特定の者が代表取締役に選定された場合，その者以外の取締役の会社を代表する権限は失われる。

　取締役会設置会社においては，代表取締役は，取締役会の決議により取締役の中から選定され（会社362条2項3号・3項），取締役会において決定された内容・方針に基づき，業務執行をし，対内的・対外的に会社を代表する（会社363条1項1号・349条1項ただし書。対内的業務執行については，選定業務担当取締役も可能（会社363条1項2号））。代表取締役の権限については会社法349条4項・5項によるが，代表取締役の職務執行は，取締役会の監督に服するものであるから（会社362条2項2号），自己の職務執行につき，3か月に1回以上取締役会に報告しなければならない（会社363条2項）。取締役会の指揮・監督に服する下部機関としての位置付けである。代表取締役は，取締役の地位にある者であることを前提としているので，当然取締役会の構成メンバーである。また，代表取締役の住

所，氏名は登記事項となっている（会社911条3項14号・915条1項）。

　取締役会設置会社である非公開会社において，取締役会決議によるほか株主総会決議によっても代表取締役を選定することができる旨の定款の定めができるかについて争われ，裁判所はこのような定款の定めも有効とする（最決平成29・2・21民集71巻2号195頁〔百選41事件〕）。仮に，定款により株主総会に当該権限を与えたとしても，そのことが取締役会の代表取締役の選定・解職権限を喪失させるものではなく，取締役会の監督権限の実効性を失わせるとはいえないことを理由に挙げている。もっとも，本件とは異なり，公開会社の場合にはどうか，取締役会の権限を否定し株主総会に専属的に権限を帰属させる旨の定款規定はどうかについて，本決定の射程は明らかではない。

▶▶2　解職

　代表取締役の地位は，任期満了，解職，辞任により終了する。取締役会設置会社にあっては，取締役会は，その決議により代表取締役を解職することができる（会社362条1項3号）。ただし，代表取締役の地位を失ったとしても，取締役の地位まで同時に失うわけではない。あくまで，会社の取締役として株主総会によって選任されている立場と，その取締役の中から取締役会によって会社の代表者に選定されている立場とを，同列に扱うことはできない。したがって，解職された代表取締役は，代表権を失うものの，取締役の地位を辞任したりや解任されない限り，依然として取締役としてとどまる。

　代表取締役の欠員が生じる場合には，退任した者は，新たに後任の者が就任するまでの間，引き続いて代表取締役としての権利義務を有することとなる（会社351条1項）。裁判所は，必要があると認める時には，利害関係人の申立てにより，一時代表取締役の職務を行うべきものを選任することができる（会社351条2項）。

▶§2＿　会社と取締役間の訴訟において会社を代表する者
──会社代表の例外

　代表取締役は，株式会社の業務に関する一切の裁判上または裁判外の行為をする権限を有しているため，会社の訴訟行為において会社を代表することになる。もっとも，会社と取締役（取締役であったものを含む）との間の訴訟における場合に，この会社代表権の例外が存在する。取締役の任務懈怠責任を追及す

る場合，責任追及の対象が取締役自身であったり同僚であったりするため，仲間意識からなれ合いの危険があることは04章§6でふれた。以下に，会社と取締役間の訴訟において，会社を代表する者についてまとめる。

・取締役会を設置しておらず，かつ，業務監査を行う監査役がいない会社
　⇒株主総会において定めることができる（会社353条）
・取締役会設置会社で，かつ，業務監査を行う監査役がいない会社
　⇒株主総会によって定めた者がいる場合はその者が，いない場合は取締役
　　会が定めた者が会社を代表する（会社364条４項・353条）
・監査役設置会社
　⇒監査役（会社386条２項１号）
・監査等委員会設置会社
　⇒監査等委員会が選定する監査等委員（会社399条の７第５項１号。ただし，
　　監査等委員が訴訟当事者の場合には，取締役会または株主総会で定める者（同条
　　１項１号））
・指名委員会等設置会社
　⇒監査委員会が選定する監査委員（会社408条５項１号。ただし，監査委員が
　　訴訟当事者の場合には，取締役会または株主総会で定める者（同条１項１号））。

▶§3＿　代表執行役

　指名委員会等設置会社では，会社の業務執行を担う機関として１人以上の執行役を置かなければならない（会社402条１項）。執行役は，取締役会から委任された事項に関する業務の決定と業務の執行を行う（会社408条）。執行役が１人の場合，その者が代表執行役となるが，２人以上の執行役を置く場合には，取締役会は代表執行役を選定しなければならない（会社420条１項）。この場合，代表執行役は１人でも複数でも構わないこと，代表執行役は，会社の業務に関する一切の裁判上または裁判外の行為をすることができることは，代表取締役と同様である（同条３項・349条４項・５項）。その他，指名委員会等設置会社については，本書02章§2を参照。

▶§*4*__ 代表権の制限

▶▶*1* 総説

　代表取締役は会社を代表する権限を有し，代表取締役の行為の効果は会社に帰属するが，その権限行使に関して，当該代表取締役の行為の効果が第三者との間で問題となることがある。例えば，代表取締役が，適切な代表権限がなかったにもかかわらずに第三者と取引をした場合の効果や，本来の権限を越えて第三者と取引をした場合の効果などを，そのまま会社に帰属させて良いかという問題である。この問題の対処にあたっては，会社の利益と第三者の利益のどちらを保護する要請があるか，換言すると，静的安全と動的安全（取引の安全）のどちらを重視すべきか，という観点から検討する必要がある。適切な権限がないので有効にされては困るという代表される本人（会社）の期待を保護する静的安全を重視すべきなのか，有効な取引だと信頼した第三者（取引相手）の期待を保護する動的安全（取引の安全）を重視すべきなのか，という視点である。

　検討においては，具体的には，不規則な行為を行う者を取締役に選任し，代表取締役に選定したことの不利益を会社に負担させるか，第三者に取締役会決議の調査負担を要求するか（第三者に適切な代表権限に基づく行為であるかを調査することを求めるのか）という判断を行うことになる。結論を示しておくと，取引の相手方（第三者）に対して，大量・迅速な行動が求められるビジネス活動において，取引の前提事実の調査（取引相手となる者が，代表権を与えられているか，取締役会の議事録や登記を確認すること）を，その都度，要求することは負担が大きく現実的とは言えない。そのため，適切な権限に基づくものであると信頼した取引の相手方を保護すべき要請が強い（＝取引の安全を重視する）のが，商法・会社法の立場である。そのうえで，第三者の信頼について，保護する必要がない（実は，無権限であることを知っていた悪意の場合や，悪意と同視しうるほど注意欠如がはなはだしい重過失などの）場合には，会社の利益保護（静的安全）を図ることでバランスをとっている。

▶▶*2* 代表権の制限

　代表取締役の権限は包括的なもの（会社349条4項）であるが，一定の場合には制限を受ける場合がある。①法令の定めによる制限，②会社の自治としての

制限である。①は例えば，会社が事業の全部または重要な一部の譲渡を行う場合（→**12**章参照）には，原則として株主総会の特別決議が必要とされる（会社467条1項・2項・309条2項11号）。②は，本来は無制限のはずの代表権限に，特定の法律行為には取締役会の承認を要求する場合や，複数の代表取締役が存在する会社で，それぞれの業務を分担する場合，などに定款や社内規則（内規）で独自の取り決めを置く内部的な制限である。会社の定款も，会社の規模や特性に合わせて自治が認められていたのと同様に，このこと自体は会社の自治の範囲として許容される。

会社は，②のような会社独自の内部的制限を，善意の第三者に対しては対抗することができない（会社349条5項）。会社は，内部的な代表権限の制約について，知っていた（悪意）の第三者にはその制限を超える部分については拒む旨を主張できるが，知らなかった（善意）の第三者に対しては，制限の存在を対抗することができないので，取引どおりの効果が生じる。取引の安全を重視した結果である。

なお，条文文言上は，第三者は善意であることのみが要求されているが，悪意と同視し得るほどに重大な過失のある第三者は，信義則上，「善意の第三者」には含まれないと解されている。

また，取締役会設置会社においては，①法令の規定により，株主総会や取締役会決議が必要とされる行為であるにもかかわらず，これらの機関の決議を経ることなく代表取締役が行った行為の効果が問題となることがある。代表取締役は，会社の業務執行機関として株主総会や取締役会で決められた事項を執行しなければならず，取引の相手方（第三者）も会社の代表権のある者によって行われた行為は，当然有効なものとして信頼するのが通常である（もっとも，株主総会決議を要する行為については，会社にとって重大な事項であり，相手方もそのことは認識すべきであるから，原則として無効と解する見解が有力）。会社の利益と第三者の利益とを考慮した解決が図られなければならないが，見解が分かれている。

判例は，代表取締役は，取締役会の決議を経てすることを要する対外的な個々の取引を，取締役会の決議を経ないでした場合にも，その取引行為は，内部的意思決定を欠くにとどまるから原則として有効であって，ただ，相手方が取締役会決議を経ていないことを知りまたは知り得べかりしときに限って無効であるとし（最判昭和40・9・22民集19巻6号1656頁〔百選61事件〕），心裡留保に関する（2017

年（平成29年）改正前）民法93条を類推する解釈をとる。取締役会の決議と代表取締役の行為をそれぞれ真意と表示の関係と把握するものである。

　これに対し，学説は様々なものが存在するが，結論の方向性として，代表取締役には少なくとも会社を代表する意思はあったのであるから心裡留保はなく，判例の理論に立つと，相手方が保護されるのは善意・無過失の場合に限られる（軽過失は保護されない）のは問題であるという点でおおむね一致する。①悪意の相手方が権利を主張することは信義則違反あるいは権利濫用であるから，会社は悪意（重過失を含む）の相手方には一般悪意の抗弁が可能であり，相手方が決議を経ていないことにつき善意・無重過失の場合に取引を有効とすべきとの見解（一般悪意抗弁説），②代表取締役の権限濫用の問題であり，会社は悪意の相手方に対してのみ無効を主張できるとの見解，③349条5項により，相手方が悪意でない限り，過失の有無を問わず無効の主張はできないとする見解（代表権制限説）などがある。

　なお，原則として，取引の無効を主張することができるのは会社のみである。会社以外の者が，取締役会決議がないことを理由として取引の無効を主張することができるのは，当該会社の取締役会が無効を主張する旨の決議をしているなどの特段の事情がある場合に限られる（最判平成21・4・17民集63巻4号535頁〔百選A15事件〕）。

　以上に関連して，法令に基づき必要とされる決議を経ずに行われた代表取締役の行為につき，株主全員の同意がある場合には，当該行為は有効となる場合がある（（一人会社における譲渡承認を欠く譲渡制限株式の譲渡）最判平成5・3・30民集47巻4号3439頁，（承認を欠く利益相反取引）最判昭和49・9・26民集28巻6号1306頁〔百選54事件〕）。

▶▶3　代表権の濫用

　代表権の濫用とは，会社の代表権を有する者が，対外的には会社の代表者として代表権の範囲に属する部類の行為を第三者と行うのであるが，その真意は自己または第三者の利益を図るために行う場合を指す。代表権の濫用は，代表権のある者自身の権利濫用であるため，会社に義務を負担させることになると会社（ひいては株主）の利益を損ねることとなるため，当該取引の効果は無効としたい。他方で，取引の相手方としては，当該取引の効果は有効であることを欲するであろう。取引の安全を考慮して，妥当な解決が図られねばならない

が，ここでも見解は分かれている。

　判例は，会社の代表取締役が，自己の利益のため表面上会社の代表者として法律行為をなした場合において，相手方が代表取締役の真意を知りまたは知り得べきものであったときは，心裡留保に関する（平成29〔2017〕年改正前）民法93条ただし書を類推適用し，その法律行為は効力を生じないとする（最判昭和38・9・5民集17巻8号909頁，最判昭和51・11・26判時839号111頁）。代表取締役が，自己の利益のためという真意と，会社のための行為という外観とに不一致があるととらえ，代表取締役の真意について，取引の相手方が悪意または過失があれば取引を無効と解する，との解釈を展開した。

　学説はこの点について，結論の方向性としては，表示行為と真意の不一致は存在せず，第三者が代表者の真意につき善意であるが過失がある場合にも取引を無効とするのは，商取引の性質上，問題であるとする。その上で，理論構成は異なるが，取引の相手方が軽過失があるにとどまる場合にも取引を無効と解するのは厳しすぎであり，一般に相手方に悪意または重過失がある場合に限って当該取引を無効とすべきであると解している（悪意または重過失のある相手方からの請求は，信義則違反または権利濫用を根拠に拒むことができる（一般悪意の抗弁が許される））。

　なお，平成29（2017）年民法改正により，代理権の濫用について民法107条が新設された。同条によれば，代理人の代理権の範囲内の行為について，相手方がその目的を知り，または知ることができたときは，その行為は代理権を有しない者がした行為とみなされ，無権代理としての処理がなされる。代理権の濫用について，改正前民法93条ただし書による処理がなされていた（最判昭和42・4・20民集21巻3号697頁）ため，代表権の濫用も，民法107条が（類推）適用されることになる。

▶§5__ 代表者の不法行為による損害賠償責任

　株式会社は，代表取締役その他の代表者がその職務を行うについて，第三者に損害を与えたときには，当該損害を賠償する責任を負う（会社350条）。この責任の性質は，不法行為責任である。本条に基づいて会社の責任が成立するためには，代表取締役（以下，その他の代表者を含む）は，会社を代表してその職務を行うにつき，民法709条の不法行為責任を負うに至ったことが前提として

必要である。このとき，代表取締役が無資力である場合等をかんがみて，第三者の保護を図るために，会社にも過失の有無を問わず責任を負わせるのである。このとき，第三者に対する，代表取締役の民法709条に基づく不法行為責任と，本条に基づく不法行為責任は，不真正連帯債務の関係となる。第三者は，両者に対して，あるいはいずれかに対して，損害賠償責任を追及することができる。

▶§6__ 表見代表取締役

　会社を代表する者と誤認させるような名称を取締役に付したとしても，当該取締役が代表取締役でない限り代表権は有しない（代表取締役以外の取締役に，会社を代表する権限はない）。それにもかかわらず，社長，副社長等，代表権を有すると認められるべき名称を付した代表取締役以外の取締役の行為は，善意の第三者に対して，会社が責任を負う（会社354条）。

　代表取締役であるかどうかは商業登記簿を確認すれば，代表権の所在を把握することができる（→登記との関連については，§1▶▶1参照）。しかし，実態として，社長，副社長などの名称を付された取締役について代表権が与えられていることが多いため，取引の相手方は取引の度に登記簿を確認するわけではない。そのため，取引の安全の観点から，会社が，代表取締役以外の取締役に代表権を有すると思わせる名称を与えた場合に，その者に代表権があると信頼して取引を行った相手方（第三者）を保護するために，会社は，その取締役がした行為について善意の第三者に対して責任を負わせることにしたのである。理論的には，禁反言の法理ないしは権利外観理論がその根拠となっている。

　第三者が，表見代表取締役との取引による保護を受けるためには，①会社が代表取締役以外の取締役に代表権を有する者と認められるような名称を与えていること，②名称を与えられた取締役による取引行為が存在すること，③その取引の相手方が善意（無重過失）であることの3つを要件とする。

　①わが国においては，一般に，社長や副社長といった名称は，会社の代表者，あるいはそれに次ぐ代表権を有する者の地位にあると理解される（→★Topic__07参照）。なお，取締役以外の者（たとえば使用人）に，代表権があるかのような名称が付与されていた場合，本条は類推適用の余地がある（最判昭和35・10・14民集14巻12号2499頁）。

　②本条の責任が成立し，第三者が保護される（つまり当該取引を有効とする）

★Topic__07　役職名の意味

　会社は，会社内部における役割・職務内容を明確化するために，役職名を用いるのが通常である。「社長」「副社長」などの役職名を耳にしたことのある人も多いだろう。「社長」は，事実上，会社のナンバーワン，「副社長」はナンバーツーの表示であると理解されているが，実は，これらの役職名は，法律上の用語ではなく，慣習上の呼称であることに注意してほしい（「社長」という役職名は，文字通り「会社組織の長」であり，通常1つの会社に1人の，会社の最高責任者を表す慣習上の呼称に過ぎず，会社法上，何らの権限を生じることはない）。特に，本章との関連でいうと，会社には，代表権のある取締役として「代表取締役」が登場したが，こちらは法律上の役職である。上場会社では，代表取締役が，複数名存在する会社も少なくない。

　つまり，「社長」と「代表取締役」の関係は，「社長」であれば，「代表取締役」であることは決してめずらしくはないが，その逆に，「代表取締役」であれば，「社長」であるとは限らないのである。こうした理解を背景にすると，「代表取締役社長」（代表権限を持ち会社の長たる地位）の肩書と，「社長」（会社の長ではあるが代表権はない）の肩書は，似て非なるものであることが理解いただけるだろう。

　同様に，「常務」「専務」といった役職名も慣習上の呼称であり，「常務取締役」「専務取締役」として，取締役の地位にある者ということになる。一般に「専務」を上位の呼称とするようであるが，実際のところは会社次第である。さらに，「執行役員」という役職名もある。「執行役員」は，法律上は従業員としての位置付けであるから，法律上の役員である指名委員会等設置会社の「執行役」とは異なる。

　また，最近では，「CEO」「COO」といった呼称もよく利用されるが，これらの役職名についても，会社法の規定は存在しない（アメリカの規制に由来する名称）。「CEO（Chief Executive Officer」は，経営の最高責任者であることを意味するに過ぎず，代表権のある者であることまでは意味しない。したがって，「代表取締役社長兼CEO」と「社長兼CEO」の肩書の違いも説明できるようになっただろう。「COO（Chief Operating Officer）」は，業務執行に関する最高責任者を意味し，副社長に相当する者が名乗ることが多い。

　この他にも，「CXO（Chief X Officer）」の表記は多岐にわたる（「X」に入るものには，さまざまなバリエーションが存在する。関心のある人は，ぜひ，リサーチしてみよう）。このような表記をすることで，その者の役割や責任の所在を明確化することができるというメリットがある。

【村上康司】

ためには，会社が，代表取締役以外の取締役に，代表権があるかのような名称を付与しているという点に，会社としての帰責性が強く認められるからである。したがって，会社とは無関係に，そのような名称をしている場合には問題とならない（浦和地判平成11・8・6判時1696号155頁）。名称の付与は，明示でも黙示（黙認）でもよい。

　③本条は，取引に対する第三者の信頼を保護するための規定であるから，第三者が善意であること，つまり会社の代表者とされている者に実際は代表権が存在しないことにつき知らなかったことが要件である。判例は，善意であることに過失があったとしても，保護を受けることができる（最判昭和41・11・10民集20巻9号1771頁）とする一方で，重過失があった場合には，悪意と同視され保護されないとする（最判昭和52・10・14民集31巻6号825頁〔百選46事件〕）。相手方に悪意（重過失）がある場合には，取引の安全を図る必要がないのである。

06章__　取締役会

▸§1__　総説

　会社法上，公開会社，監査役会設置会社，委員会型会社（指名委員会等設置会社および監査等委員会設置会社）は3人以上の取締役で構成される取締役会を置かなければならない（会社327条1項）。その他の会社は任意で取締役会を設置することができる。取締役会はすべての取締役によって組織される（会社362条1項）。取締役会設置会社であることは登記事項である（会社911条3項15号）。

　委員会型会社の取締役会の構成および職務権限はそれ以外の取締役会設置会社（以下では「伝統型取締役会設置会社」という）と共通する部分も多いが，特有な規律付けも多い。

　指名委員会等設置会社では，指名委員会，監査委員会および報酬委員会の3つの委員会が置かれ（会社2条12号・326条2項，▸図表06-1ⓒ），各委員会は，それぞれ3人以上の取締役で構成され，その過半数は社外取締役でなければならない（会社400条1項・3項）。また，指名委員会等設置会社では，それ以外の取締役会設置会社と異なり，代表取締役は置かれず，業務執行は取締役会が選任する執行役が行う（会社418条2号）。監査委員会が置かれる関係で監査役（会），監査等委員会は置かれない（会社327条4項・6項）。

　監査等委員会設置会社では，その過半数が社外取締役で構成される監査等委員会が設置される（会社331条6項，▸図表06-1ⓑ）。監査等委員会が設置される関係で監査役（会），監査委員会は置かれない（会社327条4項）。監査等委員会設置会社の取締役会の規律付けについては，伝統型取締役会設置会社と共通する部分が多い。

　本章では，伝統型取締役会設置会社の取締役会について説明した後に，指名委員会等設置会社の取締役会，監査等委員会設置会社の取締役会にそれぞれ特有の規律付けを中心に説明する。

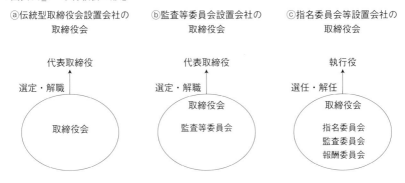

▶図表06_1　取締役会の形態

ⓐ伝統型取締役会設置会社の
　取締役会

ⓑ監査等委員会設置会社の
　取締役会

ⓒ指名委員会等設置会社の
　取締役会

代表取締役

選定・解職

取締役会

代表取締役

選定・解職

取締役会
監査等委員会

執行役

選任・解任

取締役会
指名委員会
監査委員会
報酬委員会

▶§2＿ 伝統型取締役会設置会社の取締役会

▶▶1　取締役会の職務権限

　伝統型取締役会設置会社（▶図表06_1のⓐ）では，取締役会は，会社の業務執行の決定，取締役の職務の執行の監督，および代表取締役の選定・解職を行う（会社362条2項）。

【1】　業務執行の決定

　取締役会設置会社では，取締役の立場は取締役会の構成員であり，業務執行の決定は，原則として取締役会という会議体で行われる（会社362条2項1号）。ただし，業務執行の決定全般を取締役会で決定することは現実的ではなく，迅速な意思決定を可能とするために，会社法は，一部の重要な事項を除き，取締役会の業務執行の決定を各取締役に委任することができるとする。具体的には，①重要な財産の処分・譲受け，②多額の借財，③支配人その他の重要な使用人の選・解任，④支店その他の重要な組織の設置，変更および廃止，⑤社債の引受けの募集，⑥内部統制システムの整備，⑦取締役の任務懈怠責任の免除，⑧その他重要な業務執行の決定については，各取締役に委任することができず，取締役会決議によらなければならない（会社362条4項）。以上の事項は，会社に重大な影響を与える取引，または会社の体制に関わる重要な事項であるため，取締役会の専決事項とされる。

　しかし，どのような取引が会社にとって「重要な財産の処分・譲受け」およ

び「多額の借財」にあたるかについて，会社法は具体的な判断基準を明示していない。会社の財産の処分が「重要な財産の処分・譲受け」にあたるかについて，判例は，当該財産の価格，その会社の総資産に占める割合，当該財産の保有目的，処分行為の態様および会社における従来の取扱い等の事情を総合的に考慮して判断すべきものとしている（最判平成6・1・20民集48巻1号1頁〔百選60事件〕）。会社がする借入れが「多額の借財」にあたるかについては，上場会社などでは，内部規則によって具体的な基準を定めていることが多い。

また，取締役の数が6人以上で，かつ1人以上の社外取締役を置いている会社では，3人以上の取締役を選定して（特別取締役），上記重要な事項のうち，①重要な財産の処分・譲受けおよび②多額の借財ついての取締役会決議を特別取締役による決議に委ねることができる（会社373条1項）。なお，社外取締役は特別取締役として選任される必要はない。特別取締役による議決に関する事項は登記される（会社911条3項21号）。

取締役会設置会社において，業務の執行は，取締役の中から選定される代表取締役が行う。また，取締役会が選定した代表取締役以外の取締役（選定業務執行取締役）に業務の執行を行わせることができる（会社362条3項・363条1項1号・2号）。

【2】 取締役の職務の執行の監督

取締役会は，取締役の職務の執行を監督する（会社362条2項2号）。取締役会による監督は，監査役による監督との対比において，取締役の職務執行の適法性のみならず，妥当性にも及ぶ（→**10章§1**参照）。

取締役会の取締役に対する監督機能の実効性を高めるために，会社法は，3か月に1回以上取締役会の開催を要求し，代表取締役および選定業務執行取締役に職務執行の状況を取締役会に報告する義務を課している（会社363条2項）。また，取締役会の代表取締役を選定・解職する権限もその監督機能に資する。

【3】 代表取締役の選定・解職

取締役会設置会社では，必ず代表取締役を選定しなければならない。代表取締役は1人でも複数人でもよく，取締役会が取締役の中から代表取締役の選定・解職を行う（会社362条2項3号・同条3項）。代表取締役を解職された取締役は，株主総会で取締役の地位を解任されないかぎり，取締役の地位を失わない。代表取締役は，対外的に会社を代表し，対内的に会社の業務の執行を行う権限を有する。

★Topic__08　社外取締役

　社外取締役とは，会社の業務執行を行わず，かつ会社およびその業務執行を行う者から一定の利害関係を有しない取締役である。具体的には，①当該会社またはその子会社の業務執行取締役等でなく，過去10年内にこれらの役職に就任したことがないこと，②過去10年内に当該会社またはその子会社の取締役，会計参与または監査役であったことがある者の場合には，これらの役職への就任前10年間，当該会社または子会社の業務執行取締役等に就任したことがないこと，③当該会社の親会社等（自然人である場合），親会社の取締役，執行役もしくは使用人でないこと，④当該会社の兄弟会社の業務執行取締役等でないこと，⑤当該会社の取締役，執行役，重要な使用人または親会社等（自然人である場合）の配偶者もしくは二親等内の親族でないことのいずれの要件にも該当する取締役を指す（会社2条15号参照）。上記①の社外性要件について，社外取締役が会社の業務執行を行えば，その社外性を失う。しかし，例えば会社と取締役との間に利益相反の状況があるなど，取締役が業務執行を行うことで株主の利益を損なうおそれがあるときは，社外取締役の業務執行への積極的な関与が期待される場合もある。このような場合，会社は，一定の要件のもと，当該業務執行を社外取締役に委託することができ，社外取締役が当該業務執行を行ってもその社外性を失わない（会社348条の2）。

　会社法は，委員会型会社および監査役会を設置する公開会社で大会社のうち，有価証券報告書の提出義務のある会社については，社外取締役の選任を義務付けている（会社327条の2）。このような会社の多くは上場会社であり，社外取締役の選任を義務付けることによって上場会社における取締役会の監督機能を高めることが期待されている。

【張　笑男】

▶▶2　運営

【1】　招集

　取締役会は，各取締役が招集する。ただし，招集権者が定款または取締役会で定められているときは，その者が招集する（会社366条1項）。実務では，代表取締役が取締役会の招集権者として定められていることが多い。招集権者以外の取締役が取締役会を招集しようとするときは，まずは招集権者に対して取締役会の招集を請求し，それでも取締役会が招集されなければ自ら取締役会を招集することができる（会社366条2項・3項）。

招集通知は，書面でなくともよく，取締役会の日の一週間前までに発出しなければならない（会社368条1項）。また，取締役の全員の同意があるときは，招集の手続を省略することができる（会社368条2項）。株主総会と異なり，取締役会の議題は招集通知に事前に示される必要はない（→07章▶§2参照）。

　また，監査役は，取締役会の構成員ではないため，取締役会における議決権を持たないが，取締役会に出席し，必要があると認めるときは，意見を述べなければならない（会社383条1項）。取締役の不正行為等があると認めるときは，遅滞なく取締役会に報告しなければならない（会社382条）。そのために必要があれば，監査役は，招集権者に対して取締役会の招集を請求することができる（会社383条2項→10章▶§1参照）。監査役を置かない会社では，一定要件下，株主は取締役会の目的である事項を示して，取締役会の招集を請求することができる（会社367条1項・2項）。

【2】　議事・決議

　取締役会決議は，議決に加わることができる取締役の過半数が出席し，その過半数をもって行う（会社369条1項）。取締役は，その経営者としての能力を期待されて選任されているため，取締役会決議では一人一議決権が与えられ，出席および議決権行使を代理人に委任することは認められない。ただし，定款で定めれば，書面による決議は認められる（会社370条）。

　取締役会決議に特別の利害関係を有する取締役（特別利害関係人）は議決に加わることができない（会社369条2項）。例えば，会社と取締役との間で行われる利益相反取引に関する承認決議では，当事者の取締役は特別利害関係人にあたる。また，代表取締役の解任決議では，解任される代表取締役は特別利害関係人に当たるとする判例がある（最判昭和44・3・28民集23巻3号645頁〔百選63事件〕）。

　取締役会の議事については，議事録を作成しなければならず，これを10年間保管しなければならない（会社369条3項・371条1項）。取締役会の出席者は議事録に署名し，または記名しなければならない（会社369条3項）。取締役会決議に反対した取締役は，議事録に異議をとどめておかなければ，当該決議に賛成したものと推定され，利益相反取引に関する任務懈怠責任を問われることがある（会社369条5項・423条3項3号）。

　株主，債権者および親会社の社員は，一定要件の下，会社に対して取締役会議事録の閲覧謄写を請求することができる（会社371条4項・5項）。

【3】　取締役会決議の瑕疵

取締役会決議に瑕疵（瑕疵とは「キズ」「欠陥」のこと）がある場合，会社法は，株主総会決議の瑕疵を争う各種規定のような（→09章参照），特別な規定を置いていないため，一般原則により，取締役会の決議は当然に無効となり，いつでも誰でも主張でき，訴えによる必要もない。取締役決議の瑕疵の例として，例えば会社法上の招集に関する手続の違反や特別利害関係人の決議参加などが挙げられる。ただし，手続き上の瑕疵の程度が軽微な場合の取締役会決議の効力が問題になりうる。判例は，一部の取締役に対する招集通知が欠けていた場合であっても，その取締役が出席してもなお決議の結果に影響がないと認める特段の事情があるときは，決議を有効とする（最判昭和44・12・2民集23巻12号2396頁〔百選62事件〕）。

▶▶3　代表取締役

　代表取締役は，会社法362条4項に定められた取締役会の専決事項以外の事項につき，取締役会の委任に基づき，業務執行の決定を行うことができる。会社の日常の業務に関する業務執行の決定は，黙示的に代表取締役に委任されていると解されている。また，代表取締役は委任された業務執行の決定権限の一部や，業務の執行権限について，さらに他の取締役または使用人に委任することができる。

　代表取締役の代表権は，会社の業務に関する一切の裁判上または裁判外の行為に及ぶ（会社349条4項）。会社が代表取締役の代表権に加えた制限は，善意の第三者に対抗できない（会社349条5項）。ただし，代表取締役の代表権の例外として，取締役と会社との間の訴えにおいては，なれ合い訴訟防止のために，監査役設置会社では監査役，それ以外の会社では株主総会で定めた者が会社を代表する（会社353条・386条）。

　取締役会決議を欠く代表取締役の行為は，当然に無効となるわけではない。例えば，会社法362条4項に定める重要な財産の処分や多額の借財が取締役会決議なしに行われた場合，判例は，これらの行為も原則有効とするが，相手方が決議を経ていないことを知りまたは知り得たときは無効であるとする（最判昭和40・9・22民集19巻6号1656頁〔百選61事件〕）。また，会社法は，362条4項各号を取締役会の専決事項を定めているのは，会社の利益を保護するためであるから，同項の事項につき取締役会決議を経ていないことを理由とする無効の主張は，原則として当該会社のみが主張できる（最判平成21・4・17民集63巻4号

535頁〔百選A15事件〕）。

　このほか，代表取締役の代表権の制限に反する行為，表見代表取締役や代表取締役の不法行為に関する問題は，05章において説明した事項と共通する。

▸§3__　指名委員会等設置会社の取締役会

▸▸1　総説

　指名委員会等設置会社は，定款の定めにより，指名委員会，監査委員会および報酬委員会の3つの委員会を置く株式会社をいう（会社2条12号・326条2項）。各委員会は，それぞれ3人以上の取締役で構成され，その過半数は社外取締役でなければならない（会社400条1項・3項）。指名委員会等設置会社である旨および取締役のうち社外取締役である者については社外取締役である旨は登記事項である（会社911条3項23号）。

　指名委員会等設置会社に相当する制度は平成14（2002）年改正商法において導入され，当時の商法特例法（株式会社の監査等に関する商法の特例に関する法律）上の大会社およびみなし大会社のみが当該機関設計をとることが可能であった。現行法では，公開会社であるか否かに関わらず，また，会社の規模に関わらず指名委員会等設置会社となることはできるが，取締役会設置会社であり，かつ，会計監査人設置会社であることを要する（会社327条1項4号・327条5項）。取締役からなる監査委員会が設けられる関係で，監査役および監査等委員会は置かれない（会社327条4項・6項）。指名委員会等設置会社では，代表取締役は置かれず，取締役会が選任する代表執行役が会社を代表する（会社420条1項）。

　指名委員会等設置会社の取締役会の主たる役割は，業務執行者の監督である。指名委員会等設置会社では，伝統型取締役会設置会社と比べ，取締役会は会社の業務執行の決定を，取締役会において選任した執行役に大幅に委任することができる（会社416条1項・3項）。また，指名委員会等設置会社では，原則として取締役は業務の執行をすることができず，業務執行は取締役会が選任する執行役により行われる（会社415条）。このように，指名委員会等設置会社では，監督と執行を制度上分離することによって，取締役会による監督機能の実効性を高め，迅速な業務執行の決定が可能となる。

▶▶2　取締役・取締役会

【1】　取締役

　指名委員会等設置会社においても,取締役は株主総会において選任されるが,その過半数が社外取締役で構成される指名委員会が選任議案の内容を決定する(会社404条1項)。また,取締役の任期は1年である（会社332条6項）。

　指名委員会等設置会社の取締役は,業務を執行することができず,会社の支配人その他の使用人を兼ねることができない（会社415条・331条4項）。もっとも,社外取締役でない取締役は執行役を兼任することができる（会社402条6項・2条15号）。

【2】　取締役会

　❶　職務権限　　指名委員会等設置会社の取締役会は,執行役,取締役（会計参与設置会社にあっては,取締役および会計参与）の職務執行の監督をするとともに(会社416条1項2号),会社の業務執行の決定を行う。業務執行の決定のうち,①経営の基本方針,②監査委員会の職務の執行のため必要なものとして法務省令で定める事項,③執行役が二人以上いる場合における執行役の職務の分掌および指揮命令の関係その他の執行役相互の関係に関する事項,④執行役による取締役会の招集の請求を受ける取締役の決定,⑤内部統制システムの整備については,執行役に委任することができず,取締役会において決定しなければならない（会社416条1項・2項・3項）。

　以上の事項のほかは,一部の事項を除いて,取締役会はその決議により,業務執行の決定を執行役に委任することができる（会社416条4項）。指名委員会等設置会社においては,伝統型取締役会設置会社では各取締役に委任することができない重要財産の処分・多額の借財（会社362条4項1号・2号）,公開会社である場合の新株等の発行（会社201条・240条）や社債の発行（会社362条4項5号）等に関する業務執行の決定についても執行役に委任することができる。

　❷　運営　　指名委員会等設置会社の取締役会の招集は,あらかじめ定めた招集権者のほかに,各委員会がその委員の中から選定した委員もこれを招集することができる（会社417条1項）。このほか,執行役も取締役会の招集請求権および招集権を有する（会社417条2項）。執行役は3か月に1回以上,自己の職務の執行の状況を取締役会に報告しなければならない（会社417条4項）。また,執行役は,取締役会の要求があったときは,取締役会に出席し,取締役会が求めた事項について説明しなければならない（会社417条5項）。各委員会がその中

から選定する委員は，遅滞なく当該委員会の職務の執行の状況を取締役会に報告しなければならない（会社417条3項）。取締役会の運営に関するその他一般的な事項は伝統型取締役会設置会社に関する規律付けが適用される（会社366条〜372条→本章▶§2参照））。

▶▶3　3つの委員会

　指名委員会等設置会社においては指名委員会，監査委員会，報酬委員会の3つの委員会を必ず置かなければならない。各委員会は，それぞれ3人以上の取締役以上で構成され（会社400条1項），その過半数は社外取締役でなければならない（会社400条3項）。各委員会の委員は，取締役会の決議により取締役の中から選任される（会社400条2項）。各委員会の委員の氏名は登記される（会社911条3項23号）。

　各委員会の招集については，当該委員会の各委員が招集する（会社410条）。各委員会の招集手続，決議の方法，議事録および報告の省略に関しては，取締役会の運営に関する規律付けと類似の規定が置かれている（会社411条〜413条）。

　各委員会の委員は，いつでも，取締役会の決議によって解職することができる（会社401条1項）。各委員会の委員の員数に欠員が生じた場合は，取締役の欠員に関する規律付けと類似の規定が置かれている（会社401条2項・3項）。

【1】　指名委員会

　指名委員会は，株主総会に提出する取締役（会計参与設置会社にあっては，取締役および会計参与）の選任および解任に関する議案の内容を決定する（会社404条1項）。

【2】　監査委員会

　監査委員は，指名委員会等設置会社もしくはその子会社の執行役もしくは業務執行取締役その他業務執行に携わる者を兼ねることができない（会社400条4項）。

　監査委員会は，執行役等の職務の執行の監査および監査報告の作成を行う。また，株主総会に提出する会計監査人の選・解任および不再任に関する議案を決定する（会社404条2項）。監査委員会が選定する監査委員は，いつでも，執行役等および支配人その他の使用人に対し，その職務の執行に関する事項の報告を求め，または指名委員会等設置会社の業務および財産の状況の調査をすることができる（会社405条1項）。監査委員会の職務を執行するために必要があると

きは，監査委員会が選定する監査委員は，当該指名委員会等設置会社の子会社に対してもこれらの調査を行うことができる（会社405条2項）。監査委員会の監査委員は単独でこれらの権限を行使することができず，これらの権限を行使するために選定された監査委員は，監査委員会の決議があるときは，これに従わなければならない（会社405条4項）。独任制の監査役とはこの点において異なる（会社390条2項→**10章**▶**§1**参照）。ただし，取締役会への報告義務および執行役の不正行為等に対する差止めの権限は個々の監査委員にも与えられている（会社406条・407条）。

　会社と執行役・および監査委員でない取締役の間の訴えにおいては，監査委員会が選定する監査委員が会社を代表する（会社408条1項2号）。

【3】　報酬委員会

　伝統型取締役会設置会社では，取締役および会計参与の報酬は，株主総会決議もしくは定款の定めによるのに対して（会社361条1項・379条1項・2項），指名委員会等設置会社では，報酬委員会が執行役等（執行役，取締役および会計参与）の個人別の報酬等の内容を決定する。執行役が会社の支配人その他の使用人を兼ねているときは，当該支配人その他の使用人の報酬等の内容についても決定する（会社404条3項）。報酬委員会は，執行役等の個人別の報酬等の内容に係る方針を定め，その方針に従い，額が確定している場合は金額，額が確定していない場合はその具体的な算定方法，当該会社の募集株式・募集新株予約権等についてはその数の上限等，その他金銭でない場合はその具体的な内容をそれぞれ個人別に決定しなければならない（会社409条）。このように，指名委員会等設置会社においては，社外取締役が中心となっている報酬委員会が執行役等の個人別の報酬を定めることによって，業務執行者である執行役等に対する監督機能を強化している。

▶▶**4**　執行役

　指名委員会等設置会社では，取締役ではなく，執行役が取締役会決議によって委任を受けた業務執行の決定，および業務の執行を行う（会社418条）。執行役と会社との間の関係については取締役と同様の規律付けが適用される（会社402条3項）。

【1】　執行役の選・解任等

　指名委員会等設置会社においては，取締役会の決議により1人以上の執行役

が選任される（会社402条1項・2項）。執行役は取締役を兼ねることができ（会社402条6項），取締役であることは必要とされない。執行役の資格要件に関しては，取締役の欠格事由に関する規定が準用される（会社402条4項）。また，指名委員会等設置会社が公開会社である場合は，執行役が株主でなければならない旨を定款で定めることができない（会社402条5項）。

執行役の任期は1年である（会社402条7項）。執行役は，いつでも取締役会の決議によって解任することができる（会社403条1項）。解任された執行役は，その解任決議について正当な理由がある場合を除き，指名委員会等設置会社に対し，解任によって生じた損害の賠償を請求することができる（会社403条2項）。執行役に欠員が生じた場合の措置については，各委員会の委員の欠員措置に関する規定が準用される（会社403条3項・401条2項・3項・4項）。執行役の氏名は登記される（会社911条3項23号）。

【2】 職務権限

執行役は，取締役会によって委任を受けた業務の執行の決定，および業務の執行を行う（会社418条）。執行役が2人以上いる場合におけるそれぞれの職務の分掌および指揮命令の関係，その他執行役相互の関係に関する事項は，取締役会が決定する（会社416条1項ハ）。

執行役も取締役会の招集権を有し（会社417条2項），3か月に1回以上，自己の職務の執行の状況を取締役会に報告しなければならない（会社417条4項）。取締役会の要求があったときは，取締役会に出席し，取締役会が求めた事項について説明をしなければならない（会社417条5項）。また，執行役は，会社に著しい損害を及ぼす事実を発見したときは，直ちに監査委員に報告しなければならない（会社419条1項）。

会社と執行役との関係は，委任に関する規定に従い（会社402条3項），執行役は会社に対して善管注意義務，忠実義務を負う。また，取締役の競業取引，利益相反取引の規制に関する規定は，執行役にも適用される（会社419条2項）。

【3】 代表執行役

取締役会は執行役の中から代表執行役を選定しなければならない。執行役が1人の場合には，当該執行役が代表執行役に選定されたものとされる（会社420条1項）。取締役会はその決議によっていつでも代表執行役を解職することができる（会社420条2項）。

代表執行役は，会社の業務に関する一切の裁判上または裁判外の行為をする

権限を有し，会社がこれらの権限に加えた制限は，善意の第三者に対抗するこ
とができない（会社420条3項・349条4項・5項）。会社は，代表執行役以外の執
行役に社長，副社長その他会社を代表する権限を有するものと認められる名称
を付した場合には，当該執行役がした行為について，善意の第三者に対してそ
の責任を負う（会社421条）。代表執行役の代表権の制限に反する行為，表見代
表執行役や代表執行役の不法行為に関する問題は，**05**章において説明した事項
と共通する。

　代表執行役の氏名および住所は登記される（会社911条3項23号）。

▶§**4**＿　監査等委員会設置会社の取締役会

▶▶**1**　総説

　監査等委員会設置会社とは，定款の定めにより，監査等委員会を置く株式会
社をいう（会社2条11の2・326条2項）。公開会社であるか否かに関わらず，また，
会社の規模に関わらず監査等委員会設置会社となることはできるが，取締役会
設置会社であり，かつ会計監査人設置会社であることを要する（会社327条1項
3号・327条5項）。取締役からなる監査等委員会が設けられる関係で，監査役は
置かれない（会社327条4項）。監査等委員会設置会社である旨および取締役のう
ち社外取締役である者については社外取締役である旨は登記事項である（会社
911条3項22号）。

監査等委員会設置会社制度は，平成27年改正会社法において導入され，伝統型取締役会設置会社と指名委員会等設置会社と並んで第3の機関設計の選択肢として新設された。指名委員会等設置会社では，その過半数を社外取締役とする3つの委員会を置かなければならないため，多くの会社にとって社外取締役となる人材の確保が容易ではなかった。また，社外取締役を中心とする指名委員会が取締役の人事権に関する強い権限を持つことは，経営陣からの抵抗感が強く，指名委員会等設置会社の形態をとる会社は多くなかった。他方，平成26 (2014) 年改正会社法では，社外取締役の活用が推奨され，監査役会を置く伝統型取締役会設置会社は，社外監査役2人以上選任した上で，原則としてさらに1人以上の社外取締役を選任する必要がある。新設された監査等委員会設置会社制度を採用すれば，監査役（会）をおかず，2人以上の社外取締役を含む監査等委員会を置くことで足りる。そして，監査等委員会設置会社制度では，一定の要件を満たせば，指名委員会等設置会社のように，一部の重要な業務執行の決定についても取締役会に委任することができるなど，経営の機動化をはかることも可能である。平成26 (2014) 年改正会社法の施行後，定款変更をした上で，監査等委員会設置会社へ移行する上場会社が増えている。

　監査等委員会設置会社では，監査等委員会の職務権限は，監査役（会）を置く伝統型取締役会設置会社における監査役および指名委員会等設置会社の監査委員会に類似するが，以下の点が特徴的である。伝統型取締役会設置会社における監査役（会）との比較では，監査役は取締役会に出席する義務はあるものの，取締役会における議決権を持たないのに対して，監査等委員は取締役であるため，取締役会における議決権を持つ。また，監査役は独任制であるが，監査等委員は独任制ではない。指名委員会等設置会社との比較では，指名委員会等設置会社では，必ず3つの委員会を設置しなければならないが，監査等委員会設置会社は指名委員会，報酬委員会を設置する必要はない。ただし，監査等委員は，取締役等の選・解任，報酬等について意見を述べることができるなど，一定程度の介入ができるようになっている。

▶▶2　取締役会・監査等委員である取締役
【1】　監査等委員会設置会社の取締役会

　監査等委員会設置会社の取締役会は，伝統型取締役会設置会社の取締役会が有する権限のほか（会社399条の13第1項→本章▶§2参照），①取締役の経営の基

本方針，②監査等委員会の職務の執行のため必要なものとして法務省令で定める事項，③内部統制システムの整備を決定する（会社399条の13第1項1号）。

取締役会において決定しなければならず，取締役に委任することができない重要な事項の決定についても，伝統型取締役会設置会社と同様の規定が置かれている（会社399条の13第4項）。例外として，定款に別段の定めがある場合や，監査等委員会設置会社の取締役の過半数が社外取締役である場合には，取締役会はその決議により，一部の事項を除いては，重要な業務執行の決定を取締役に委任することができる。この場合の取締役に委任することができない事項は，指名委員会等設置会社において執行役に委任することができない事項と共通する（会社399条の13第5項・6項）。重要な業務執行の決定の取締役への委任に関する定款の定めをしたときは，その旨を登記しなければならない（会社911条3項22号ハ）。

【2】 監査等委員である取締役

監査等委員である取締役の独立性を確保するために，監査等委員である取締役とそれ以外の取締役の選・解任，任期および報酬等についての会社法上の規律付けが異なっている。

監査等委員会設置会社においても，取締役は株主総会において選任されるが，監査等委員である取締役は，それ以外の取締役とは区別して選任される（会社329条2項）。取締役は，監査等委員である取締役の選任議案を株主総会に提出するには，監査等委員会の同意を得なければならない（会社344条の2第1項）。監査等委員会は，取締役に対し，監査等委員である取締役の選任を株主総会の目的とすることまたは監査等委員である取締役の選任に関する議案を株主総会に提出することを請求することができる（会社344条の2第2項）。監査等委員である取締役の解任についても，株主総会の特別決議が必要とされる（会社309条2項7号・344条の2第3項）。監査等委員である取締役は，株主総会において，監査等委員である取締役の選・解任，辞任について意見を述べることができる（会社342条の2第1項）。監査等委員を辞任した取締役は，辞任後最初に招集される株主総会に出席して，辞任した旨および理由を述べることができる（会社342条の2第2項）。

また，監査等委員でない取締役の任期は1年であるのに対し（会社332条3項），監査等委員である取締役の任期は2年である（会社332条4項）。監査等委員である取締役は，会社もしくはその子会社の業務執行取締役その他業務執行に携わ

る者を兼ねることができない（会社331条3項）。監査等委員である取締役は3人以上で，その過半数は社外取締役でなければならない（会社331条6項）。

監査等委員である取締役の報酬等についても，それ以外の取締役と同様，株主総会決議もしくは定款の定めによるが，監査等委員である取締役の報酬とそれ以外の取締役の報酬とは区別して定められる（会社361条1項・2項）。定款の定めまたは株主総会の決議がないときは，監査等委員である取締役の報酬額の範囲内において，監査等委員である取締役の協議によって各取締役の報酬等を決定する（会社361条3項）。監査等委員である取締役の報酬等に関する以上の事項を定め，またはこれらを改定する議案を株主総会に提出した取締役は，当該事項を相当とする理由を説明しなければならない（会社361条4項）。監査等委員である取締役は，株主総会において，監査等委員である取締役の報酬等について意見を述べることができる（会社361条5項）。

監査等委員である取締役の氏名は登記される（会社911条3項22号イ）。

▶▶3　監査等委員会

【1】　組織・運営

監査等委員会はすべての監査等委員である取締役によって構成され，その過半数は社外取締役でなければならない（会社399条の2第1項・331条6項）。監査役会設置会社の監査役と異なり，常勤の者を選任する必要はない。

監査等委員会は，各監査等委員が招集する（会社399条の8）。監査等委員会の招集，議事・運営に関しては，取締役会に関する規律付けと類似の規定が置かれている（会社399条の9～11）。

【2】　職務権限

監査等委員会は，取締役および会計参与設置会社の会計参与の職務の執行の監査および監査報告の作成を行う。また，株主総会に提出する会計監査人の選・解任および会計監査人の不再任に関する議案を決定する（会社399条の2第3項1号・2号）。

監査等委員会が選定する監査等委員は，株主総会において，監査等委員である取締役以外の取締役の選・解任，辞任および報酬等について監査等委員会の意見を述べることができ（会社342条の2第4項・361条6項），この場合の監査等委員会の意見を決定する（会社399条の2第3項3号）。

また，監査等委員会設置会社において，取締役会の招集権者の定めがある場

合であっても，監査等委員会が選定する監査等委員は，取締役会を招集することができる（会社399条の14）。監査等委員会の要求があったときは，取締役は，監査等委員会に出席し，監査等委員会が求めた事項について説明しなければならない（会社399条の9第3項）。

　監査等委員会が選定する監査等委員は，いつでも，取締役，会計参与設置会社の会計参与および支配人その他の使用人に対し，その職務の執行に関する事項の報告を求め，または監査等委員会設置会社の業務および財産の状況の調査をすることができる（会社399条の3第1項）。監査等委員会の職務を執行するために必要があるときは，監査等委員会が選定する監査等委員は，当該監査等委員会設置会社の子会社に対してもこれらの調査を行うことができる（会社399条の3第2項）。監査等委員会の監査等委員は単独でこれらの権限を行使することはできず，これらの権限を行使するために選定された監査等委員は，監査等委員会の決議があるときは，これに従わなければならない（会社399条の3第4項）。この点，独任制の監査役制度と異なる（会社390条2項）。ただし，取締役会への報告義務，株主総会に対する報告義務および執行役の不正行為等に対する差止めの権限は個々の監査等委員にも与えられている（会社399条の4〜6）。

　監査等委員会設置会社と監査等委員でない取締役との間の訴えにおいては，監査等委員会が選定する監査等委員が会社を代表する（会社399条の7第1項2号）。

　以上のほか，監査等委員でない取締役と会社との利益相反取引についての任務懈怠の推定規定は，監査等委員会の承認があったときは適用されない（会社423条4項）。

07章__ 株主総会

▸§1__ 総説

▸▸1 株主総会の意義

　株主総会は，株式会社の構成員である株主により構成される，株式会社の最高意思決定機関である。取締役と同様，株主総会は，すべての株式会社において必ず設置される。株主総会は，会議体の決議により意思決定を行い，その決定を取締役等の執行機関が執行する。株主総会の決議には法的拘束力が認められ，取締役は法令・定款のほか，株主総会の決議を遵守してその職務を行わなければならない（会社355条）。

　もっとも，株式会社制度においては，「所有と経営の分離」のもと，会社の業務についての決定は，原則として取締役（または取締役会）が行うこととされており（会社348条・362条2項1号），株主総会において意思決定しなければならないとされる事項は限定的である。会社法が株主総会の決議によるべき事項として定めるもの（法定決議事項）には，①会社の基礎的変更に関する事項（合併などの組織再編，定款変更，解散等），②取締役，会計参与，監査役および会計監査人の選任および解任，③株主の重要な利益に関する事項（株式併合，新株の有利発行等），④他の機関に決定させるのが不適切な事項（取締役の報酬等）などがある。

▸▸2 株主総会の権限

　非取締役会設置会社における株主総会は，上述した会社法に定める決議事項（法定決議事項）のほか，株式会社の組織，運営，管理その他一切の事項について決議することができるいわゆる「万能機関」として位置づけられている（会社295条1項）。したがって，非取締役会設置会社の株主総会は，会社法上，取締役が決定するものとされている会社の業務に関する事項について決議することも可能である。これに対して，取締役会設置会社における株主総会は，決議

できる事項が，法定決議事項と，定款において特に株主総会の決議事項として定めた事項に限定されている（同条2項）。

　もっとも，実務上は，取締役会設置会社の株主総会において，法定決議事項でも定款所定の決議事項でもない権限外の事項について決議がなされることもある。これは，株主総会が意見表明のために行うもので，勧告的決議と呼ばれる。株主総会において，その権限外の事項について決議をしても，その決議自体に法的拘束力はないが，株主の多数意思を表すものとして，事実上の影響力は持ちうるし，また，会社の行為の正当性を確保するために，取締役のイニシアティブにより念のため決議される場合もある。

　株主総会の法定決議事項は，会社法が特に株主総会に決定権限を留保した事項であるため，取締役や取締役会など，株主総会以外の機関において決定することができず，かりに，定款によって，代表取締役や取締役会など他の機関で決定する旨を定めても，そのような定款規定は無効である（会社295条3項）。

▶▶3　株主総会の招集時期──定時株主総会と臨時株主総会

　株主総会には，定時株主総会と臨時株主総会とがある。定時株主総会は，毎事業年度の終了後一定の時期に招集することが，会社法上，義務付けられるものであり（会社296条1項），計算書類の承認（一定の場合には報告），事業報告の内容の報告等が行われる（会社438条・439条）。取締役等の役員の任期が満了するその定時株主総会（会社332条・336条など参照）においては，通常，役員の選任決議もあわせて行われる。ほかにも，必要があれば，定時株主総会の機会に，定款変更決議（会社466条等）や取締役報酬決議（会社361条）など，その他の株主総会決議事項について決議することも可能である。

　臨時株主総会とは，次の定時株主総会の開催を待たずに決議すべき事項がある場合に，必要に応じて招集される株主総会である（会社296条2項）。定時株主総会と臨時株主総会とで，決議できる事項について，特に区別はないと解されている。

▶▶4　基準日制度と株主総会

　基準日制度とは，一定の日（基準日）時点の株主名簿に記載・記録されている株主（基準日株主）を権利行使することができる者と定める制度である（会社124条）。たとえば，株主総会の議決権に関する基準日を定めた場合，株主総会

決議の時点でその者が株主であるか否かにかかわらず，基準日時点の株主名簿に株主として記載・記録された者が，当該株主総会において議決権を行使することができる者ということになる。

　基準日を定めた場合，当該基準日の2週間前までに，当該基準日と，基準日株主が行使することができる権利の内容とを公告しなければならないが，定款に基準日と基準日株主が行使できる権利について定めている場合は，公告は不要である（会社124条3項）。実務上は，定時株主総会の議決権について，決算日を基準日とする定款の定めを設けている会社が多くみられる。基準日株主が行使できる権利は，基準日から3か月以内に行使するものに限るという制約があることから（同条2項カッコ書），決算日を定時株主総会における議決権行使の基準日とする会社においては，定時株主総会は，決算日後3か月以内に開催されることになる。

　株主総会における議決権について基準日制度を採用する会社において，基準日後，株主総会前に会社が新たに発行した株式については，当該株主総会において議決権を有する株主は存在しないことになるが，会社は，基準日後に株式を取得した者の全部または一部について，議決権を行使できる者と定めることができる（会社124条4項）。基準日後に譲渡により株式を取得した者を議決権行使できる者と定めることは，基準日株主の権利を害することになるため認められない（同項ただし書）。

▶§2__　株主総会の招集

▶▶1　総説

　株主総会は，会社法が定める一定の手続に従って招集しなければならない。株主総会に一定の招集手続の履践が求められるのは，株主に対し，株主総会への出席の機会と，その議事および議決に参加するための準備の機会を与えるためである。招集手続なしに株主が集まって決議をしても，それは単なる株主の会合にすぎず，そこで決議を行っても，法的には株主総会決議とは認められない。ただし，株主の全員が株主総会の開催に同意して出席した（代理人による出席も含む），いわゆる「全員出席総会」については，招集手続がとられていなくても有効な株主総会と認められる（最判昭和60・12・20民集39巻8号1869頁〔百選27事件〕）。

★Topic__10　バーチャル株主総会

新型コロナウイルス感染症に対応しつつ株主との建設的な対話を促進する観点から，株主総会におけるオンライン活用（バーチャル株主総会）が注目されている。バーチャル株主総会には，取締役や株主等が物理的な場所で株主総会（リアル株主総会）を開催する一方で，リアル株主総会の場にいない株主がインターネット等の手段を用いて遠隔地から参加・出席することを許容する「ハイブリッド型バーチャル株主総会」（議決権行使や質問等ができる「出席型」と，審議等を確認・傍聴することができる「参加型」がある）と，物理的な会場を用意せず，取締役や株主等がインターネット等の手段により出席する，「バーチャルオンリー型の株主総会」がある。

「ハイブリッド型バーチャル株主総会」については，2020（令和2）年2月に経済産業省が「ハイブリッド型バーチャル株主総会の実施ガイド」を公表している。また，会社法上，株主総会の招集に際して，株主総会の「場所」を定めなければならないことから（会社298条1項1号），「バーチャルオンリー型の株主総会」は認められないと解されているが，2021（令和3）年6月の産業競争力強化法の改正により，会社法の特例として，一定の要件を満たし，経済産業大臣および法務大臣の確認を受けた上場会社については，「場所の定めのない株主総会」（バーチャルオンリー型の株主総会）を開催できることとされた。

【黒野葉子】

また，会社法は，書面または電磁的方法による議決権行使が行われる場合（会社298条1項3号4号）を除き，議決権を行使することができる株主全員の同意がある場合には，招集手続を経ることなく株主総会を開催することを認めており（会社300条。招集手続の省略），この場合は，株主全員が株主総会に出席していることを要しない。

▶▶2　株主総会の招集の決定・招集権者

株主総会は，取締役が招集するのが原則である（会社296条3項）。取締役は，株主総会を招集する場合，株主総会の日時および場所，株主総会の目的（議題）等，株主総会に関する一定の事項（会社298条1項各号，会社規63条）を決定しなければならない。非取締役会設置会社においては，取締役（取締役が2人以上ある場合は，取締役の過半数（会社348条2項））が会社法298条1項各号所定の事項を

決定し，取締役（代表取締役を定めた場合は代表取締役）が会社を代表して招集を行う（会社349条1項）。取締役会設置会社においては，会社法298条1項各号所定の事項は，取締役会の決議により決定しなければならず（会社298条4項），この取締役会の決定に基づき，代表取締役（指名委員会等設置会社においては代表執行役）が会社を代表して株主総会を招集する。取締役会設置会社の株主総会は，取締役会においてあらかじめ株主総会の目的（議題）として決定した事項以外の事項については決議することができない（会社309条5項本文）。

　他方，株主が裁判所の許可を得て株主総会を招集する方法もある。すなわち，総株主の議決権の100分の3以上の議決権を6か月前から引き続き有する株主（非公開会社の場合は6か月の保有期間要件は不要（会社297条2項））は，取締役に対して，株主総会の目的事項（当該株主が議決権行使できる事項に限る）と招集の理由を示して，株主総会の招集を請求することができ（同条1項），この請求の後遅滞なく招集の手続が行われない場合，または，請求があった日から8週間以内の日を株主総会の日とする株主総会の招集の通知が発せられない場合には，請求を行った株主は，裁判所の許可を得て，自ら株主総会を招集することができる（同条4項）。会社法上，このような少数株主による株主総会の招集が制度として用意されているのは，取締役が意図的に株主総会の開催を怠る場合もありうるからである。

　取締役会設置会社において，取締役会の決議に基づかずに，株主総会の招集権限を有しない者が招集した株主総会は，法的に有効な株主総会とは評価されず，株主総会決議は不存在（会社830条1項）となる（最判昭和45・8・20判時607号79頁参照）。株主総会の招集権者である代表取締役が，有効な取締役会決議に基づかずに株主総会を招集した場合は，株主総会の決議取消事由（会社831条1項1号）になると解されている（最判昭和46・3・18民集25巻2号183頁〔百選38事件〕）。（株主総会決議の瑕疵については→09章参照）。

▶▶3　招集通知

【1】招集通知の発出

　株主総会を招集する場合，招集者は，各株主に対して，招集通知を発しなければならない。招集通知は，公開会社においては，株主総会の会日の2週間前までに，非公開会社においては株主総会の会日の1週間前までに，非取締役会設置会社において1週間を下回る期間を定款で定めた場合はその期間前までに

発することを要する（会社299条1項）。この期間は，株主に株主総会への出席と準備の機会を保障するための期間である。

招集通知は，株主名簿に記載しまたは記録した当該株主の住所（株主が別に通知を受ける場所または連絡先を会社に通知した場合はその場所または連絡先）にあてて発すれば足りる（会社126条1項）。会社は，招集通知を一定期間前までに「発する」ことを要求されるのであって，到達したことまでは求められない（法的には，その通知が通常到達すべきであった時に到達したものとみなされる（同条2項））。

【2】招集通知の方法

取締役会設置会社においては，株主総会の招集通知は，書面によらなければならない（会社299条2項2号）。非取締役会設置会社においては，招集通知は書面である必要はなく，口頭でもよいが，書面による議決権行使（書面投票）や電磁的方法による議決権行使（電子投票）を認める場合（会社298条1項3号4号）には，書面による招集通知が求められる（会社299条2項1号）。書面による招集通知は，株主の承諾を得た場合は，電磁的方法による招集通知に代えることもできる（同条3項）。書面または電磁的方法による招集通知には，株主総会の日時および場所，株主総会の目的といった会社法298条1項各号所定の事項を記載または記録しなければならない（同条4項）。

株主総会決議について，書面投票を認める場合（会社298条1項3号）には，株主総会の招集通知に際して，株主に対し，株主総会参考書類（会社規65条）と議決権行使書面（会社規66条）を交付しなければならず（会社301条1項），電子投票を認める場合は，招集通知に際して，株主総会参考書類を交付しなければならない（会社302条1項）（→本章▶§4 ▶▶2【2】【3】参照）。また，取締役会設置会社においては，定時株主総会の招集通知に際して，法務省令（会社計算133条・会社規133条等）の定めるところにより，計算書類および事業報告の提供も必要である（会社437条）。

▶▶4　株主総会資料の電子提供措置

従来，招集通知に際して交付する株主総会参考書類等の株主総会資料は，電磁的方法による招集通知の発出を承諾した株主（会社299条3項）を除き（会社301条2項・302条2項），一般には，書面により提供することが前提とされてきた。株主総会資料の書面提供は印刷や郵送に多大なコストがかかり，会社にとって負担となっていた。そこで，令和元（2019）年会社法改正では，株主総会の招

集通知に際して株主に対して提供されるべき株主総会資料について，電子提供措置制度が新設された。

株主総会資料の電子提供措置を採用した場合，会社は，株主による個別の承諾を得なくても，株主総会資料をウェブサイトに掲載し，株主に対して，そのURLを書面で通知する等の方法により提供することが可能となる。電子提供措置制度の対象となるのは，①株主総会参考書類，②議決権行使書面，③計算書類および事業報告，④連結計算書類である（会社325条の2）。

会社が電子提供措置を採用するためには，あらかじめ定款にその旨を定め（会社325条の2），これを登記しなければならない（会社911条3項12号の2）。電子提供措置は，株主総会の日の3週間前の日または株主総会の招集通知を発した日（電子提供措置をとる場合には，公開会社以外の会社においても招集通知は株主総会の日の2週間前までに発しなければならない（会社325条の4第1項））のいずれか早い日から，株主総会の日後3か月を経過する日までの間，継続してとられる（会社325の3条1項）。

電子提供措置をとる旨の定款の定めのある会社において，書面による株主総会資料の提供を望む株主は，会社に対して，電子提供措置により提供すべき事項（会社325条の3第1項各号）を記載した書面の交付を請求することができる（会社325条の5第1項。書面交付請求）。会社法325条の5第1項に基づく書面交付請求は，株主の中にはインターネットの利用が困難な者もいることから用意されたものであるため，株主総会の招集通知を電磁的方法により行うことを承諾した株主（会社299条3項）はこれを行使することができない（会社325条の5第1項カッコ書）。もっとも，そのような株主が会社法301条2項ただし書や同法302条2項ただし書に基づいて，株主総会参考書類や議決権行使書面の交付を求めることは可能である。

電子提供措置を採用するか否かは，基本的には会社の任意であるが，振替株式（社債株式振替128条）を発行する会社においては，電子提供措置をとる旨を定款で定めなければならず，電子提供措置が実質的に強制されている（同159条の2第1項）。上場会社が，電子提供措置により提供すべき事項（会社325条の3第1項各号。定時株主総会に係るものに限り，議決権行使書面に記載すべき事項を除く）を記載した有価証券報告書の提出を，EDINET（開示用電子情報処理組織）を使用して行う場合には，招集通知に，その旨を記載・記録すれば足り（会社325条の4第2項2号），当該事項に係る情報については，改めて電子提供措置をとる

ことを要しない（会社325条の3第3項）。

▶§3__ 議事

▶▶1 議長

株主総会の議事は，議長によって運営されるが，議長の選任方法については，会社法上，特に定めはない。実務上，ほとんどの会社が，定款に「議長は社長がこれにあたる」などの定めを設けているが，そのような定款の定めが存在しない場合や，少数株主により招集された株主総会（会社297条4項）の場合，また，株主総会の議場において議長交代の動議が提案された場合などにおいては，株主総会の決議によって議長を選任することになる。

議長は，株主総会の秩序を維持し，議事を整理する（会社315条1項）。審議中の休憩や質疑の打ち切りなどの決定は議長の議事整理権の範囲内に属する事項であり，議長が自ら判断すればよい。議長には，その命令に従わない者その他株主総会の秩序を乱す者を退場させる権限が与えられている（同条2項）。

▶▶2 議事運営

株主総会においては，株主総会の目的である事項（議題）について審議を行い，決議を行う（議題が報告事項のみである場合には，決議は行われない）。株主総会の議事運営に関しては，会社法は詳細な規定は置いておらず，会議体の一般原則に従って運営される。取締役等の役員は，株主から特定の事項について説明を求められた場合には，当該事項について必要な説明をしなければならない（会社314条。→**08**章▶§**4**参照）。

株主総会はその決議により，株主総会に提出された資料を調査する者を選任することができる（会社316条）。また，定時株主総会においては，会計監査人に定時株主総会への出席を求める決議を行うことができ，そのような決議がなされた場合は，会計監査人は，定時株主総会に出席して意見を述べなければならない（会社398条2項）。株主総会の延期（株主総会の議事に入ることなく，株主総会の会日を後日に変更すること）または株主総会の続行（株主総会の議事に入った後に，審議未了のため後日に株主総会を継続すること）（会社317条）の決定も，株主総会の決議により行われる。これらは会社法が株主総会の専決事項として定めるものであり，議長の議事整理権（会社315条1項）の範囲には属さないと解され

るから，株主総会において，これらの動議が提出された場合には，議長はこれ
を株主総会に諮らなければならない。

▸§4 議決権の行使

▸▸1 一株一議決権の原則

株主総会の決議は，多数決によって行われるが，株主は，1人につき1個の
議決権が与えられるのではなく，その保有する株式1株につき1個の議決権が
与えられる（会社308条1項。一株一議決権の原則）。株主総会における議決権の数
（ひいては株主総会決議への影響力）が会社に対する資本的寄与の大きさに比例し
て与えられることから，資本多数決とも呼ばれる（株主総会における議決権につ
いて，詳しくは，→08章▸§2参照）。

▸▸2 採決方法・議決権行使の態様

株主総会における議決権の行使は，株主が株主総会の議場に出席して行使す
ることが前提とされている。株主総会における採決方法については，会社法は
特に規定しておらず，投票のほか，挙手，拍手，「異議なし」の発声など，適
宜の方法により採決される。金融商品取引法に基づき臨時報告書（金商24条の
5第4項）を提出する会社においては，同報告書に決議事項ごとの賛成・反対・
棄権の議決権数を記載しなければならないが（企業開示19条2項9号の2），それ
以外の会社においては，決議の成否が明らかであるならば，賛否の数を確定す
ることは必ずしも必要ではない。

株主は，自ら議決権行使をするほか，代理人によって議決権を行使すること
も可能である（会社310条）。また，書面による議決権行使や，電磁的方法によ
る議決権行使が可能とされている株主総会（会社298条1項3号4号）においては，
それらの方法による議決権行使も可能である。

【1】代理人による議決権行使

会社法は，多数の株主に対して株主総会への参加を保障する趣旨から，株主
総会における議決権を代理人によって行使することを認めている（会社310条1
項）。会社は，代理人による議決権行使を排除することはできず，そのような
定款の定めを設けても無効である。なお，会社が，株主総会に出席できる代理
人の人数を制限することは可能である（同条5項）。

株主が代理人によって議決権を行使する場合，当該株主または代理人は，株主総会ごとに，代理権を証する書面（委任状等）を会社に提出しなければならない（会社310条1項後段・同条2項・同条3項）。

❶　代理人資格を株主に限定する定款の定め　株式の自由譲渡が制限されている閉鎖型の会社のみならず，上場会社等においても，いわゆる総会屋（特殊株主とも呼ばれる）等の株主総会の秩序を乱す者を排除することを目的として，株主総会における議決権行使の代理人資格を当該会社の株主に限定する旨の定款の定めを設けている例が多くみられる。このような定款の定めが会社法310条1項に反しないかが問題となるが，判例は，当該定款規定は，株主総会が株主以外の第三者によって攪乱されることを防止し，会社の利益を保護する趣旨に出た合理的理由による相当程度の制限であるとして，会社法310条1項に抵触せず有効であると解する（最判昭和43・11・1民集22巻12号2402頁〔百選29事件〕）。ただし，非株主による株主総会の攪乱のおそれがなく，非株主による議決権の代理行使を認めないと株主の権利が事実上奪われる場合においては，当該定款規定に拘束されない。たとえば，法人株主がその代表者の指示を受けた非株主たる従業員を代理人として派遣した場合（最判昭和51・12・24民集30巻11号1076頁〔百選34事件〕）や，閉鎖会社において，株主が高齢・病気入院中のため，非株主たるその親族を代理人とした場合（大阪高判昭和41・8・8下民17巻7＝8号647頁）において，非株主である代理人による議決権行使を認めた取扱いは，当該定款規定に違反しないとされた例がある。非株主である弁護人を代理人としたケースについては，代理人資格を株主に限定する定款規定の適用を肯定するもの（東京高判平成22・11・24資料版商事322号180頁）と否定するもの（神戸地尼崎支判平成12・3・28判タ1028号288頁，札幌高判令和元・7・12金判1598号30頁）がある。

❷　委任状勧誘　実務上，定足数不足による株主総会の流会を防ぐ必要性などから，会社が株主に対して，招集通知とともに委任状用紙を送付して委任状の提出を勧誘し（委任状勧誘），返送された委任状に基づいて，会社の使用人等が議決権を代理行使することがある。ただ，会社が株主に対して白紙委任状を勧誘する場合には，議決権の代理行使が取締役の支配権維持のために悪用されるおそれも否定できない。そのため，金融商品取引法は，上場会社について，委任状勧誘規制を定めている。すなわち，上場株式の議決権行使につき委任状を勧誘する場合には，被勧誘者に対して，委任状用紙および代理権の授与に関し参考となるべき事項を記載した書類（参考書類）を交付することが義務付け

られ（金商令36条の2第1項），委任状用紙には，議案ごとに被勧誘者が賛否を記載する欄を設けなければならないこととされている（金商令36条の2第5項，上場株式の議決権の代理行使の勧誘に関する内閣府令43条）。

　会社の経営支配権の奪取を目的として，株主提案権（会社303条〜305条）の行使により取締役選任議案が提案される場合等においては，提案株主により委任状勧誘が行われ，会社との間で委任状を奪い合う委任状争奪戦（proxy fight）に発展することもある。この場合，上記の金融商品取引法上の委任状勧誘規制は，上場株式の議決権行使につき委任状を勧誘する者すべてに適用されるため，提案株主側もこれに従わなければならない。

【2】　議決権行使書面による議決権行使（書面投票）

　株主総会の招集者は，招集の決定に際して，株主総会に出席しない株主が書面によって議決権を行使することができる旨を定めることができる（会社298条1項3号）。議決権行使書面による議決権行使（書面投票）が認められる株主総会においては，株主は，株主総会の招集通知に際して交付される議決権行使書面に必要事項を記載して，法務省令（会社規69条）で定める時までに会社に提出することによって，株主総会の会場に出向くことなく，自ら議決権を行使することができる（会社311条1項）。

　この場合，書面投票をする株主は，株主総会の議場における質疑応答や審議に参加しないままに議案の可否を判断することになることから，招集者は，招集通知に際して，株主に対して，議決権行使書面のほか，議案の詳細など議決権の行使について参考となるべき事項として法務省令で定めるもの（会社規65条1項・73条〜94条）を記載した株主総会参考書類を交付しなければならない（会社301条1項）。議決権行使書面については，議案ごとに株主が賛否を記載する欄を設けなければならないなど，一定の様式によることが求められる（会社規66条1項）。

　株主総会の招集通知を電磁的方法により発することを承諾した株主（会社299条3項）に対しては，株主総会参考書類や議決権行使書面に代えて，これらに記載すべき事項を電磁的方法により提供することが認められる（会社301条2項）。ただし，株主から書面の交付を請求された場合には，これに応じなければならない（同項ただし書）。

　株主数の多い会社においては，株主が地理的に分散しているなど，株主総会に出席できない株主が多く存在すると考えられる。そこで，株主総会において

議決権を行使できる株主数が1000人以上である場合には，書面投票を実施しなければならないこととされている（会社298条2項）。ただし，招集者が，金融商品取引法に基づく委任状勧誘をすべての株主を対象に行う場合は，書面投票を実施する必要はない（同項ただし書）。上場会社については，上場規程により，議決権行使できる株主が1000人以上いるか否かにかかわらず，原則として，書面投票制度を採用することが義務付けられる（東証上場規程435条）。

　議決権行使書面によって行使された議決権数は，出席株主の議決権数に算入される（会社311条2項）。議決権の代理行使があくまで代理人を通じた間接的な議決権行使であるのに対し，書面投票は株主本人による直接的な議決権行使であるため，議決権行使書面に記載された賛否と異なる扱いがされた場合は，株主総会決議の取消事由（会社831条1項）となる。

【3】　電磁的方法による議決権行使（電子投票）

　株主総会の招集者は，株主総会に出席しない株主が，電磁的方法によって議決権を行使することができる旨を定めることができる（会社298条1項3号。電子投票）。書面投票制度とは異なり，電子投票制度の採用はいずれの会社においても任意である。書面投票制度と併用することも可能である。

　電子投票制度を採用した場合，招集者は，招集通知に際して，株主に対して株主総会参考書類を交付しなければならない（会社302条1項）。電磁的方法により株主総会の招集通知を発することを承諾した株主（会社299条3項）に対しては，株主総会参考書類の交付に代えて，株主総会参考書類に記載すべき事項を電磁的方法により提供することができる（会社302条2項）。ただし，株主から書面の交付を請求された場合には，これに応じなければならない（同項ただし書）。また，電磁的方法により株主総会の招集通知を発することを承諾した株主に対しては，電磁的方法による招集通知に際して，法務省令（会社規66条）で定めるところにより，議決権行使書面に記載すべき事項を電磁的方法により提供しなければならない（会社302条3項）。電磁的方法により株主総会の招集通知を発することを承諾した株主以外の株主から，株主総会の日の1週間前までに，議決権行使書面に記載すべき事項の電磁的方法による提供の請求があったときは，法務省令（会社規66条3項）で定めるところにより，ただちに，当該株主に対して，当該事項を電磁的方法により提供しなければならない（会社302条4項）。実務上，電子投票は，会社が議決権行使のためのウェブサイトを設け，招集通知に際して，同サイトのURLと各株主に割り当てられたIDおよびパスワード

を通知する方法で行われるのが一般的である。

　電子投票も株主本人による直接的な議決権行使である点，電磁的方法により行使された議決権数も，出席株主の議決権数に算入される点（会社311条2項）等，書面投票の場合と同様である。

【4】　議決権の不統一行使

　2個以上の議決権を有する株主は，本来は，そのすべての議決権を統一的に行使すべきである。しかし，信託の受託者である株主のように他人のために株式を保有している者は，株主名簿上は株主であっても，その背後に多数の株式の実質的な保有者が存在する（たとえば，機関投資家は，信託銀行等の名義で株式を保有している場合が多い）ため，これらの者それぞれの意向を反映するため，議決権を不統一に行使する必要がある。そこで，会社法は，株主による議決権の不統一行使を認めることとしている（会社313条1項）。

　もっとも，議決権の不統一行使は，会社にとっては集計が煩雑になるため，会社の事務処理の都合上，取締役会設置会社において株主が議決権を不統一行使するためには，株主総会の3日前までに，不統一行使をする旨とその理由を会社に対して通知しなければならない（会社313条2項）。また，会社は，議決権の不統一行使をしようとする株主が，他人のために株式を有する者でないときは，議決権の不統一行使を拒むことができる（同条3項）。

▸§5__　決議

▸▸1　普通決議

　株主総会の決議は，原則として，議決権を行使することができる株主の議決権の過半数を有する株主が出席し（定足数），出席した当該株主の議決権の過半数が賛成する（決議要件）ことにより成立する（会社309条1項。普通決議）。この要件は，定款によって加重したり軽減したりすることが可能であるが，役員の選任・解任の決議については，定款の定めによっても，定足数を，議決権を行使することができる株主の議決権の3分の1未満としたり，決議要件を出席株主の議決権の過半数より軽減したりすることはできない（会社341条）。

▸▸2　特別決議

　会社法309条2項各号に定められた事項については，上記の普通決議よりも，

★Topic__11　機関投資家と日本版スチュワードシップ・コード

投資信託委託業者，投資顧問業者，保険会社，年金基金など，他人から預かった資金を投資して運用する機関のことを機関投資家という。機関投資家は大量の資金をまとめて運用するため，その保有する株式数は相当数に上り，投資先会社の株主総会においても大きな影響力を有しうる。近時，機関投資家は，保有する株式の価値が上がらない場合に，その株式を売却するのではなく，株主として，会社に対して経営の改善を求める行動に出る傾向がみられる。このように株主としての権利を積極的に行使して，会社の経営者に対して提言をしたり，経営改革を働きかけたりする株主は，「もの言う株主」とか「アクティビスト」などとも呼ばれる。

2014（平成26）年2月，金融庁のもとに設置された有識者検討会は，「『責任ある機関投資家』の諸原則≪日本版スチュワードシップ・コード≫──投資と対話を通じて企業の持続的成長を促すために」を策定し，責任ある機関投資家が遵守すべき諸原則を定めた（2017（平成29）年5月および2020（令和2）年3月に改訂）。同コードにおいて，スチュワードシップ責任とは，「機関投資家が，投資企業やその事業環境等に関する深い理解のほか運用戦略に応じたサステナビリティの考慮に基づく建設的な『目的を持った対話』（エンゲージメント）などを通じて，当該企業の企業価値の向上や持続的成長を促すことにより，顧客・受益者の中長期的な投資リターンの拡大を図る責任」と定義されている。同コードはあくまで自主規制であり，法的拘束力を持たないが，同コードを受け入れた機関投資家は，同コードにおける各原則を遵守するか，遵守しない場合にはその理由の説明することが求められ（Comply or Explain），ソフトローとしての機能を果たしている。

【黒野葉子】

決議の成立要件が加重されており，議決権を行使できる株主の議決権の過半数を有する株主が出席し，出席した当該株主の議決権の3分の2以上が賛成することが必要である（会社309条2項。特別決議）。特別決議の成立要件についても，定款に別段の定めをおくことは可能であるが，定足数を，議決権を行使することができる株主の議決権の3分の1未満としたり，決議要件を，出席株主の議決権の3分の2未満に軽減したりすることはできない。特別決議によることが求められる事項としては，定款変更や組織再編，会社の解散といった株主の地位に重大な影響を及ぼす事項等が列挙されている。

▶▶3 特殊決議

会社法上，特別決議よりもさらに厳格な要件を満たさなければ成立しない決議もある（特殊決議）。

第一に，会社が発行する株式の全部を譲渡制限株式とする定款の定めを設ける定款変更決議，および，公開会社が合併の消滅会社または株式交換・株式移転の完全子会社となる場合であって，その株主に対して対価として譲渡制限株式が交付される場合における，当該合併等の承認決議の成立は，議決権を行使できる株主の半数以上であって，かつ，当該株主の議決権の3分の2以上の賛成が必要である（会社309条3項）。

第二に，公開会社でない会社において，剰余金配当請求権，残余財産分配請求権，株主総会における議決権について，株主ごとに異なる取り扱いを行う旨の定款の定め（会社109条2項。→08章▶§2▶▶2【5】参照）を設けたり，変更したりする定款変更決議は，総株主の半数以上であって，総株主の議決権の4分の3以上にあたる多数をもって行わなければならない（会社309条4項）。

▶§6__ 議事録

株主総会の議事については，法務省令（会社規72条）で定めるところにより，書面または電磁的記録により，議事録を作成しなければならない（会社318条1項）。株式会社は，株主総会の日から10年間，株主総会の議事録をその本店に備え置くことが義務付けられる（同条2項）。

また，会社は，その支店においても，株主総会の日から5年間，議事録の写しを備え置かなければならないが，議事録が電磁的記録をもって作成されている場合で，支店において電磁的記録に記録された事項の閲覧または謄写の請求を行うことを可能とするための措置として法務省令（会社規227条）で定めるものをとっているときは，議事録の写しの備置きは不要である（会社318条3項）。

株主および債権者は，株式会社の営業時間内は，いつでも，議事録の閲覧等請求を行うことができる（同条4項。→08章▶§5▶▶3【1】参照）。

会社の親会社社員は，その権利を行使するために必要があるときは，裁判所の許可を得て，議事録の閲覧または謄写の請求を行うことができる（同条5項）。

▸§7＿ 株主総会決議の省略／株主総会への報告の省略

　取締役または株主が議題について行った提案について，議決権を行使できる株主の全員が書面または電磁的記録により同意した場合には，当該提案を可決する株主総会決議があったものとみなされる（会社319条）。

　また，株主総会の報告事項についても，取締役が株主の全員に当該事項を通知した場合で，株主全員が書面等により株主総会への報告を要しないことにつき同意したときは，株主総会への報告があったものとみなされる（会社320条）。

08章__ 株主総会と株主権

▶§1__ 株主の権利

　株主は，株式会社のいわば所有者として，会社に対してさまざまな権利を有する。株主の権利は，その内容により，自益権と共益権とに大別される。自益権とは，会社から経済的利益を獲得することを内容とする権利である。自益権の例としては，剰余金配当請求権や残余財産分配請求権，株式買取請求権などがあげられる。剰余金配当請求権および残余財産分配請求権は，営利法人たる会社において，その社員の本質的な権利であることから（会社105条1項1号2号），両権利の全部を与えない旨の定款の定めは効力を有しないこととされている（同条2項）。

　共益権とは，会社の管理・運営に参画し，または取締役等の行為を監督・是正する権利である。株主による会社の管理・運営への参加は，原則として株主総会の決議を通じて行われるため，株主総会における議決権が共益権の中心をなす（会社105条1項3号）。そして，これに関連して，株主総会を招集する権利（会社297条）や株主総会における株主提案権（会社303条〜305条）なども定められている。取締役等の行為を監督・是正する権利（監督是正権）としては，株主代表訴訟提起権（会社847条），株主総会決議取消訴訟提起権（会社831条）などといった各種訴権のほか，取締役の違法行為差止請求権（会社360条）や帳簿閲覧請求権（会社433条1項）などがある。

　株主の権利には，1株でも株式を保有していれば行使することができる単独株主権と，一定の議決権数，総株主の議決権数の一定割合，または発行済株式総数の一定割合の株式を有していることが権利行使の要件とされる少数株主権とがある。少数株主権における議決権数・株式数等の要件については，共同して権利行使する複数の株主の議決権数・株式数を合算して充足するかたちでもよい。また，一定期間引き続き株式を保有していることが権利行使のための要件とされるものもある。自益権はすべて単独株主権であるが，共益権について

は，その権利の性質によって，単独株主権であるものと少数株主権であるものとがある。以下，株主総会と関連する主な株主の権利について概説する。

▶§2__ 株主総会における議決権

▶▶1　意義

　株主総会における議決権は，株主が会社の管理・運営に参加するためのもっとも基本的な権利である（会社105条3号）。株主は，株主総会において，原則として1株につき1個の議決権を有し（会社308条1項。一株一議決権の原則），会社に対する資本的寄与が大きい（そのため議決権行使のインセンティブをより多く持っていることが想定される）株主ほど多くの議決権を有する。会社は，株主を，その有する株式の内容および数に応じて，平等に取り扱わなければならないが（会社109条1項。株主平等の原則），一株一議決権の原則は，株主総会における議決権について，株主平等の原則を具体的に表したものである。

▶▶2　一株一議決権の原則の例外
【1】　単元未満株式

　会社は，定款によりあらかじめ単元株式数を定め，一単元の株式につき一個の議決権を有するものとすることができる（会社188条1項。単元株制度）。単元株制度は，少額出資者の権利を限定することにより，会社に生じる株主管理コストを削減するために利用される。単元株式数については，1000株を超える数の株式を一単元としたり，発行済株式総数の200分の1を超える数の株式を一単元と定めたりすることはできないという制約がある（同条2項，会社規34条）。

　単元株制度を採用する会社においては，一単元につき一個の議決権が与えられるため（会社308条1項ただし書），単元未満の株式には議決権がない（会社189条1項）。単元未満株式しか保有していない株主（単元未満株主）には，株主総会における議決権のほか，一定数または一定割合以上の議決権を有する株主のみが行使できる少数株主権も認められないこととなる。単元未満株主が，議決権数に関わりのない共益権を行使できるかどうかについては，定款による制限が認められない一定の権利（会社189条2項各号）を除き，定款の定めによる。単元未満株主に，株主総会出席権や株主総会における質問権など，株主総会に出席して討議に加わる権利が認められるかどうかは解釈によるが，一切の株主

総会参与権が認められないとする見解が有力である。

　単元未満株主は，会社に対して，自己の有する単元未満株式を買い取ることを請求することができ（会社192条1項），また，定款の定めがあれば，会社に対して，保有する単元未満株式の数と併せて単元株式数となる数の株式を売り渡すことを請求することができる（会社194条1項）。

　なお，種類株式発行会社において，株式の種類ごとに異なる単元株式数を定めることで，複数議決権株式と実質的に異ならないしくみを作ることも可能である。

【2】　議決権制限株式

　会社は，株主総会において議決権を行使することができる事項について異なる定めをした種類株式（議決権制限株式）を発行することができる（会社108条1項3号）。たとえば，株主総会の決議事項の一部しか議決権のない種類株式は，定款に議決権を行使できる事項として定められた事項以外については議決権がない。また，株主総会の決議事項のすべてについて議決権のない種類株式（完全無議決権株式）を発行することもでき，そのような株式には株主総会における議決権がない。なお，議決権制限株式の内容として，議決権の行使の条件を定めることも可能である（同条2項3号ロ）。

【3】　自己株式

　会社が自らの発行した株式を取得し，保有する場合，会社が保有する当該株式のことを自己株式という。会社が自己株式について議決権を行使できることとすると，取締役がこれを会社支配の手段として利用するおそれがある。そこで，会社支配の公正を確保するため，会社は自己株式については，議決権を有しないこととされている（会社308条2項）。

【4】　相互保有株式

　会社同士が互いに株式を保有し合う株式相互保有は，わが国において取引提携関係の維持強化や長期的視野での経営などを目的として広く行われてきた。株式の相互保有により，会社は互いに株主となるが，株式保有を通じて一方の会社が他方の会社の経営を支配しうる関係にある場合，被支配会社が支配会社の株主総会において議決権行使できるものとすると，支配会社の影響力により議決権行使が歪曲され，取締役の地位の永続化など，自己株式に議決権を認めた場合と同様の弊害が生じるおそれがある。

　そこで，株式会社がその総株主の議決権の4分の1以上を有することその他の事由を通じて株式会社がその経営を実質的に支配することが可能な関係にあ

るものとして法務省令（会社規67条）で定める株主は，議決権を有しないこととされている（会社308条1項カッコ書）。たとえば，A社がB社の総株主の議決権の4分の1以上の株式を有している場合，B社がA社の株式を保有していても，B社が保有するはA社株式には議決権がない。A社が保有する株式とA社の子会社C社が保有する株式を合わせてB社の総株主の議決権の4分の1以上の株式を有している場合や，A社の子会社C社が単独でB社の総株主の議決権の4分の1以上の株式を有している場合も同様に，B社が保有するA社株式に議決権はない。近時は，株式持合いのメリットよりも弊害の方が意識されるようになり，株式の持合いは解消される傾向にある。

なお，A社がB社の親会社である場合には，B社はそもそもA社の株式を取得することができない（会社135条1項）。

【5】 非公開会社における定款による属人的定め

非公開会社においては，剰余金配当請求権，残余財産分配請求権，株主総会における議決権について，株主ごとに異なる取扱いを行う旨を定款で定めることができる（会社109条2項）。会社は，株主を，その有する株式の内容および数に応じて，平等に取り扱わなければならないとする株主平等の原則（同条1項）の例外である。

わが国の会社法は，1株につき2以上の議決権を有するいわゆる複数議決権株式を認めてないが，非公開会社においては，会社法109条2項に基づく定款の定めを設けることによって，特定の株主の保有する株式を複数議決権株式とすることも可能である。また，一人につき1個の議決権を有するもの定めることなども考えられる。株主の個性が重視される非公開会社においては，そのような定めを設けることに合理性が認められる場合も多いためである。

このような，株主の権利について属人的定めを新設したり，変更したりする定款変更については，通常の定款変更における決議要件（会社466条・309条2項11号）よりも加重された「特殊決議」によることが求められる（会社309条4項。→07章▶§5▶▶3参照）。

【6】 自己の株式の譲渡人たる株主

会社法上，株主総会の決議につき特別の利害関係を有する株主も，原則として，議決権は排除されず，そのような株主による議決権行使により，著しく不当な決議がされたときに，株主総会決議の取消事由（会社831条1項3号）となるのみである。しかし，会社が特定の株主から自己の株式を買い取る旨を決定

する株主総会決議においては，会社が当該株主から特に有利な条件で株式を買い取るような不公正な内容の決議がなされることを防止するため，株式譲渡人となる当該株主は，議決権を行使することができないこととされている。具体的には，①譲渡制限株式につき，会社が株主による譲渡承認請求を拒絶した場合における，当該株式を会社が買い取る旨を決定する株主総会決議（会社140条3項），②会社が特定の株主から自己の株式を取得する場合の株式の取得に関する事項を決定する株主総会決議（会社160条4項），③相続人等に対する売渡請求権の行使として会社が株式相続人等の保有する株式を取得することを決定する株主総会決議（会社175条2項）である。

▸§*3*＿ 株主提案権

▸▸1 意義

　株主提案権とは，会社が招集する株主総会において，株主が，一定の事項を会議の目的として追加することを請求したり（会社303条1項。議題提案権），会議の目的につき自らの議案を追加することを請求したり（会社304条。議案提案権），会議の目的たる事項についてその株主の提出する議案の要領を招集通知に記載・記録することを請求したりする権利（会社305条1項。議案要領通知請求権）の総称である。「会議の目的」とは「議題」のことであり，たとえば，取締役の選任決議についていえば，会議の目的（議題）は「取締役選任の件」「取締役○名選任の件」などとなる。これに対して，「議案」とは議題に対する具体的な提案をいい，取締役選任決議の例では，株主総会に諮られる取締役候補者案が議案である。

　一定の少数株主には，裁判所の許可を得て，自ら株主総会を招集し，自己の欲する議題・議案を株主総会に諮り，決議することが認められているが（会社297条。→07章▸§*2* ▸▸*2*参照），株主提案権は，株主が，会社が招集する株主総会の機会を利用して，より容易にその目的を達することができるようにしたものである。

▸▸2 議題提案権

　株主は，取締役に対して，一定の事項を株主総会の目的とすることを請求することができる（議題提案権）。非取締役会設置会社においては，株主は，その

議決権数や保有期間等にかかわらず，自らが議決権を行使できる事項については議題提案権を行使することができる（会社303条1項）。これに対して，取締役会設置会社においては，議題提案権は，総株主の議決権の100分の1以上の議決権または300個以上の議決権を6か月前から引き続き有する株主にのみ認められる（同条2項）。ただし，非公開会社である取締役会設置会社の場合は，6か月の継続保有期間要件は課されない（同条3項）。

　取締役会設置会社においては，議題の追加の請求は，株主総会の日の8週間前までに行うことが要求される（会社303条2項後段・同条3項）。その理由は，取締役会設置会社の株主総会は，株主総会の招集を決定する取締役会において議題として定めた事項（会社298条1項1号）についてしか決議することができないため（会社309条5項本文），株主の提案による議題についても，取締役会において株主総会の議題として決定した上で，招集通知に記載・記録しなければならない（会社299条4項）からである。これに対して，非取締役会設置会社の場合は，会社法上，株主総会で決議できる事項を，あらかじめ定めた議題に限定する規定はなく，そのため，議題提案権の行使時期についても，法文上，特に制約はない。

　議題提案権は，株主総会が決議すべきもの，すなわち株主総会の権限に属する事項に限り行使できる。取締役会設置会社の場合，株主総会は，会社法に規定する事項および定款で定めた事項に限り決議することができることから（会社295条2項），議題提案権の行使により追加できる目的事項もそれらの事項に限られる（東京高決令和元・5・27資料版商事424号118頁）。株主総会の権限に属さない事項を議題として追加したい場合は，当該事項を株主総会の決議事項とするための定款変更を併せて提案することになる。

　株主により適法に行使された議題提案権に応じなかった取締役は過料に処せられる（会社976条19号）。

▶▶3　議案提案権

　株主は，株主総会において，当該株主総会の目的である事項（議題）につき，議案を提出することができる（会社304条。議案提案権）。株主総会の目的とされた事項に関しては，当該事項につき議決権を行使することができる株主であれば，保有する株式数や保有期間にかかわらず，議案提案権が認められる。また，株主総会の日の一定期間前に行使しなければならないとの制約もないため，取

★Topic__12　上場会社における株主提案の内容

　上場会社における株主提案として古くよりしばしば見られるものには，原子力発電に反対する市民団体等が電力会社に対して，原子力発電事業からの撤退等を内容とする定款変更を提案するものなどがある。近時は，機関投資家などの「もの言う株主」（→★Topic__11参照）が，株主の利益の観点から，剰余金の配当や役員の選任に関する株主提案を行うケースも増えている。また，一定の株式を保有する株主が，経営支配権の奪取を目的として，取締役選任議案を提出することもある。

　他方，会社を困惑させる目的や，ひやかし目的で株主提案権が行使されていると思われるような例も存在する。また，従来は，1人の株主が1回の株主総会において提案できる議案の数に制限がなかったことから，1人の株主が膨大な数の株主提案を行う例も見られた。会社法上，株主提案権が認められるといっても，会社を困惑させる目的や個人的な不満を晴らす目的など，正当な株主提案権の行使とは認められないような目的による株主提案権の行使は，権利の濫用として許されない（東京高判平成27・5・19金判1473号26頁参照）。

　株主提案権が濫用的に行使されると，招集通知・株主総会参考資料の作成等にかかる費用の増大，株主総会の審議時間の長時間化，個々の議案について審議を尽くすことの困難化など，さまざまな弊害を生じさせるおそれがある。そこで，令和元（2019）年会社法改正では，取締役会設置会社の株主が議案要領通知請求権を行使して同一の株主総会に提案することができる議案の数を10までとする制限が加えられた（会社305条4項）。

【黒野葉子】

　締役会設置会社にあっても，当該事項につき議決権を有する株主は，株主総会の議場において，取締役の提出した議案（会社提案）に対する修正動議のかたちで，いきなり議案を提案することも可能である。

　ただし，株主が提出する議案が法令または定款に違反する場合，または同一の議案につき株主総会において総株主の議決権の10分の1以上の賛成を得られなかった日から3年を経過していない場合は，当該議案を提出することはできない（会社304条ただし書）。

▶▶4　議案要領通知請求権

　株主は，取締役に対して，株主総会の目的である事項につき，自らが提出し

ようとする議案の要領を株主に通知することを請求することができる（会社305条。議案要領通知請求権）。上述のように，議案の提案は，株主総会の当日，議場において行うことも可能であるが，議案要領通知請求権を行使することにより，事前に他の株主に議案の内容を周知することができる。

　議案要領通知請求権を行使することができる株主の要件は，上述した議題提案権を行使できる株主の要件（→本章▶§3 ▶▶2参照）と同じで，取締役会設置会社においては，総株主の議決権の100分の1以上の議決権または300個以上の議決権を6か月前から引き続き有する株主（非公開会社である取締役会設置会社の場合は6か月の継続保有期間要件は不要）のみである（会社305条1項2項）。議案の要領の通知を求める株主は，株主総会の日の8週間前までにその請求をしなければならない。

　株主総会の招集通知に際して株主総会参考書類が交付される場合（会社301条1項・302条1項）には，株主総会参考書類に，当該議案が株主の提出によるものである旨，その議案に対する取締役（取締役会設置会社においては取締役会）の意見があればその内容，および，株主が議案要領通知請求権の行使に際して，その提案理由等を通知した場合にはその理由等を記載しなければならない（会社則93条1項）。もっとも，株主から通知された提案理由等が，その全部を記載するのが適切でないほどの分量であった場合は，その概要を記載すればよい（同項カッコ書）。

　議案提案権（会社304条）と同様，議案が法令または定款に違反する場合，または同一の議案につき株主総会において総株主の議決権の10分の1以上の賛成を得られなかった日から3年を経過していない場合，株主は，会社に対して当該議案の要領の通知を請求することができない（会社305条6項）。

　また，令和元（2019）年会社法改正においては，取締役会設置会社において，株主が議案要領通知請求権を行使して同一の株主総会に提案することができる議案の数を10までとする制限が加えられた（会社305条4項）。これは，実務において，1人の株主が膨大な数の議案を提案するといった株主提案権の濫用が発生していたことへの対応として行われた改正である（→★Topic__12参照）。同改正により制限されたのは，議案要領通知請求権を行使して提案できる議案の数についてのみであり，議案の要領の通知を求めない議案提案権の行使（会社304条）については，提案議案数に関する制限は設けられていない。

　提案できる議案数の上限である10を超える議案につき，議案要領通知請求権

が行使された場合，取締役は10を超えた数の議案について，その請求を拒むことができる。どの議案について議案要領通知請求権の行使を拒絶するかについては取締役が定めるが，提案株主が，議案要領通知請求権の行使に際して，議案相互間の優先順位を定めている場合には，取締役は当該優先順位に従い，これを定める（会社305条5項）。

▶§4　株主総会における役員等の説明義務（株主の質問権）

▶▶1　総説

　取締役，会計参与，監査役および執行役は，株主総会において，株主から特定の事項について説明を求められた場合には，当該事項について必要な説明をしなければならない（会社314条本文。取締役等の説明義務）。会議においてその参加者が審議事項について質問することができるのは当然であり，株主には，株主総会における「質問権」があると考えられるが，これを法的に保障し，明文化したものが会社法314条である。

　会社法314条は，取締役等が説明を拒絶することができる事由についても規定しており，株主による質問権の濫用を防止しようとしている。会社法が定める説明拒絶事由は，①説明を求められた事項が株主総会の目的である事項に関しない場合，②その説明をすることにより株主の共同の利益を害する場合，③その他正当な理由がある場合として法務省令で定める場合である（同条ただし書）。③の法務省令で定める場合とは，（i）説明をするために調査が必要である場合，（ii）その説明をすることにより株式会社その他の者の権利を侵害する場合，（iii）株主が当該総会において実質的に同一の事項について繰り返して説明を求める場合，（iv）その他株主が説明を求めた事項について説明をしないことに正当な理由がある場合（会社規71条）である。

　株主が説明を求めた事項について正当な理由なく説明をしなかった取締役等は，過料の対象となる（会社976条9号）。また，説明義務に違反してなされた株主総会決議は，「決議方法の法令違反」（会社831条1項1号）に該当し，株主総会決議の取消事由になる（東京地判昭和63・1・28判時1263号3頁）。

▶▶2　事前の質問状と一括回答

　実務上，株主総会に際して，株主から会社に対し，事前に質問状が寄せられ

ることがある。上記③（i）の説明拒絶事由に関しては，株主が株主総会の日より相当の期間前に質問事項を会社に対して通知した場合や調査が著しく容易である場合は，説明を拒否することができないこととされており（会社規71条1号イ・ロ），事前の質問状が提出された質問については，取締役等は，調査が必要であることを理由として説明を拒絶することができないと考えられる。

　もっとも，取締役等の説明義務は，法文上，株主総会において株主から説明を求められたときに初めて生じるものと解されており，事前に株主から質問状が提出されていても，株主総会において実際に質問がなされない限りは，取締役等がこれについて説明をする義務を負うものではない。また，会社に提出された質問状を事前に整理した上で，株主総会において，株主による口頭の質問に先立ち，取締役等が質問状に記載された質問事項に対し一括して回答するという方法をとることも認められる（東京高判昭和61・2・19判時1207号120頁〔百選32事件〕）。説明義務が果たされたかどうかは，一括回答において説明された内容も含めて総合的に判断される（東京地判平成16・5・13金判1198号18頁）。

▶▶3　説明の程度

　会社法314条が取締役等の説明義務を定める趣旨は，株主に議題・議案に対する判断の手がかりを与えることにある。そのため，どの程度の説明を行えば，説明義務を履行したことになるかについても，株主が議題・議案に対して合理的に判断しうる程度の説明がなされていたかどうかという観点から判断される。議題・議案に対して合理的に判断しうる程度の説明がなされたかどうかは，質問をした当該株主の主観を基準にするのではなく，平均的な株主を基準に判断される（前掲・東京地判平成16・5・13）。

▶§5＿　株主総会と監督是正権

▶▶1　総会検査役選任請求権

　株主総会の決議事項について賛否が拮抗し，株主総会の紛糾が予想される場合，株主総会の招集手続や決議方法について混乱が生じる可能性がある。会社法は，そのような場合に，株主総会の招集手続や決議方法の適正化を図り，決議の成否に関する証拠を保全するため，総会検査役の制度を設けている。すなわち，会社または総株主の議決権の100分の1以上を有する株主（取締役会設置

会社においては，6か月前から引き続き株式を有していることも要求される）は，株主
総会に先立って，株主総会の招集手続および決議の方法を調査させるため，総
会検査役の選任を裁判所に申し立てることができる（会社306条1項2項）。

　総会検査役は，調査結果を記載または記録した書面または電磁的記録を裁判
所に提出して報告する義務を負う（会社306条5項）。検査役は，報告をしたとき
は，検査役の選任の申し立てをした者および会社に対し，書面の写しを交付し，
または電磁的記録に記録された事項を法務省令で定める方法（会社規229条）に
より提供しなければならない（会社306条7項）。

▶▶2　株主総会決議の瑕疵を争う訴えを提起する権利

　株主等は，株主総会決議に瑕疵がある場合，その瑕疵に応じて，株主総会
決議取消しの訴え（会社831条），株主総会決議無効確認の訴え（会社830条2項），
株主総会決議不存在確認の訴え（同条1項）を提起してその決議の効力を争う
ことができる（詳細については，→09章参照）。

▶▶3　各種書類の閲覧等請求権

　上記の株主総会決議取消訴訟提起権等の訴権を実効的なものとするために
は，その前提として，株主が会社の保有する各種の資料にアクセス可能である
ことが必要である。そこで，会社法は，株主に，各種書類の閲覧等請求権を認
めている。株主による閲覧等請求権の対象となるものは，会計帳簿（会社433条），
計算書類（会社442条3項）等さまざまあるが（ほかに，会社171条の2第2項，782
条3項など），株主総会に関連していくつか例示すると以下のようなものがある。

【1】　株主総会議事録・取締役会議事録

　会社は，その本店において株主総会議事録を株主総会の日から10年間（会社
318条1項），支店において株主総会議事録の写しを株主総会の日から5年間（同
条2項），備え置かなければならないが，株主（および債権者）は，会社の営業
時間内はいつでも，株主総会議事録の閲覧または謄写の請求をすることができ
る（同条4項）。

　また，取締役会設置会社は，取締役会議事録等を取締役会の日から10年間，
その本店に備え置かなければならないが（会社371条1項），株主は，その権利を
行使するため必要があるときは，会社の営業時間内は，いつでも（監査役設置
会社，監査等委員会設置会社，指名委員会等設置会社においては，裁判所の許可を得て），

取締役会議事録等の閲覧または謄写の請求をすることができる（同条2項3項）。

【2】 株主名簿・代理権を証明する書面・議決権行使書面

　株主（および債権者）は，会社の営業時間内はいつでも株主名簿の閲覧または謄写の請求を行うことができる（会社125条1項）。また，会社は株主総会の日から3か月間，議決権行使の代理権を証明する書面および書面投票における議決権行使書面をその本店に備え置かなければならないが（会社310条6項・311条3項），株主は，会社の営業時間内はいつでもこれらの閲覧または謄写の請求を行うことができる（会社310条7項・311条4項）。

　ただし，これらの請求をする者は，請求の理由を明らかにして請求しなければならず，請求者が，①その権利の確保または行使に関する調査以外の目的で請求を行ったとき，②会社の業務の遂行を妨げ，または株主の共同の利益を害する目的で請求を行ったとき，③閲覧または謄写によって知り得た事実を利益を得て第三者に通報するため請求を行ったとき，④過去2年以内において閲覧または謄写によって知り得た事実を利益を得て第三者に通報したことがあるものであるときは，会社はこれを拒否することが可能である（会社125条3項・310条8項・311条5項）。

▶§6＿ 反対株主の株式買取請求権

▶▶1　総説

　株主総会決議は多数決により成立し，株主総会決議が成立すれば，当該決議に反対する株主も成立した当該決議内容にしたがうこととなる。そこで，会社法は，株主の利益に重大な影響を及ぼす一定の場合については，株主に，自己の有する株式を公正な価格で買い取ることを会社に請求することができる権利（株式買取請求権）を認めて，会社から退出する機会を与えている。

　反対株主の株式買取請求権が認められるのは，会社が，①発行するすべての株式を譲渡制限株式とする定款変更をする場合（会社116条1項1号），②ある種類株式を譲渡制限株式または全部取得条項付種類株式とする定款変更をする場合（同項2号），③ある種類の種類株主に損害を及ぼすおそれのある一定の行為を行う場合であって，当該種類株主を構成員とする種類株主総会の決議を要しない旨の定款の定め（会社322条2項）がある場合（会社116条1項3号。本章▶§7参照），④一株に満たない端数が生じるような株式の併合を行う場合（会社182

条の4），⑤事業の譲渡等をする場合（会社469条），⑥合併，会社分割，株式交換・株式移転をする場合（会社785条・797条・806条）である。以下では，会社法116条に定める反対株主の株式買取請求権について説明する。

▶▶2　権利行使できる「反対株主」

　会社が会社法116条1項各号の行為をする場合，反対株主は，会社に対して株式買取請求権を行使できる（会社116条1項）。ここにいう「反対株主」とは，株主総会決議が行われる場合においては，当該行為をするための株主総会に先立って当該行為に反対する旨を会社に通知し，かつ，当該株主総会において実際に当該行為について反対の議決権を行使した株主をいう（同条2項1号イ）。反対株主に会社に対する事前の通知を要求するのは，株式買取請求による株式の買取りについては財源規制がないことから，あまりに多くの株式買取請求権が行使されると会社の財産的基礎を危うくするため，会社がどの程度の株式買取請求が行われるかにつき事前に予測し，場合によっては当該行為の提案を取り下げる機会を与えるためである。議決権制限株式の株主など，当該株主総会において議決権を行使できない株主は，事前の通知などを行わなくても「反対株主」として株式買取請求権を行使することができる（同号ロ）。

　当該行為について株主総会決議を要しない場合は，すべての株主が「反対株主」として株式買取請求権を行使できる（会社116条2項2号）。

▶▶3　手続

　会社が会社法116条1項各号の行為をする場合，株主に株式買取請求権を行使する機会を与えるため，当該行為の効力発生日の20日前までに，当該行為をする旨を株主に通知し，または公告しなければならない（会社116条3項4項）。上記要件に該当する「反対株主」は，効力発生日の前日までに株式買取請求権を行使する（同条5項）。株式買取請求権を行使した株主は，会社の承諾がない限り，その請求を撤回することができない（同条7項）。買取価格は，株式買取請求をした株主と会社との間の協議により決定されるが（会社117条1項），協議が調わないときは，株主または会社は，一定期間内に裁判所に価格決定の申立てをすることができる（同条2項）。この場合において，効力発生日から60日以内に価格決定の申立てがない場合，株主はいつでも株式買取請求を撤回することができる（同条3項）。

▶§7 種類株主総会

内容の異なる2以上の種類の株式（種類株式）を発行する会社（種類株式発行会社）においては，ある種類株式の株主と，他の種類株式の株主との間で，利害の対立が生じる場合がある。たとえば，剰余金配当に関する優先株式を発行している会社において，あらかじめ定めた当該優先株式の優先配当金額を減額する定款変更を行うことは，当該優先株式の株主にとっては不利な変更であるが，半面，その他の株主にとっては有利な変更となる。このような場合において，通常の定款変更手続（会社466条・309条2項11号）と同様に，株主総会の特別決議のみで足りるとすると，不利益を受ける当該優先株式の株主がすべて反対に議決権を行使しても（なお，優先株式は議決権のない株式とされているケースも少なくない），その他の株主の議決権行使のみで決議が成立するということもありうる。

このように，種類株式発行会社においては，通常の手続のみでは株主間の利害調整として十分ではないことから，会社が会社法322条1項各号所定の行為（株式の種類を追加する定款変更，種類株式の内容を変更する定款変更，合併等の組織再編行為など）を行う場合において，ある特定の種類株式の株主に損害が生じるおそれがあるときは，通常の手続に加えて，当該種類の種類株主を構成員とする「種類株主総会」の決議がなければ，その効力を生じないものとされている（会社322条1項）。

なお，ある種類の株式の内容として，会社法322条1項に基づく種類株主総会決議を要しない旨を定款で定めることは可能であるが（会社322条2項），同条1項1号の定款変更（単元株式数についてのものを除く）は，種類株主の利害に特に重大な影響を与えるものであることから，種類株主総会決議を排除する定款の定めを設けることができない（同条2項ただし書）。会社法322条1項に基づく種類株主総会決議を要しない旨が定款で定められている場合，当該種類株式を有する種類株主には，代わりに，反対株主の株式買取請求権が認められる（会社116条1項3号。→本章▶§6参照）。ある種類株式の発行後に定款変更して，種類株主総会決議を不要とする定めを設ける場合には，当該種類の種類株主全員の同意を得なければならない（会社322条4項）。

また，すでに発行されている種類株式につき，①取得条項を付すとき，②譲

渡制限を付すとき，③全部取得条項を付すときなども，当該種類株式を保有する株主全員の同意（会社111条1項）または種類株主総会決議（同条2項）が必要である（会社法上，株主間の利害調整のために種類株主総会の決議が求められる事項として，ほかに，会社199条4項・200条4項・238条4項・239条4項・783条3項・795条4項・804条3項）。

　なお，種類株主総会決議は，拒否権付種類株式（会社108条1項8号）における拒否権の対象事項や，役員の選任・解任権付種類株式（同項9号）が発行されている場合における役員の選任・解任決議（会社347条）のように，種類株式の内容として求められるものもある。また，定款に定めることにより，種類株主総会において決議すべき事項を拡張することも可能である（会社321条）。種類株主総会については,株主総会に関する多くの規定が準用される(会社325条)。

09章＿ 株主総会決議の瑕疵・欠缺

▶§1＿ 総説

　株主総会決議の瑕疵・欠缺を争う訴えとして，株主総会決議不存在確認の訴え（会社830条1項），株主総会決議無効確認の訴え（会社830条2項），株主総会決議取消の訴え（会社831条）の三つの類型が規定されている（瑕疵とは「キズ」「欠陥」，欠缺とは「ないこと」「欠如」のことである）。

　まず，原則的に考えるならば，会社法が強行法規であり会社関係者間の利害調整を担っていることから，会社法上のルールに違反する内容の決議，あるいは違反する手続によって成立した決議は無効となるように思われる。しかし，もし株主総会の決議の瑕疵について全て無効とし，一般の無効の訴えによって処理することになる場合，①訴えが認容された場合の既判力（民訴115条1項各号）が訴訟の当事者にしか及ばない結果，当事者以外も含む関係人間の利害調整が複雑化する，②とりわけ手続的な瑕疵の場合に，いつまでも決議の無効を主張できることになるとすると不安定な法律状態が長期間にわたって継続する，③どんなに軽微な瑕疵であっても決議の無効原因となり，株主総会のやり直し等のコストが過重となる場合がある等の問題が生じうる。

　そこで会社法は株主総会決議の瑕疵につき，平成17年改正前商法の規定内容を引き継いで会社法上それを争う訴えについての規定を設けている。その中で①の点について認容判決に対世効が生ずることとし（会社838条），②の点については，株主総会決議取消しの訴えの提訴期間を一定期間に制限しており（会社831条1項），③の点については裁量棄却の制度により一定の手続上の軽微な瑕疵の場合にたとえ取消し原因が認められたとしても裁判所が訴えを棄却することができるとしており（会社831条2項），一般の無効の訴えに任せた場合の不都合が回避されている。

　以上のことは，争われている瑕疵がどのようなものかによってその必要性を異にする。そこで会社法は株主総会決議の瑕疵・欠缺を争う訴えについてその

瑕疵の性質及び重大性に基づいた適切な処理を行うため，上述のように三つの類型を設けている。それぞれの訴えの類型についてその対象となる瑕疵は後述する（後記▶§2▶▶1【1】，▶§2▶▶2【1】，▶§3▶▶1【1】）。

▶§2__ 株主総会決議無効確認の訴え／不存在確認の訴え

▶▶1 株主総会決議無効確認の訴え

【1】 訴えの対象

株主総会決議無効確認の訴えの対象となる決議の瑕疵は，決議の内容が法令に違反する場合である。具体例としては，株式について属人的定めを置く定款変更の際に少数株主の利益を損ない株主平等原則に違反する決議（会社109条1項3項，東京地立川支判平成25・9・25金判1518号54頁），取締役会設置会社における株主総会の決議事項を超える事項についての決議（会社295条2項），取締役の報酬等について定款に定めがなく株主総会の決議によって定める場合に具体的内容を一切定めず取締役会に一任する内容の決議（会社360条1項）等があげられる。

【2】 無効の主張方法

株主総会決議確認の訴えは確認の訴えと解されている。すなわち決議の内容が法令に違反するのだから当然に無効であることを前提とし，訴えによってその無効を確認するということである。株主総会決議の無効は無効確認の訴えによって主張されうるほか，無効確認の訴えの外でも，例えば他の訴訟中における抗弁として，あるいは訴訟外でも主張できると解されている。もっとも，会社法834条に列挙されている会社の組織に関する訴えの認容判決でなければ対世効（会社838条）が生じないことには留意すべきである（後述▶§2▶▶1【5】）。

株主総会決議無効確認の訴えの提訴期間について限定はない。

【3】 原告・被告

株主総会決議無効確認の訴えの原告適格について会社法上明文をもって定められてはいない。上述の通り株主総会決議無効確認の訴えは確認の訴えであるから，民事訴訟法上の確認の利益を有する者が提起することができる。

原告適格について，株主，取締役，監査役についてはその株主総会決議に従わなければならないことから確認の利益は認められることになる。一方で，第三者については株主総会決議の無効を確認しなくとも，その株主総会決議に基

づいて行われた行為の有効性を争えばその目的は達成できるので，原則として無効の訴えの確認の利益は認められない。しかし，株主総会決議そのものが第三者との行為の要件となっているような場合には，確認の利益が認められる可能性はあると解されている。

　被告適格について，会社法上株主総会決議無効確認の訴えの被告となりうるのは会社と定められている（会社834条16号）。この場合，被告会社を代表するのは代表取締役である（会社349条1項4項）。当該代表取締役の選任決議につき無効確認の訴えが提起された場合でも，その代表取締役が会社を代表すると解するのが通説である。

【4】確認の利益

　株主総会決議無効確認の訴えは確認の訴えであるから，単に当該決議の内容が法令に違反しているというだけでは，確認の訴えを提起する正当な利益があるとは言えない。判例（最判昭和47・11・9民集26巻9号1513頁）によると，「ある基本的な法律関係から生じた法律効果につき現在法律上の紛争が存在し，現在の権利または法律関係の基本となる法律関係を確定することが，紛争の直接かつ抜本的な解決のため最も適切かつ必要と認められる場合」に確認の利益が認められると判示されている。当事者間においては現在紛争の対象となっている権利または法律関係が個別的に確定されれば紛争は解決するが，それでは紛争が解決せず，根本となる法律関係の確定が必要な場合に確認の利益があるということである。

　株主総会決議無効確認の訴えについて，上記判例によると「決議自体の効力を確定することが，決議を基礎とする諸般の法律関係について存する現在の法律上の紛争を抜本的に解決し，かつ，会社に関する法律関係を明確かつ画一的に決するための手段として最も適切かつ必要であること」にかんがみて確認の利益が肯定されるという。

　具体的には上記訴えの対象の例で挙げたように，違法な内容の定款変更，違法な配当を行う内容の決議については確認の利益は認められる。また，取締役の報酬の決定を取締役会または特定の取締役に白紙委任する内容の決議についても確認の利益はあると言える。欠格事由（会社331条1項各号）に該当する者を取締役として選任する決議も，当該取締役として選任された者の行為を個別的に無効と主張するよりも選任決議自体を無効とした方が紛争の抜本的解決にかなうので確認の利益は認められる。一方で，新株発行に関する株主総会決

議に法令違反があったとしても，対象となる株式がすでに発行されている場合にはその新株発行の効力を争うには新株発行の無効の訴え（会社834条1項2号）によらねばならず，確認の利益は認められない（最判昭和40・6・29民集19巻4号1045頁）。

【5】訴えの審理・認容判決の効力

株主総会決議無効確認の訴えは，本店の所在地を管轄する地方裁判所の専属管轄とされる（会社835条1項）。同一の請求を目的とする訴訟が数個同時に継続する場合には，弁論は併合される（会社837条）。いずれも決議の有効無効について画一的確定を図るためと解されている。株主が訴えを提起した場合に，裁判所は被告の申立てにより担保提供命令を発することができる（会社836条1項）。この場合被告は原告の訴えが悪意によるものであることを疎明しなければならない（同3項）。ここで悪意とは「害意」の意味と解されており，株主の権利の正当な行使としてではなくいわゆる会社荒らしのように株主の権利を乱用してことさらに会社を困らせる目的のこととされる（東京高決昭和51・8・2判時833号108頁）。会社の組織に関する訴えを提起した原告が敗訴した場合，原告に悪意または重大な過失があったときは原告は被告に対し，連帯して損害を賠償する責任を負う（会社846条）。

会社法は会社の組織に関する訴えに係る請求を認容する確定判決に対世効を認める（会社838条）。民事訴訟法の原則によれば，確定判決の効力が及ぶ者の範囲は訴訟の当事者等とされている（民訴115条1項各号）。しかし，例えば株主総会決議の無効確認の訴えが認容されたとして，会社と原告となった株主との間のみで無効となったとしても，訴訟の当事者とならなかった他の株主，取締役等との間では有効なままであるとするならば，違法な株主総会決議によって生じている法律関係を抜本的に解決するには至らない。ここに，認容判決の効力を訴訟の当事者以外の第三者まで拡張する必要性が認められる。

株主総会決議無効確認の訴えの認容判決の効力は遡及し，決議が行われた時点から無効であることが確認される（会社839条かっこ書）。会社法839条は「会社の組織の訴えに係る請求を認容する判決が確定したときは，当該判決において無効とされ，または取り消された行為は将来に向かってその効力を有する」と定める。例えば，会社の設立無効の訴え（会社828条1項1号）を認容する判決が確定した場合，対象となった会社は設立の時点に遡って無かったことになるのではなく，清算の手続に入る（会社475条2号・644条2号）。これは，訴訟係

属中も存続する外形に基づいて新たな法律関係が形成されることから，無効による法律関係の過度の複雑化，不安定化を回避する目的と解される。しかし，株主総会決議無効確認の訴えは同条かっこ書によって適用を排除されている結果，原則に戻りその訴えを認容する判決は遡及効を有する。行われた株主総会決議に基づいて新たな法律関係が形成されるため，決議が当初から無効であるという効力が得られないならば訴えの目的を達成できないからである（後述→§4▶▶2【1】）。

▶▶2　株主総会決議不存在確認の訴え

【1】　訴えの対象

株主総会決議不存在確認の訴えの対象となる決議の瑕疵は，株主総会決議が存在しないにもかかわらず決議がなされたという外形が存する場合である。典型的には，架空の株主総会議事録が作成されている，存在しない決議に基づく登記がなされているような状況である。存在しないということにつき，現実に決議が行われた形跡がない物理的不存在だけではなく，一応株主総会決議の形跡は存在するが，招集手続，決議の方法の瑕疵が著しくそれを存在すると評価することができない法的不存在も含まれると解されている。具体的には，招集通知を著しく欠いて開催された株主総会での決議は不存在とした判例がある（最判昭和33・10・3民集12巻14号3053頁）。この点につき，同様に招集手続，決議の方法の瑕疵を取消し原因とする株主総会決議取消しの訴えとの区別については後述する（後述→▶§4▶▶1）。

【2】　不存在の主張方法，原告・被告

株主総会決議不存在確認の訴えは，決議無効確認の訴えと同様，確認の訴えと解されている。そこで不存在の主張方法については，訴えによらずとも他の訴訟中における抗弁として，あるいは訴訟外で主張することも可能であると解される（前述→▶§2▶▶1【2】）。具体例として，招集手続を著しく欠く株主総会決議に基づいて不当に役員としての地位を奪われた結果，損害を被ったとして提起された損害賠償請求の訴え中で株主総会決議が不存在であると争われたものがある（名古屋高判平成30・4・18金判1570号47頁）。もっとも，会社の組織に関する訴えに係る請求を認容する判決でなければ，対世効（会社838条）が生じないのも無効確認の訴えの場合と同様である。原告となりうる者，被告となりうる者についても無効確認の訴えと同様である（前記→▶§2▶▶1【3】）。

株主総会決議不存在確認の訴えの提訴期間について限定はない。

【3】 確認の利益

　株主総会決議不存在確認の訴えも確認の訴えであるから，訴えの提起には単に不存在の瑕疵があるのみでは足りず，確認の利益が存することが必要とされる。

　具体的には，決議が存在しないにもかかわらず株主総会決議の内容が商業登記簿に登記されているときには決議不存在の確認を求める利益があるとした判例がある（最判昭和38・8・8民集17巻6号823頁）。問題となるのは，不存在の株主総会決議によって選任されたとされる取締役によって行われる取締役会決議の効力，その取締役会で選定された代表取締役によって招集された株主総会決議の効力を争う際に，前提となる株主総会決議の不存在を争うことができるかという点であるが，それらについては後述する（後述→▸§4▸▸2【2】）。

【4】 訴えの審理・認容判決の効力

　訴えの審理・認容判決の効力については決議無効確認の訴えの場合と同様である（前述→▸§2▸▸1【5】）。

▸§3　株主総会決議取消しの訴え

▸▸1　訴えの対象

　株主総会決議取消しの訴えの対象となる決議の瑕疵は①招集手続または決議の方法が法令もしくは定款に違反し，または著しく不公正なとき，②決議の内容が定款に違反するとき，③決議について特別の利害関係を有する者が議決権を行使したことによって，著しく不当な決議がなされたときである。様々な紛争事例があてはまるが，具体例として①につき，招集手続の法令・定款違反としては一部株主への招集通知を欠いた場合や議決権を行使できる株主を定める基準日の公告を欠いた場合（東京高判平成27・3・12金判1469号58頁〔百選A13事件〕）等，決議の方法の法令・定款違反としては，取締役の説明義務違反，議長による不公正な議事進行等が挙げられる。②につき，定款に取締役の人数の上限を定められているときに，その上限を超える取締役を選任する決議が行われた場合が挙げられる。③につき，事業譲渡の相手方が株主であるような場合に，その株主の参加によって著しく不当な内容の決議が成立した場合や，取締役が株主である場合に，その株主の参加によって当該取締役の責任を免除する著しく

不当な株主総会決議が成立したような場合が挙げられる。

▶▶**2　取消しの主張方法**

　株主総会決議取消しの訴えは，形成の訴えと解されている。すなわち取消し原因のある決議は取消しの認容判決が確定することによって初めて決議された時点に遡って無効であったということになる。決議取消しの訴えを提起できる者，期間は限定され，もし期間内に取消しの訴えが提起されなければ，当該瑕疵ある決議は瑕疵を争うことができなくなる結果，有効と確定する。

　会社法がこのような定めを置いている理由は，取消し原因となる瑕疵は決議の無効，不存在の原因となる瑕疵に比べ相対的に軽微なものであり，また会社運営上皆無にすることは困難なものである一方で，一律に無効とすることによって，会社，利害関係人に株主総会をやり直す手間や費用等の負担を強いることが必ずしもすべての利害関係人の利害に沿うと言えないためである。上記の取消し原因を見ても，現行法上取消し原因とされているのは，総会決議の成立に至る手続に係る違反，会社の内部的規範である定款違反，会社，株主，取締役といった会社内部者間の利害の対立による不公正によって生じるものであるから，その有効性を維持するか破棄するか，当事者の選択にゆだねるのが合理的であるといえよう。

　株主総会決議取消しの訴えの提訴期間は，株主総会決議の日から3か月以内とされている（会社831条1項柱書）。瑕疵が相対的に軽微なことから，決議が取り消される可能性を短期間に確定し，法律関係を早期に安定させることを目的としている。

▶▶**3　原告・被告**

　株主総会決議取消しの訴えの原告適格は法定されている。形成の訴えであるから，瑕疵を主張できる者はあらかじめ限定されている。

　原告適格を有するのは株主，取締役または清算人，それに加えて監査役設置会社の場合は監査役，指名委員会設置会社の場合は執行役である（会社831条1項柱書前段，会社828条2項1号かっこ書（株主等））。当該決議の取消しにより株主，取締役，監査役もしくは清算人となるものも同様である（会社831条1項柱書後段）。上記の規定は例えば全部取得条項付株式の取得に関する株主総会決議（会社171条1項）が行われた場合に意義を有する。別の種類の株式が対価として交

付されない限り当該種類株式を有する株主は株主としての地位を失うことになる。決議は取り消されるまでは有効であるが，株主としての地位を失った者でも株主総会決議取消しの訴えを提起する資格を有するということを明らかにしたものである。これは取締役，監査役についても同趣旨であり，さらに決議の時点で役員権利義務者（会社346条1項）だった者も含まれる。判例の趣旨によれば訴訟係属中に株主が死亡した場合に相続人は被相続人の地位を承継し，その訴訟についても原告としての地位を承継すると解される（最判昭和45・7・15民集24巻7号804頁（有限会社の持分の相続に関する事例））。なお，株主は自己に対する株主総会招集手続に瑕疵がなくとも，他の株主に対する招集手続に瑕疵のある場合には株主総会決議取消しの訴えを提起できると解されている（最判昭和42・9・28民集21巻7号1970頁〔百選33事件〕）。

被告適格を有するのは会社である（会社834条17号）。

▶▶4 訴えの利益

上述のように株主総会決議取消しの訴えは形成の訴えであるから，法定の要件を満たしているならば原則として訴えの利益は認められる。しかし，当該決議の取消しについて審理し，取消しを認容する判決が得られたとしてももはや紛争解決のための意義がない状況においては，例外的に決議取消しの訴えの利益は存しないとされる。

具体例としては，合併契約の承認決議に瑕疵がある場合，すでに合併の効力が生じている場合には当該株主総会決議の無効，取消しではなく合併無効の訴えによらねばならず，取消しの訴えの利益は失われるとした裁判例（東京地判昭和30・2・28下民6巻2号361頁），吸収合併無効の訴えが法定の期間に提起されていないならば既に当該吸収合併の有効であることは確定しており，たとえ当該合併に係る合併契約承認の株主総会決議に瑕疵があり取り消されたとしても，吸収合併消滅会社の旧株主には吸収合併消滅会社または吸収合併存続会社の株主の地位等，対世的に確認すべき権利，地位がないため，その株主総会決議の取消しの訴えは訴えの利益を欠くとした裁判例がある（東京高判平成22・7・7判時2095号128頁）。

役員選任決議取消し訴えの係属中にその決議に基づいて選任された役員の任期が満了し退任し，その後新たな役員が選任されたときに訴えの利益が失われるかについては後述する（後述→▶§4▶▶【1】）。

▸▸5 訴えの審理／認容判決の効力

訴えの審理・認容判決の効力については決議無効確認の訴えの場合と同様である（前述→▸§2▸▸1【5】）。

▸▸6 裁量棄却

裁量棄却（会社831条2項）とは，株主総会決議取消しの訴えが提起されたときに，一定の株主総会決議取消し原因が認められても裁判所がその訴えを裁量で棄却することができるという規定である。株主総会決議取消しの訴えは形成の訴えであるから，原則として要件が満たされるならば裁判所は取消しの訴えを認容しなければならない。しかし，どのような軽微な違反でも取消しの認容判決をしなければならないとすると，同様の決議が成立することが明らかであっても株主総会を再度開催せねばならず，会社，株主らに過重な負担となる可能性がある。そのような不合理を避けることが裁量棄却の目的である。

以上のことから，裁量棄却することができる決議の瑕疵は招集手続または決議方法の瑕疵（会社831条1項1号）のみである。その違反する事実が重大でなくかつ決議に影響を及ぼさないものである場合に限定される。招集通知漏れがあったとしても，当該株主が総会に出席することができて，かつ瑕疵について異議を述べていないような場合には，瑕疵は軽微であり決議に影響を与えないと評価しうる。一方で，取締役会の招集決議がなくかつ全ての株主に対する招集通知が法定より2日間遅れた場合（最判昭和46・3・18民集25巻2号183頁〔百選38事件〕），招集通知に営業譲渡の要領の記載を欠く場合（最判平成7・3・9集民174号769頁）は重大な瑕疵があるとして裁量棄却が認めらなかった。

ある株主の持株数が少数であり成立した決議に影響を与える可能性が低いとしても，その株主に株主総会を開催する情報が一切伝えられず株主総会への出席の機会を奪われたような場合には，株主権の重大な侵害であり軽微な瑕疵とは言えず，裁量棄却は許されないと解される。

▸§4＿ 株主総会決議の瑕疵にまつわる法的問題点

▸▸1 株主総会決議の不存在と取消しの限界

株主総会決議の不存在とは，決議が全く存在しない物理的不存在の場合のみならず，決議らしきものは存するがそれを決議とは評価できない法的不存在の

場合も含むと解されている（前述→§2▶2【1】）。一方，株主総会決議の取消し原因は株主総会招集手続または決議の方法が法令若しくは定款に違反している場合である（会社831条1項1号）。そこで，株主総会招集手続または決議の方法に法令定款違反がある場合それは取消し原因となるが，それが法的に不存在と評価できるのはどの程度の瑕疵かどうかということが問題になる。例えば一定割合の議決権を有する株主への総会招集通知を欠いた結果，それらの株主が株主総会に出席できず，その他の一部の株主のみによって行われた株主総会決議は不存在と評価されるのだろうか，それとも取消し原因が存するにとどまるのであろうか。取消し原因にとどまるならば，提訴権者，提訴期間は限定されるが，不存在と評価されるならばそのような限定はないため，区別する意義がある。

　まず，招集通知漏れの瑕疵について見ると，招集通知漏れについては株主9名が総株式5000株を有している会社において株主6名（持株数2100株）への招集通知を欠いた事例（最判昭和33・10・3民集12巻14号3053頁），株主2名持株数がそれぞれ2分の1の会社で1名への招集通知を欠いた事例（大阪高判平成2・7・19判時1377号123頁），において，株主総会決議を不存在としたものがある。単純に数字としての割合を示すことは困難であるが，株主総会決議の定足数が原則として議決権を行使することができる株主の議決権の過半数を有する株主の出席とされており（会社309条1項・309条2項柱書・341条），普通決議の場合は定款で定足数の定めを排除することができると解されていること（会社309条1項），役員の選任および解任の普通決議および株主総会の特別決議において定足数は議決権を行使することができる株主の有する株式の3分の1以上の株主の出席まで緩和することができると解されていること（会社341条かっこ書・309条2項柱書かっこ書）と比べて，一定数の議決権を有する株主が現実に出席していたとしても不存在と評価される可能性があることに留意するべきである。

　次に，招集手続，決議の方法の瑕疵について見ると，取締役会の決議を経ることなく代表取締役以外の取締役によって招集された株主総会における決議を不存在とする判例（最判昭和45・8・20集民100号373頁）がある一方で，代表取締役が取締役会の決議によらないで招集した株主総会における決議は取消しの対象となるとした裁判例（東京高判昭和30・7・19下民6巻7号1488頁）があり，権限を有する者による招集か否かにより判断が分かれている。招集手続を欠く，一部の株主のみによる自発的な集会については，株主総会であるとはいえないと

★Topic__13 否決された株主総会決議の取消しと成立したであろう決議の積極的確認の可能性

　ここまでの説明は，株主総会決議の瑕疵・欠缺を争う訴えの対象としてある議案を可決する決議に瑕疵がある場合を当然の前提としていた。それでは，ある議案を否決する株主総会決議に瑕疵がある場合，その決議の有効性を争うことができるのであろうか。

　この点につき下級審においては否決の決議の取消しを容認した裁判例（山形地判平成元・4・18判タ701号231頁）も存するが，判例（最判平成28・3・4民集 70巻3号827頁〔百選35事件〕）は，「一般に，ある議案を否決する株主総会等の決議によって新たな法律関係が生ずることはないし，当該決議を取り消すことによって新たな法律関係が生ずるものでもないから，ある議案を否決する株主総会等の決議の取消しを請求する訴えは不適法であると解するのが相当である」と判示している。

　上記判例は取締役解任決議が否決されたことの取消しを求めた事例であった。この点，取締役解任決議の否決は役員解任の訴え（会社854条1項）の要件となっており，解任を否決する決議が取り消されると役員解任の訴えの提起が不適法になるため，一定の法律上の利益が存するとも考えられる。その他の例として，否決された議案について当該議案が総株主の議決権の10分の1以上の賛成が得られなかった場合には同内容の議案を3年間提案できない（会社304条）が，否決の決議が取り消されたならばこのような制限が無くなるという利益，譲渡制限株式の譲渡承認が株主総会において行われる場合（会社139条1項）に，否決された承認決議が取り消されたならば株式会社が承認したとみなされる（会社145条2号）利益も想定することができる。しかし，上記判例の補足意見は，そのような事例はほとんどの場合，根拠とされた規定等の合理的な解釈によりあるいは信義則や禁反言の法理の適用によって処理されるべきであるという。

　確かに，否決の決議自体からは新たな法律関係は生じないのであるから，否決の決議を取り消すことによって紛争の抜本的解決を図る必要はなく，否決された決議に基づいて生じた紛争を直接解決すればよいといえる。

　関連して，否決の決議の取消しを否定しても，招集手続，決議方法の瑕疵によってある議案について否決の決議がなされた場合に，瑕疵がなかったならば成立したであろう決議の成立を認めることはできるかという問題がなお残されている。株主が否決の決議の取消しを求める多くの場合，その真意は否決されたという外形を取り除くのみならず，瑕疵がなければ本来成立したであろう決議の有効であることの確認を求めるところにあろう。代理人の議決権行使，書面投票された議決権についての違法な取扱い，あるいは総会議長の故意，過失によって，本来成立したであろう決議が否決とされ，そのよ

うな外形が生ずるとき株主の救済はどのようになされうるだろうか。

　この点，もし賛成する株主が多数にもかかわらず決議方法の瑕疵によって否決された
ならば，臨時株主総会の招集を請求する（会社297条1項），次の株主総会で株主提案
を行う（会社303条・304条）ことによって再び株主総会決議を求めればよいとも考え
られる。しかし，臨時株主総会招集請求は総株主の議決権の100分の3以上の議決権を
有する株主（会社297条1項，継続保有要件について同1項2項）が行わなければなら
ず，また，臨時株主総会が会社によって招集されない場合，株主は自ら裁判所の許可を
得て株主総会を招集することができる（会社297条5項）が，これらは株主にとって負
担となる。さらに，もし株主らが当該株主総会に向けて委任状勧誘等により議決権を確
保していたとすると，再度の株主総会の際に同様の議決権を確保できるとは限らないこ
と，決議の効力の遡及についても制約があると解されていることから（前述→▸§4▸▸
2【3】），時機を逸した株主総会決議では株主の利益が十分に守れない可能性があり，
株主保護にとって十分とは言えない。

　下級審の裁判例では，株主総会決議の存在確認の訴え，有効確認の訴えについて訴え
の利益の存在を示唆するもの（大阪高判平成20・11・28判時2037号137頁），判決理
由中において正しい集計結果によれば可決されるべき場合でありながら議長が否決を
宣言した場合でも，決議は会社が株主の投票を集計し，決議結果を認識しうる状態とな
った時点で成立すると解すべきであるとし，否決されたとされる決議の成立を認めたも
の（東京高判令和元・10・17金判1582号30頁〔百選A9事件〕）がある。瑕疵がなけ
れば成立したであろう決議の確認を求める実益はあり，会社の適正な運営の確保，株主
の利益の保護に資すると考えられる。もっともその主張方法，原告・被告・訴えの審理，
請求認容判決の効果については明文の規定がなく，なお検討が必要であろう。

【藤嶋　肇】

した裁判例（東京地判昭和30・7・8下民6巻7号1353頁）がある一方で，株主全員
がその開催に同意して出席したいわゆる全員出席総会において株主総会の権限
に属する事項につき決議をしたときは決議は有効と解するのが判例である（最
判昭和46・6・24民集25巻4号596頁（1人会社の場合），最判昭和60・12・20民集39巻8
号1869頁〔百選27事件〕（株主の代理人を含む全員出席総会の場合））。現行の会社法
では，株主の全員が招集手続を省略することに同意した場合には，招集手続を
経ずに株主総会を開催することができる（会社300条）と明文で定められている。
株主総会招集通知の送付（会社299条各項）は株主に出席の機会と準備の時間を
保障する趣旨と解されている。つまり，株主全員の同意があった場合には招集

手続を省略したとしても株主の利益が損なわれることはないからである。なお、これはあくまで招集手続の省略であるから、決議を行うには株主総会を開催しなければならず、株主総会決議の省略（会社319条1項）とは区別されなければならない。

▸▸2 瑕疵ある株主総会決議の不存在・無効・取消しの遡及効と追認・再決議との関係

【1】 認容判決の遡及効

　株主総会決議の瑕疵・欠缺を争う訴えの認容判決は遡及効を有する（会社839条かっこ書）。この場合、当該株主総会決議は決議の時点に遡って無効となると解される。その結果、当該株主総会決議に基づいたさらなる行為の効力にも影響を与える瑕疵の連鎖が生じうる。具体例として、計算書類の承認決議が取り消された場合にはその計算書類は未確定となり、それを前提とする次期以降の計算書類等の記載内容も不確定になるとした判例（最判昭和58・6・7民集37巻5号517頁〔百選37事件〕）がある。

　役員、とりわけ取締役選任の株主総会決議が無効とされた場合、当該取締役が代表取締役として選定されて行った対外的代表行為（会社349条4項）も権限がない者の行為として無効になるのが論理的帰結であると考えられる。この場合、取引の安全を守るために、表見代表取締役（会社354条）、不実登記を行った者の責任（会社908条2項）、代理権授与表示に基づく表見代理規定の類推適用（民109条1項2項）等を活用し、取引の相手方保護を図るべきであると考えられている。

【2】 役員選任決議の瑕疵とその連鎖

　役員、とりわけ取締役を選任する株主総会決議が遡及的に無効になると、その取締役が構成する取締役会の決議によって招集された次の株主総会の効力が問題になる。次の株主総会で新たに取締役が選任されたとしても、やはりその選任決議は適法に行われなかったことになり、選任は遡って無効ということになる可能性がある。

　この点について、従前の判例（最判昭和45・4・2民集24巻4号223頁〔百選36事件〕）は役員選任決議の瑕疵が取消しの訴えの対象である場合には、その決議に基づいて選任された役員がすべて任期満了により退任し、その後の総会決議で新たに役員が選任されたときは、特別の事情がない限り決議取消しの訴えの利益を

欠くとしていた。しかし，判例（最判令和2・9・3民集74巻6号1557頁〔百選A14事件〕（事業協同組合の理事に関する判決））は先行の役員選任決議について株主総会決議取り消しの訴えが提起され係属中に後行の役員選任決議が行われた場合，先行の決議を取り消す旨の判決が確定したときは先行の決議は初めから無効であったものとみなされるのであるから，その決議で選出された取締役によって構成される取締役会がした招集決定に基づきその取締役会で選出された代表取締役が招集した総会において行われた新たに役員を選任する後行の決議は特段の事情がない限り瑕疵があるものと言わざるを得ないとの趣旨を示した。上記判例の趣旨によれば，訴えの利益の存否についても，先行の決議の取消しを理由とする訴えに，先行決議の瑕疵を理由とする後行の決議の不存在確認が併合されている場合には，先行の取締役選任決議が取り消されるべきものであるか否かが後行の決議の効力の先決問題となり，その判断をすることが不可欠であって先行の決議の取消しを求める実益があるため，訴えの利益は消滅しないと解される。

　取締役選任決議が不存在である場合には，そこで選任されたとする取締役を構成員とする取締役会の決議で選任された代表取締役が，その取締役会の決議に基づいて招集した株主総会決議は不存在であると解するのが判例（最判平成2・4・17民集44巻3号526頁〔百選39事件〕，最判平成11・3・25民集53巻3号580頁）であり，取締役選任の瑕疵は連鎖することになる。

　いずれの場合にも，後行する株主総会が取締役による招集の手続を必要としない全員出席総会において行われたような特段の事情がある場合には，瑕疵の連鎖は断ち切られるため，それ以前の株主総会決議の取消し，不存在確認の訴えの利益は失われると解される。

【3】　株主総会決議の追認，再決議の可否とその効力発生時期

　ある株主総会決議に瑕疵があるとして株主総会決議取消しの訴えが提起された場合に，当該決議が取り消されたことを条件として，その決議の時点に遡って効力を生じる新たな株主総会決議が行われることがある。そのようないわゆる追認決議は可能と解されている。判例（最判平成4・10・29民集46巻7号2580頁）は，取締役へ退職慰労金を贈呈する株主総会決議取消しの訴えの係属中に，その第一の決議と同内容であり，第一決議の取消判決が確定した場合に第一決議の時点に遡って効力を生ずるものとする第二決議が行われ，それが有効に確定した場合には第一決議を争う訴えの利益は失われると判示している。

追認決議が可能であるとしても，その効力を常に第一決議の時点に遡って生じさせることができるかどうかは別個に考えなければならない。追認決議の事例ではなく，単独の決議の効力を遡らせる事例であるが，報酬支給後に行われた役員の報酬を決定する株主総会決議について，お手盛り防止，監査役の独立性の確保という趣旨から株主総会の決議を経ずに役員報酬が支払われた場合であってもお手盛り防止規定の趣旨目的が達成できるから，特段の事情がない限り遡及的に有効とするとした判例（最判平成17・2・15集民216号303頁）がある。第一の決議が不存在と考えるならば，追認決議の場合も同様に決議の遡及的効力を認めることができると解される。

一方で，第一の株主総会決議が不存在とされた場合の追認決議による取締役解任決議の効力の遡及について，取締役の地位を喪失させる追認決議は取締役の喪失時期に影響を与え，報酬請求権を一方的に奪うことになるとして，追認決議がなされても第一決議の不存在確認の訴えの利益の消滅を認めなかった裁判例（東京地判平成23・1・26判タ1361号218頁）がある。

これらの区別について，裁判例（名古屋地判平成28・9・30判時2329号77頁）において，決議自体が完了的意味を有する個別的な事項の決定に関するものについては追認決議の遡及効を認めるのが相当であるが，決議を前提として諸般の社団的取引的行為が行われるものについては，すでに進展した法律関係を遡及的に否定したのでは著しく法的安定性が害されるため追認決議の遡及効を否定すべきであるという考え方が示されている。この考え方によれば，決算報告書の承認（会社438条2項），役員報酬総額の決定，退職慰労金の贈呈の決定（会社361条1項）のような行為の決議の遡及効は認められるが，定款変更（会社466条），役員の解任（会社341条）の決議の遡及効は認められないことになる。

10章 株式会社の監査機関等

▸監査役・監査委員・監査等委員・会計参与・会計監査人

▸§1 監査役・監査役会

▸▸1 監査役の意義

　株式会社が不祥事に手を染めないためには，取締役がどのような行動をとるかが重要である。取締役の行為やその記録する情報等が適正か否かをモニターし報告する仕組みは重層的に設けられているが，大きく「監督」と「監査」がある。「監督」とは，必ずしも明確な基準によらず（妥当性まで含み），行為者が行為者自身に対して行うこともあり，会社法上は取締役相互の監督（会社362条2項2号）や内部統制システム（会社348条3項4号・362条4項6号，→04章）がこの作用を担う。一方「監査」とは，一定の基準（法律）に基づいて，監査される者（取締役ら）と別の者が行うものであり，これを主に担うのが監査役である（会社381条）。取締役は主に会社業務を執行し会社を発展させるという点で，自動車に例えると「アクセル」のような役割を果たすのに対して，監査役は主に取締役の行き過ぎを制御するという点で「ブレーキ」のような役割を果たす。企業不祥事の予防やそれへの対処について，監査役の役割は極めて重要である。

　現行法上，取締役会設置会社（会社327条2項：なお，公開会社（定義につき，→01章）は全て取締役会設置会社となる：同1項1号）が設置義務を負う。取締役会設置会社の株主総会は法令・定款に定めた事項しか決議できず（会社295条2項），特に公開会社（会社2条5号）は頻繁に株主が入れ替わるため，株主による監督が期待できない。そこで，株主に変わって取締役の行動等をチェックし，会社と株主の利益を守るのが監査役の役割である（それ以外の会社においても，任意に監査役が設置されることが多い）。なお，本章で「取締役会設置会社」は，委員会型（監査等委員会設置会社，指名委員会等設置会社を指す。以下本章において同じ）を除く用語として扱う。また，「監査機関」は，監査役（会），指名委員会等設置会社の監査委員（会），監査等委員会設置会社の監査等委員（会）を総称する用語として用いる。

▶▶2 監査役の資格と員数・選任と終任・報酬

　監査役の資格に関しては，取締役の欠格事由が準用される（会社331条1項・335条）ため，法人など取締役になれない者は監査役にもなれない。また，取締役が監査役を兼ねて自己の業務執行を自ら監査することは，監査の適正性の観点から許されない（自己監査の禁止）。さらに，取締役指揮命令系統下にいる者が監査役になることも同様の弊害があるため，監査役は監査対象会社や子会社の取締役・支配人・使用人，当該子会社の会計参与・執行役を兼ねることもできない（会社335条2項）。なお，弁護士である監査役が特定の訴訟事件で会社を訴訟代理することは，この規定に反しないとした判例がある（最判昭和61・2・18民集40巻1号32頁〔百選70事件〕）。

　監査役は人事・報酬面で取締役ら業務執行者からの独立性を有している。まず，監査役は株主総会の普通決議で選任される（会社329条1項。ただし定足数は3分の1までしか下げられない：341条）が，人事面においては取締役と顕著な違いがある。第一に，任期は基本的に4年であり（会社336条1項。なお，非公開会社は10年まで伸張可：同2項）取締役より長い（会社332条1項）。第二に，監査役選任議案に対して同意権や提案請求権（会社343条）等を通して関与できる。第三に，監査役も取締役同様任期満了によって辞任するほか，解任されることもあるが，監査役は解任の要件が特別決議とされている（会社339条1項・309条2項7号・343条4項）。これらは全て，監査役の取締役からの独立性を確保し，身分を保障するという趣旨の表れである。

　次に，監査役の報酬等は定款でその額を定めていなければ株主総会の決議でそれを定める（会社387条1項）ものとされており，取締役の報酬の規定（会社361条1項）と類似しているが，その趣旨は全く異なる。取締役の報酬の規定は，取締役自身に報酬を決定させることの弊害の防止（お手盛りの防止）が趣旨であった。一方，取締役からの報酬面での独立性を確保することが監査役の場合の趣旨である（例えば，監査される取締役が監査役報酬を定めるとすると，著しく低い報酬額にすることで監査を阻害することが可能となってしまう）。定款・株主総会で監査役らの報酬総額を定めて，その配分を監査役の協議にゆだねることは可能である（会社387条2項）。さらに，監査役の報酬議案が適切に上程されない場合や内容が不適切である場合などに備えて，監査役は株主総会で報酬議案について意見陳述をする権利も持っている（同3項）。

▶▶3　監査役の職務権限・義務

【1】　監査役の職務——業務監査と会計監査

　監査役の職責は取締役を監査することである（会社381条1項）。「監査」には，会計監査と業務監査が含まれる。会計監査とは，株式会社の（連結）計算書類等がその会社（企業集団）の財産・損益状態を適切に表しているかどうかの観点から行う監査である（会社436条1項，→第02章参照）。一方，業務監査（本章では主にこれを解説する）とは，業務執行者およびその指揮命令下にある者（使用人など）による会社業務全体に違法・不正がないかどうかという観点から行う監査である。具体的には以下説明する通り，取締役ら業務執行者の業務執行が適正・適法に行われているかどうかの情報収集をし，必要に応じ権限を持った機関に報告し，監査役自身が様々な権限を行使するなどして業務執行を是正する一連の活動を指す。なお，一定要件を満たせば，監査役の権限を会計監査に限定することも可能である（会社389条）。監査役は事業年度ごとに，このようにしてなされた結果を監査報告にまとめる（会社381条1項）。このような活動全般に関して，監査役は会社に対して善管注意義務を負っており，ベストを尽くして行うことを要請されている（会社330条）。

【2】　監査に必要な情報収集——報告請求権・調査権など

　監査をするためには会社内部の情報収集が不可欠である。監査役会や取締役会への出席によってそれら情報の一部に触れることが可能ではあるが，それだけでは十分ではない場合が多い。そこで，監査役はいつでも，取締役・会計参与ならびに支配人その他の使用人（つまり業務執行者とその指揮命令下にある者たち）に報告を求め，会社の業務財産状況の調査をすることができる（会社381条2項等）。その対象は，会社の業務・財産の全般に及ぶ。監査対象会社の取締役が株主総会に提出しようとする議案・書類等に関しても監査役の調査権が及ぶ（会社384条）。加えて，監査役は子会社の業務財産状況の調査もすることができる（会社381条3項）。親会社が子会社に影響力を行使し，粉飾決算やその他の不正を行わせる可能性もあるからである。もっとも，一応別法人である子会社の調査等は「職務を行うため必要があるとき」（会社381条3項）に限られる。また，正当な理由があれば子会社はその調査等を拒絶することが可能であり（同4項），必要性がないのに調査する場合，不適切な方法による権限濫用的な調査の場合などがこれに該当する。さらに，子会社の業務執行全般ではなく，できる限り目的を定めてその範囲で調査を遂行すべきだとも解されている。なお，子会社

の秘密漏えいが懸念される場合には守秘義務契約を結ばせることも可能である。

　監査役は，何か業務執行者の不正が疑われる有事には特に積極的にこれらの情報収集手段を活用すべきであるが，そうではない平時においても，取締役らと積極的にコミュニケーションを取り，会社全体の状況を把握するように努めるべきであろう。

【3】　不正等が疑われる場合の対処——報告義務・取締役会への出席義務など

　第一に，平時における監査や上記情報収集などの結果，取締役の不正行為やそのおそれ，法令・定款に違反する事実もしくは不当な事実があれば，監査役は遅滞なくその旨を取締役会・取締役に報告する義務がある（会社382条）。違法行為差止請求（後述）など強力な手段もあるが，まずは取締役会の設置した内部統制システム・リスク管理体制（→04章）や取締役ら自身の自浄作用に頼って不正等の是正措置をさせる趣旨である。第二に，監査役は取締役会へ出席義務を負う。監査役は取締役会の議決権は持たないものの，質問や意見を提出することで取締役会を中心とした会社の業務執行が適法・適正な方向で行われるように仕向ける。必要があると認める場合は取締役会で意見陳述が義務となる（会社383条1項）。なお，取締役による違法・不正な行為やその兆候が発見されても取締役会が開かれず，意見陳述や前記報告義務が果たせない場合に備えて，監査役にも取締役会の招集請求権・招集権が与えられている（会社383条2項以下）。その他，取締役が株主総会に提出する議案を調査した結果，法令定款違反，著しく不当な事実が発見された場合には，調査結果を株主総会に報告する義務もある（会社384条）。

【4】　違法行為等により会社に損害が及ぶ場合——違法行為等差止請求，
　　　　訴訟における会社代表

　監査役は，取締役が会社の目的の範囲外の行為その他法令・定款違反行為をした場合，これら行為をするおそれがある場合において，会社に著しい損害が生ずるおそれがあるときには，取締役にその行為をやめるよう請求することができる（会社385条：違法行為等差止請求）。取締役による違法行為等を抑止する機能の規定である。理論的には「監査」の範囲を超え，取締役の業務執行権限に介入する性質を持つため，「法令・定款違反」が認められる場合など明確で，かつ，「著しい損害が生ずるおそれ」など厳格な要件が必要となる。また，既に会社に損害が生じ，会社が取締役の任務懈怠責任（会社423条）を追及するな

ど，会社・取締役間の訴訟が起こった場合には，監査役が会社を代表する（会社386条）。平時においては代表取締役が会社を代表するが（会社349条），監査役設置会社における取締役・会社間の訴訟において，会社を取締役が代表することになると「取締役が取締役を訴える」構造となり，仲間意識などから馴れ合い訴訟となるなど，適切な責任追及がなされないおそれがあるため，監査役が代表するものとされた。

【5】 どこまで監査できるのか──適法性監査と妥当性監査

ここで，適法性監査と妥当性監査に関する議論に触れておこう。既述の業務監査と会計監査の議論は，監査の対象範囲に関する違いであったが，これとは別の，監査役がどこまで深く監査できるかに関しての議論がこれである。具体的に，監査役が取締役ら業務執行者による業務執行の適法性について監査（適法性監査）できることは争いがないが，さらに経営判断の妥当性に関しても監査（妥当性監査）することができるのかという議論である。監査役の権限は適法性監査に限られ，妥当性には及ばないとする立場が長い間支持を集めてきた。妥当性に関しては取締役ら自身が「監督」（会社362条1項2号）すれば十分である点や，経営のことに詳しくはない監査役に，取締役の経営判断の適否までジャッジさせることは過大な負担となるという点が考慮されていたようである。しかし，例えば，ある事実が取締役会へ報告すべき「著しく不当な事実」かどうかの判断（会社382条）は，妥当性の判断に一部踏み込んでいるとも解せ，また，取締役の違法行為差止請求権や会社を代表して取締役へ訴訟を提起する場面（会社385・386条）では妥当性の判断も一部行わなければならない。近時は適法性監査・妥当性監査という二項対立で捉えず，この論争そのものの意義を疑問視する見解が増えてきた。監査役が取締役と同等の立場で経営判断に介入することができないことは明らかである。他方，監査役は法律違反の有無以外のことに全く無関心であってよいわけではなく，妥当性に関する判断を多少しなければならないこともある。

【6】 監査役の責任

監査役も取締役同様，会社に対する善管注意義務に違反した（任務懈怠）ことにつき，故意・過失がある場合は損害を与えた会社に対し（会社423条1項），悪意・重過失がある場合は損害を与えた第三者に対し（会社429条1項），賠償責任を負うものとされている。

▶▶4　監査役会・社外監査役

【1】　監査役会の意義・社外監査役

　監査役会は，監査役によって組織される会議体（会社390条1項）である。公開会社である大会社（委員会型会社を除く）は，会計監査人とともに監査役会の設置も義務付けられている（会社328条）。定款によって任意に設置することも一部可能である（会社326条2項）。員数は3人以上で，うち半数以上（過半数ではない）は社外監査役でなければならない（会社335条3項）。

　社外監査役の特徴は会社法2条16号の定めにあり，その要件をいずれも満たさなければならない。例えば，過去10年間の間に監査対象会社・子会社の取締役やその指揮命令下にある支配人・使用人等でなかったという要件は（会社2条16号イ）その会社の業務執行者から影響を受けないような配慮から置かれた（なお，同口も参照）。一定の親族関係があれば，たとえ社外監査役といえども不祥事を起こした取締役をかばう可能性があることから，会社の取締役や支配人・使用人の配偶者・二親等内の親族でないことも要件とされている（同ホ）。以上のように，社外監査役は取締役ほか社内の業務執行者との間の利害・人間関係に左右されない実効的な監査の遂行を期待されている。もっとも，上記の要件が災いし，社外監査役は会社内部の状況や取締役の動向等の社内情報をつかみにくい。監査役会を通して社内監査役が社外監査役に十分に情報共有をし，有事においては社外監査役・社内監査役が適切に役割分担をして不祥事に立ち向かうということが必要であろう。

【2】　監査役会の職務

　監査役会の役割は，監査報告の作成，常勤監査役の選定解職，監査の方針等の決定である（会社390条）。以下，便宜上順序を入れ替えて説明する。第一に，監査役会は監査の方針，会社の業務財産状況の調査方法，その他の監査役の職務執行等を決定することができ（会社390条2項3号），主に方針と監査役の役割分担が決定される。監査役会決議で監査方針等を決定したとしても，個々の監査役はこれに拘束されず独自の視点での監査や権限行使をすることが可能である（独任制）。一方，監査役会決議によって監査役の職務分担が定められたからといって他の監査役の担当部分について責任を負わなくてよいということにはならない。監査役会設置会社においても，取締役の職務執行を監査するのはあくまで各監査役であり，監査役会は監査役間での情報共有や方針決定を通してそれを後押しする機関と位置付けられる（多数決に構成員が拘束される株主総会・

取締役会とは異なる）。第二に，監査役会設置会社では監査報告の作成主体は監査役会となる（会社390条2項1号）。監査報告には監査役の多数派の監査意見のほか，各監査役に別の意見があればそれも付記される。最後に，法律上は常勤監査役と非常勤監査役とを区別している（同2項2号）。会社の業務が行われている間，監査役の職務に専念する義務を負う者が常勤監査役である。取締役や会社を常時専属的に監査している監査役が必要であるため監査役会決定事項となっている。非常勤監査役は会社に常勤していない（毎日出社しているとは限らない）が，常勤監査役との間に権限や責任面の差はない。実際には非常勤監査役は常勤監査役の欠点を補い，支援する役割であることが多い。なお，社外・社内と常勤・非常勤は法的には連動していないが，実務上は非常勤監査役には社外監査役が多い。

▶§2 監査委員・監査等委員

▶▶1 指名委員会等設置会社における監査委員

　株式会社は，現行法上，これまで説明してきた「監査役（会）設置会社」とは全く異なる企業形態をとることが許されている。その一つが「指名委員会等設置会社」である。この企業形態の特徴は「監督と執行の分離」にある。具体的に，業務執行の決定権が大幅に（代表）執行役らに委ねられる一方，取締役会は業務執行をせず執行役等の監督に専念する（取締役は業務執行機関であるという通常の理解がこの企業形態では通用しないので注意）。社外取締役が過半数を占める指名委員会・監査委員会・報酬委員会の三つの委員会（会社2条12号）が取締役会の決議によって取締役の中から選任され（会社400条2項），それぞれの委員会の決議を取締役会本体で覆せないような仕組みとすることで，監査・監督の実効性を高めている（その他，指名委員会等設置会社の詳細は，→02章・06章参照）。取締役会・マネジメントボードの役割の重点を業務執行者の監督（モニター）に置く企業統治構造のことを「モニタリングモデル」と呼ぶが，指名委員会等設置会社はこれを意識したアメリカ法上の企業形態と同様の形態を日本でも選択できるようにしたものである。

　指名委員会設置会社においては，監査役を置いてはならない（会社327条4項）とされているが，その監査機能を担うのは上記三委員会の一つである「監査委員会」である。監査委員は取締役会のメンバーでもあるので，取締役の欠格

事由に当たる者（会社331条）は就任できず，会社もしくは子会社の執行役・業務執行取締役・子会社の会計参与もしくは使用人を兼ねることもできない（会社400条4項）。業務執行者およびその指揮命令下にいる者が監査役を兼ねてはならないとする規定（会社335条）と同様の趣旨である。上述の通り，取締役の中から取締役会決議によって選任されることで監査委員に就任し（会社400条2項），過半数が社外取締役である必要がある（同3項）。また，取締役の資格喪失事由（→**03**章）の他，いつでも取締役会の決議によって監査委員は解職されうる（会社401条1項）。

　監査委員会の職務は，第一に執行役等（執行役および取締役，会計参与も含む）の職務執行を監査し，監査報告を作成すること（会社404条2項1号）である。監査を実効的に行うためには，やはり社内の詳細な情報が欠かせないため，監査等委員は会社の業務・財産状況に関して，業務執行者に報告を求め，調査をすることができる（会社405条）。なお，執行役が会社に著しい損害を及ぼすおそれのある事実を発見した場合には，直ちに監査委員に報告しなければならない（会社419条）ともされ，不正の兆候に素早く下記の諸権限を行使して対処できるように配慮されている。第二に，執行役・取締役の不正の行為（もしくはそのおそれ）または法令違反・定款違反・著しく不公正な事実があると認めるときには，それを取締役会に報告（会社406条）する。第三に，執行役または取締役が会社の目的の範囲外・法令定款違反行為をし（するおそれがあり），それによって会社に著しい損害が生ずるおそれがあるときは，違法行為の差止請求をすることができ（会社407条），また会社と執行役・取締役（監査委員以外）間の訴訟においては会社を代表する（会社408条：ただし，監査委員会による指名が必要）。なお，監査委員会も，各監査委員が招集し（会社410条）監査委員の過半数の定足数，その過半数の賛成の決議要件によって決議する（会社412条）。

　以上，監査委員の法規制は監査役と類似しているが，次のような違いがある。まず，監査委員は妥当性監査まで行える点である。指名委員会等設置会社における監査委員は取締役会のメンバーとして議決権も持つので，妥当性監査の権限を有することが正面から是認されている（なお，監査役設置会社の監査役が妥当性監査までできるか否かについては論争があった）。次に，監査役会設置会社では監査役会の決議によって監査役の権限行使が妨げられない（独任制：会社390条2項）のに対して監査委員は独任制ではなく，監査委員会によって選定されることで職務を行え，監査委員会決議に拘束されるとする規定も多い（会社405条・408条

など参照）。さらに，監査役設置会社の監査役は直接取締役を監査することも想定されているが，監査委員の監査は間接的である点が異なる。指名委員会等設置会社は全て内部統制システムの整備義務を負い（大会社でなくとも義務；会416条1項1号ホ），監査委員の情報収集や是正など多くの権限は会社の内部統制システムに指示を与えるなどして行うことが特に想定されている。なお，指名委員会設置会社は会計監査人の設置も必要である（会社327条5項）（詳細は「▶§4＿＿会計監査人」参照）。

　以上，モニタリングモデルを意識した指名委員会等設置会社を会社法は強制することとせず，従来の監査役（会）設置会社も選べるようにし，日本の会社がどちらを選ぶかに関して一種の社会実験を試みた（二つの仕組みを競争させる点で「制度間競争」ともいわれる）。しかし，上場会社の中で指名委員会等設置会社に移行している会社は，ごくわずかである（→02章）。社外取締役の人材不足や社内役員の士気の低下などが原因としてあげられることが多いが，制度にも原因があるように思われる。指名委員会等設置会社においては，監査委員以外の取締役は執行役との兼任が可能であり（会社402条6項），同じ委員が複数の委員会を兼任することも禁じられていない。つまり，業務執行者である執行役やその部下が監督機関である取締役会でも多数を占めることが制度上は可能であり，この取締役会が監査委員を選任するという仕組みになっている。わが国の従来の監査役設置会社では，取締役の多数派による暴走が不祥事につながるケースも多くみられたところ，この指名委員会等設置会社においても「モニタリングモデル」「監督と執行の分離」が果たしてどの程度制度上実現しているか疑問視する見解も少なくはない。この制度で監査・監督の実効性を高めるためには，人事も重要であるほか，監査委員が高い倫理観を持ち適時に適切な情報収集と監査を遂行することが肝要である。また，それには社内取締役（監査委員含む）・社外取締役のスムーズな情報共有と有機的な連携も欠かせない。

▶▶2　監査等委員会設置会社における監査等委員

　指名委員会等設置会社の利用が想定ほど進んでいないこともあり，平成26（2014）年の会社法改正で新たに選択できるようになった企業形態が「監査等委員会設置会社」である（会社326条2項）。監査等委員会設置会社は，既存の監査役設置会社の性質を残しつつ，監査その他の権限を有し，過半数の社外取締役からなる一つの委員会を設けること等でモニタリングモデルを導入できる企

業形態であり、「お手軽版の委員会設置会社」といえよう。監査等委員会設置会社にも取締役会があり、この取締役会は監査役設置会社のそれと同様、業務執行機関でもある（代表取締役も置かれる）。一方、監査等委員会設置会社にも監査役はいない（会社327条1項3号・4項）代わりに、監査機関として「監査等委員会」が組織される（会社331条6項）。これが他の会社形態との最も大きな違いである（→**02**章参照）。そのため、監査等委員会は、例えば取締役の人事や報酬に関する意見陳述内容の決定（会社399条の2第3項）など、監査に関連する権限以外も一部有しているという特徴がある。監査等委員会は各監査等委員が招集し（会社399条の8）、監査等委員の過半数の定足数、その過半数の賛成の決議要件によって決議する（会社399条の10第1項）。以下、本節では監査機関としての監査等委員会を中心に説明する（その他、監査等委員会設置会社の詳細は、→**02**章・**06**章を参照）。

　まず、経営者（本節で主に監査等委員以外の取締役を想定する）からの独立性についてみる。この企業形態では監査等委員も取締役であるので株主総会において選任されるが、その際、通常の取締役と監査等委員である取締役を「区別して」選任する（会社329条2項；なお、監査等委員を辞任してただの取締役になることもできないと解されている）という特徴ある制度をとる。これは、監査等委員会（3名以上）で社外取締役が過半数を占める（会社331条6項）ことと相まって、経営者からの独立性と監査の実効性の確保に役立つ（なお、報酬も基本的に別に定められる：会社361条2項）。その他、第一に、他の監査機関同様、監査等委員は会社・子会社において、業務執行取締役等およびその指揮命令下にある支配人・使用人等は監査等委員を兼任できない（会社331条3項）。第二に、監査等委員の任期は2年で、その他の取締役（1年）より長くなっており（会社332条1項。なお、短縮もできない（4項））、解任に株主総会の特別決議が必要である（会社339条1項・309条2項7号）とされ、身分が保障されている。第三に、株主総会において監査等委員の選解任・辞任への意見陳述権（会社342条の2第1項）、監査等委員をつとめる取締役の選任議案(株主総会)への同意権や提案請求権(会社344条の2)、監査等委員の報酬に関する意見陳述権（会社361条5項）等を持つ。これらは総じて、経営者からの独立性を確保することで、監査の実効性を保障する仕組みである。

　次に、監査の実効性確保に関して説明しよう。監査等委員会の最も基本的な職務は、他の監査機関同様、取締役らの監査と監査報告の作成（会社399条の2

第3項1号）である。監査等委員会設置会社にも内部統制システム構築義務があり（会社399条の13第1項1号ロ），基本的にこれを通じた監査を行うほか，監査等委員は取締役会のメンバーでもあるので，妥当性監査を正面から行える点などは指名委員会等設置会社と共通する。この監査の権限に付随して，監査等委員も会社（子会社）の業務・財産調査権（会社399条の3）など監査に必要な情報収集権を持つ。取締役の不正行為（おそれ）・法令違反行為・著しく不当な事実があることに気づいた場合等には取締役会への報告義務（会社399条の4）を負い，また一定の場合は取締役の違法行為に対する差止請求権も行使できる（会社399条の6）。これらも，他の監査機関と共通する特徴である。一方，上記の業務・財産調査権（会社399条の3第4項）の他，監査等委員以外の取締役と会社間の訴訟においては会社側を代表する場面などでは（会社399条の7），監査等委員会の決議に従わなければならない。この点は，指名委員会等設置会社の監査委員と共通している（一方，監査役会決議に拘束されない（独任制；会社390条2項3号）監査役設置会社の監査役とは異なる）。その他，監査等委員「ではない」取締役の選解任・辞任（会社342条の2第4項）や報酬（会社361条6項）に監査等委員（会）が意見を述べる権利など，独自の制度も監査の実効性確保に資する。

指名委員会設置会社が上場会社のごく一部の会社でしか導入されていないのに対し，この監査等委員会設置会社は中小企業も含めて移行する会社が増えている（→**02**章参照）。

最後に，会社名称（特に「等」の位置）を覚える段階で苦労する初学者のために再度強調しておくと，指名委員会「等」の三つの委員会があるのが指名委員会等設置会社であり，その監査機関の名称は「監査委員会」である。一方，監査「等」複数の権限を持つ一つの委員会があるのがこの監査等委員会設置会社であり，その監査機関は「監査等委員会」である。

▸§3__ 会計参与

会計参与とは取締役・執行役ら業務執行者と共同して，計算書類等の作成をする機関であり（会社374条1項），平成17年会社法制定時に創設された。公認会計士・監査法人・税理士・税理士法人に資格が限定されており（会社333条1項），いわば計算書類等を「作成する専門家」として広い意味での業務執行に携わる

ため，厳密には監査機関ではないが（会計監査人（後掲）との混同に注意），本章で併せて扱う。会計参与を設置するかどうかは基本的に選択できるが，非公開会社である取締役会設置会社が監査役を置かない場合には設置義務がある（会社327条2項但書：小規模な会社が多く，株主による監督と会計参与設置で計算書類等の適正性を確保している）。独立性の確保のため，株式会社・子会社の取締役・監査役・執行役または使用人は会計参与になれず，業務停止処分を受けた場合も同様である（会社333条）。以下の通り，法規制は取締役に類似している点が多い。

他の役員同様，株主総会で選任され（会社329条），任期は取締役と同じ「2年」である（会社334条1項）。会社との関係は委任であるので（会社330条），委任の終了事由（民653条）の他，任期満了によって終任する。解任は株主総会決議で行われる（会社341条）。会計参与は株主総会において会計参与の報酬や選解任・辞任について意見陳述権を持っており（会社345条・379条），その地位が保障されている。

会計参与の主な職務は，第一に取締役と共同して計算書類等を作成することである（会社374条1項）が，そのためには会社内部の詳細な会計情報等が必要なので，会計帳簿や資料の閲覧謄写請求権，会計に関する報告請求権が付与されている（会社374条2項：子会社につき同3項4項）。第二に，会計参与は会計参与報告を作成する（会社374条1項）。これは計算書類等とともに，一定期間株主・債権者等の閲覧謄写に供される（会社378条）。その他，取締役等の職務執行に関して不正の行為または法令・定款違反の重大な事実を発見したときは，遅滞なく監査機関に報告しなければならない（会社375条）。また，取締役会設置会社の会計参与は，計算書類等を承認する取締役会に出席し，必要があれば意見陳述義務を負う（会社376条）。さらに，会計参与も株主総会で株主への説明義務（会社314条）を負うが，計算書類等に関して，会計参与が取締役らと意見を異にする場合には，株主総会において自発的に意見を述べることもできる（会社377条）。以上の職務につき，会社との関係は委任にあたり（会社330条，民644条），善管注意義務に違反したことによって会社や第三者に損害を与えた場合には任務懈怠責任を負う（対会社：会423条1項，対第三者：会429条1項）。

わが国で大多数を占めるのは中小企業であり，その計算書類等の作成には税理士が関与してきた。平成17年会社法制定時に税理士に「会計参与」という法的責任を負う役員等（会社423条参照）としての地位を与えることで，中小企業の計算書類等の適正性・信頼性が高まり，ひいては銀行からの融資も盛んになるとい

▶図表10_1　会計監査人と会計参与の比較

	意義	資格	任期
会計監査人	監査役とともに計算書類等の監査（会計監査）を行う	公認会計士 監査法人	1年
会計参与	取締役とともに計算書類等の作成を行う	公認会計士 監査法人 税理士 税理士法人	2年

う効果が期待されたが，会計参与の認知度は低くほとんど導入が進んでいない。

▶§*4*＿　会計監査人

　会計監査人は，株式会社の計算書類および附属明細書等を会計的側面から監査し，会計監査報告を作成する機関である（会社396条1項）。その資格は公認会計士または監査法人（公認会計士によって組織される）に限定されている（会社337条1項）ほか，欠格事由が定められている（同3項）。監査役設置会社では監査役が業務監査と会計監査の両方を行うが，大会社（会社2条6号；最終事業年度の貸借対照表上の資本計上額が5億円以上，または，負債計上額が200億円以上）の会計は複雑で利害関係人も多数に及ぶため，職業会計人である会計監査人の設置義務がある（会社328条）。また，監査の実効性確保の観点から，委員会型の株式会社にも設置する義務がある（会社327条5項）。それ以外の株式会社も定款に定めて会計監査人を設置することができるが，監査役が必置となる（会社327条3項）。会計監査人は監査機関とセットでなければ本来の機能を果たせないと考えられているからである。先述の会計参与は計算書類等を「作成する専門家」と述べたが，会計監査人は「監査する専門家」といえよう（初学者は混同注意，▶図表10_1参照）。会計参与の法規制は多くの点で取締役に類似しているのに対して，会計監査人の法規制は多くの点で監査役に類似しており，会計参与と会計監査人の性質は根本的に異なる。その他，会計参与とは異なり，税理士・税理士法人は会計監査人になることはできない（会社337条1項参照）。

　会計監査人は「役員」に含まれないが，他の役員同様株主総会で選任され（会社329条1項参照），任期は1年である（会社338条1項）。委任の終了事由（会社330条，民653条）の他，任期満了時の不再任決議により終任となる（会社338条2項；なければ自動で再任）。解任は，原則として株主総会決議で行われる（会社341条）。

★Topic__14　公認会計士の専門性と会社との「距離」/AIによる監査の変容

　読者が名前を知っているような大規模上場企業の多くは，会計監査人設置会社である。上述の通り，会計監査人は公認会計士資格を持った者が就任する。公認会計士試験は，"三大国家資格（医師，司法，会計士）"と呼ばれる難関資格試験の一つであり，公認会計士資格を取得するためには，最低でもそれ専用の勉強を数千時間しなければならないといわれる。会計職の中では最も専門性の高い資格であるといえよう。企業会計の世界では「数字は嘘をつかない」といわれ，取締役や監査役らが発見できない不正であっても，会計監査人は計算書類・会計帳簿等に現れた兆候を読み取り，場合によって資産の調査や社内の人間への聞き取りなどを通して突き止めてしまう場合もある。しかし，これほど専門性が高いにもかかわらず，本章で述べてきた通り，会計監査人は基本的に監査機関を介して間接的にしか業務執行者・会社と関係を持てないような法制度となっている。会社法上は「取締役ら業務執行者からの独立性を確保する」という趣旨でそのような法制度にされているのだが，実際に会計監査人にとっては，不正を発見しても即座にアクションに移せない（例；まず監査機関に報告）など一部「使いにくい」法制度となっているようである。公認会計士の専門性をさらに発揮させる法制度にするためには，学際的な議論，また学問と実務との垣根を越えた意見交換が欠かせない。

　ところで，日本の大手企業による粉飾決算事件は古くから多く起こっており，そのたびに監査機関に関する法改正が繰り返されているが，やむことがない。近年も，世界的に有名な日本の大企業によって長年隠されていた粉飾決算等が明らかになり，世界に衝撃を与える事件が複数起こっている。中には，大手の監査法人が不正を見逃していると疑われている事例や，経営陣が「数値は操作できる」という誤った認識を抱き，社内の会計担当者まで数値の改ざんに協力していた（させられていた）事例さえある。一部の経営者の誤った認識によって，創業者，役員や従業員等が皆で長年かけて苦労して築き上げてきた会社の社会的な信用を一瞬にして地に落とし，結果として株主・債権者や社会全体を欺き，会社のために尽くした多くの従業員を路頭に迷わせる結果を生む場合がある。監査機関や公認会計士の役割は重要性を増すばかりである。

　ここで，近年は会計監査の世界でもAI（人工知能）等最新技術の導入が議論されている。これまではある意味，監査機関や会計監査人の勘や経験に頼っていた不祥事の発見を，AIやビッグデータなど最新技術を駆使して行うことで効率的に行える可能性があるのである。会計監査の実務では，人間の監査に加えてAI等を用いることでさらに質の高い監査が行えるとして歓迎する意見がある一方，そのような高価なAI等の技術を導入できる事務所・法人とそうではないところとで格差が生まれ，公認会計士の淘汰が始まる

という危機感も耳にするところである。

　確かに、AI等が普及することで、会計監査の世界にも様々な変化が起こることは必至である。公認会計士は高い専門知識を持つものの、人間である以上は不注意や見落としがありうるため、AIや最新技術はそれを補完するツールとして優秀であると思われる。しかし、会計監査人や監査機関と会計不正・粉飾決算との戦いは、最終的には、「数値は操作できる」「世間の人には分からない」といった人間の誤った認識や「会社は自分たちのものである」「自分たちの利益が最も重要である」といった人間のエゴとの戦いであるといえるかもしれない。AI等の最新技術＝「道具」を手にしようと、それを使う「人間」である公認会計士の高い職業倫理や培われてきた経験、また、不当な批判や圧力に屈することなく正義を貫き通す強い意志が重要ではないだろうか。このことは、時代が移り変わっても変わらないことであるように思える。

【千手崇史】

これに関して、選解任議案は監査機関が決定し（会社344条・399条の2第3項2号・同404条2項）、会計監査人自身もそれに意見陳述権を持つ（会社345条5項）など、共働する監査機関の意思が反映されるとともに業務執行者からの独立性が確保されている。例外的に、職務上の義務違反、非行、心身の故障などの事由に該当すれば株主総会を経ずに監査機関全員の同意によって解任されうる（会社340条）。その他、独立性確保のために、報酬決定につき監査機関の同意が必要とされている（会社399条）。

　会計監査人の主な職務は、第一に、事業年度毎に計算書類等を監査すること（会社396条1項）であるが、会計帳簿や資料の閲覧謄写請求権、業務執行者や会計参与への会計に関する報告請求権（同2・3項）によって会社内部の詳細な情報が得られるようになっている。なお、監査対象会社たる親会社が子会社を通して粉飾決算や不正会計を行う事態もあるため、会計監査人は子会社に対しても会計に関する報告請求や業務財産状況調査をする権利がある（会社396条3項；ただし、子会社は正当な理由があれば拒絶できる）。第二に、監査の成果である会計監査報告を作成する（会社396条1項）。多くの場合、会計に関する専門性は監査機関より会計監査人の方が高いので、監査機関は会計監査報告の方法・内容の相当性についてのみ意見を述べるにとどまる。その他、取締役等の職務執行に関して不正の行為または法令・定款違反の重大な事実を発見したときは、遅滞なく監査機関に報告しなければならない（会社397条）。また、会計監査人は監

査の結果につき監査機関と意見を異にする場合のみ，定時株主総会に出席して意見を述べることができる（会社398条）。以上の職務に関して，善管注意義務（会社330条，民644条）に違反したことによって会社に損害を与えた場合には，取締役らと同様任務懈怠責任を負う（対会社：会423条1項，対第三者：会社429条1項）。

▶§5__ 検査役

　検査役とは（厳密には監査機関ではないが）不祥事が疑われる場合などに会社の調査を行う一時的な機関である。会社法上，株式会社の設立（→本書13章）と株主総会の手続等の調査（総会検査役；→本書07章）の場面でも登場するが，ここでは会社の業務財産の状況の調査を行う検査役（業務財産検査役；会社358条）を扱う。業務財産検査役は会社の業務執行につき不正行為または法令・定款違反の重大事実を疑うに足りる事由（会社358条1項）がある場合に，少数株主（総株主の議決権の100分の3以上等；同条1項各号）の申立てに基づいて裁判所によって選任され（同条2項），会社の業務財産状況の調査を行う。資格制限はないが，企業秘密に触れることも多いため，法令上の守秘義務を負った弁護士・公認会計士が選任される例がほとんどである。選任された検査役は（株主の代理人ではなく）中立の立場で調査を行い，結果は裁判所に報告される（会社358条5項）とともに，申立株主に通知される（同7項）。その結果を見て，株主は任務懈怠責任の追及（会社423条；→本書04章）などの権利行使へと移行できる。業務財産検査役は要件がとても厳格で，手間や時間もかかるという欠点があり利用例は少ない。不祥事等が疑われる場面の情報収集では，会社の帳簿書類を株主が直接閲覧する制度（会社443条；会計帳簿等閲覧謄写請求権）の方が多く用いられている。

11章　M&A法制【1】

▶全体像／合併／株式交換・株式移転・株式交付

▶§1　M&A法制の全体像

▶▶1　M&Aとは

　11章と**12**章では，主に株式会社の「M&A」を扱う。M&A（Mergers & Acquisitions）は「合併と買収」と直訳されるが，実際は多義的な経済用語である。どれも企業体質の改善や経営多角化，企業価値の向上を目指して行われる点で共通する。

▶▶2　企業買収
【1】　企業買収の意義と株式公開買付け（TOB）

　企業買収とは，ある企業（買収者）が他の企業（対象会社）の株式を集めるなどして，その経営支配権を取得することまたはその試みをいう。第一に，対象会社の株主に働きかけて株式を購入する，対象会社からまとまった数の募集株式の発行等を受ける方法がある。第二に，上場会社を買収しようとする買収者は，「株式公開買付け（TOB：Takeover Bid）を行い，対象会社の株主（不特定多数）に対して「買付け目的」「価格」「買付け予定株式数」「期間」などを明らかにして勧誘する方法がある（金商27条の2以下）。第三に，本章・次章の主題である組織再編や次に扱うキャッシュアウト，事業譲渡（次章）も，広い意味では買収の一手段に数えられる。なお，対象会社の取締役会がその買収に賛同している場合を「友好的買収」，反対している場合を「敵対的買収」と呼ぶ。

【2】　キャッシュアウトと特別支配株主の株式等売渡請求

　多数派の株主（多くは会社）が，現金等を対価として少数派株主の同意を得ずに，この者らの株式全部を取得することを「キャッシュアウト（スクイーズアウト（締め出し）とも）」という。キャッシュアウトの方法は複数あり，会社法上は「全部取得条項付種類株式」や「株式併合」を用いた手段が有名であるが，ここでは平成26年の会社法改正で新設された「特別支配株主の株式等売渡

請求」を扱う。株式会社の総株主の議決権の9割以上を保有する「特別支配株主」は，対象会社の株主総会決議を経ずに，残存株主全員に対して，その保有株式全部の売渡しを請求することができる（会社179条）。当該株主総会の結論は見えており，総会を開催する時間やコストを削減する必要性も高いこと等が制度趣旨となる。まず，特別支配株主は，対価たる金銭の額等や売渡株式の取得日（会社179条の2）などの事項を対象会社に通知し，対象会社の取締役会等の承認を経る（会社179条の3。その後の撤回には対象会社の承諾が必要。会社179条の6）。次に，対象会社は取得日の20日前までに，売渡株主等に売渡請求に関する事項等を通知する（会社179条の4）ほか，当該通知日から取得日後6か月を経過する日までの間，当該株式等売渡請求等に関する事項を開示しなければならない（会社179条の5）。対象会社の売渡株主保護の手段（後述）を行使する機会を付与する趣旨である。以上の手続の結果，特別支配株主が予め定めた取得日に売渡株式等の全部を取得した効果が生じる（会社179条の9）。対象会社は取得日から6か月間事後開示を行う必要がある（会社179条の10）。売渡株主等の保護手段は二つ用意されている。第一に，売渡株主等は取得日の20日前の日から取得日の前日までに，裁判所に対して売渡株式等の売買価格の決定申立てが可能である（会社179条の8）。これにより価格の公正さを争い，十分な対価を得られるように配慮されている。第二に，売渡請求の法令違反，売渡株主への通知懈怠，著しく不当な価格設定等により売渡株主が不利益を受けるおそれがあるときは，特別支配株主に対して差止請求をすることもできる（会社179条の7）。

▶▶3 会社法上の組織再編

　M&A法制の中で最も重要なのは，二つ以上の会社が合体して一つになる「合併」，一つの会社の複数の事業部門のうち一つを分割してその会社から切り離す「会社分割」，持株比率100％の親子会社関係を創設する「株式交換・移転」の三つ（本章・次章では「組織再編」と総称する）である。それぞれに既存の会社を用いる場合（吸収型）と新たに設立する会社を用いる場合（新設型）とがある（▶図表11_1参照）が，本書では主に吸収型をモデルにして説明する。令和元（2019）年度改正会社法では，100％ではない親子会社関係を創設する「株式交付」の制度が新たに規定されたので本章で扱う。会社分割と事業譲渡は次章で扱う。

　組織再編の手続の流れは基本的には共通しており，▶図表11_2の通りである。以下▶§2では，代表格として吸収合併の手続を通して説明する。細部には，

▶図表11_1　組織再編の全体像

	吸収型	新設型
合併	吸収合併（会社 2 条27号）	新設合併（会社 2 条28号）
株式交換・株式移転	株式交換（会社 2 条31号）	株式移転（会社 2 条32号）
会社分割（次章）	吸収分割（会社 2 条29号）	新設分割（会社 2 条30号）
株式交付	株式交付（会社 2 条32号の 2 ）	なし

▶図表11_2　組織再編行為の手続の流れ

合併・会社分割・株式交換・株式移転それぞれの性質に応じた違いが存するが，それは各々の箇所で言及する。また，これら手続の過程で重大な手続違反等があった場合の争い方は12章▶§2でまとめて述べる。

▶§2__　株式会社の合体（合併）

▶▶1　合併の意義と概要

　合併とは，2 以上の会社が合体して一つの会社になることである。例えば，既存のA社が消滅し，その権利義務が既存のB社に承継される「吸収合併」では，A社を「消滅会社」，B社を「存続会社」と呼ぶ（会社 2 条27号，▶図表11_3参照）。この例では最終的にA社は消滅し株式は無価値になるので，A社株主にB社から対価を交付する必要があるが，これが組織再編対価（合併の場合は合併対価）である。多くはB社株式が対価であり，A社株式何株に対してB社株式を何株かという比率（組織再編比率（合併比率））を決めておいて交付する。これにより，もともとA社株主だった者達のうち，株主総会決議で賛成した者は，効力発生日後はB社株主になることになる（反対者に関しては後述）。A社の有して

▶図表11_3　吸収合併の概要1

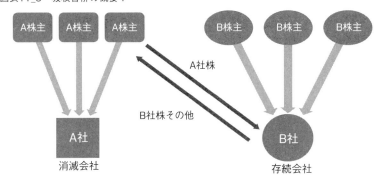

▶図表11_4　吸収合併の概要2

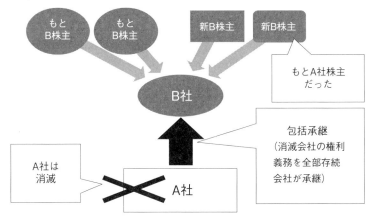

いた権利も義務も効力発生日にB社に承継されたこととなる（▶図表11_4）。

　一方，例えば，既存のC社とD社が消滅し，新しく設立したE社にその権利義務を承継させる方法を「新設合併」といい，C社・D社を「消滅会社」，E社を「設立会社」という（会社2条28号参照）。E社に関しては，会社の設立手続を経る（→本書**13**章参照）。

▶▶2　合併手続の流れ
【1】　合併契約の締結・合併計画の作成/合併対価

　吸収合併の場合は，消滅会社の株主に交付される対価や効力発生日などの詳細を内容とする合併契約が当事会社間で結ばれる（会社748・749条）。新設合併

の場合は，2以上の消滅会社が新会社の設立を伴う合併計画を作成し，設立会社に関する詳細や消滅会社株主に交付される設立会社の株式に関する事項等が盛り込まれる（会社753条）。それら条件は当事会社の取締役（会）が定める。なお，合併対価は基本的に存続・設立会社の株式である（会社749条・753条1項）が，吸収合併の場合だけ金銭等別の対価でもよい。

【2】 事前開示

　備置開始日から6か月を経過する日までの間（消滅会社は消滅するまでの間），合併契約・計画の内容，対価の相当性に関する事項，当事会社の債務の履行の見込みに関する事項など法律や規則の定める詳細な情報を記載・記録した書面・電磁的記録（日常用語の「データ」に相当する）を本店に備え置き，株主・債権者の閲覧等に供しなければならない（吸収合併；会社782条，794条，新設合併；会社803条）。事前に詳細な情報開示をして株主・債権者を保護する趣旨である。具体的に，この情報によって株主らは株主総会決議での賛否の態度決定，反対の場合の株式買取請求権や手続違反等がある場合の差止請求権などの行使の準備を，債権者らは当該合併等に異議を述べるかどうかの態度決定を行う。

【3】 株主総会決議とその例外

　次に，新設合併設立会社を除く当事会社のすべてにおいて株主総会の特別決議を経なければならない（会社783条1項・795条1項・804条1項・309条2項12号）が，以下，重要な例外を二つ説明する。

　第一は，吸収合併だけに存する「略式手続」である。例えば，A社を消滅会社，B社を存続会社とする吸収合併において，B社がA社の議決権を90％以上保有する場合にはB社は「特別支配会社」と呼ばれる（定義：会社468条）。この事例において「A社の株主総会」が不要になる（会社784条1項）。この状況下においてA社で株主総会を開いたとしても，9割以上を保有するB社が出席して賛成することは目に見えており，株主総会を開く意味が乏しいからである。なお，この事例においてもB社においては通常通り株主総会特別決議が必要である。初学者は「特別支配関係がありさえすれば総会決議が不要となる」と誤解をすることが多いが，90％以上「支配されている側」の総会決議が不要となる点に留意されたい（逆に，A社（消滅会社）がB社（承継会社）の特別支配会社である場合には，B社での総会決議が不要となる：会社796条1項）。なお，新設合併に略式手続はない。新設会社は未成立であり，他社に90％以上の議決権を保有したりされたりすることはないからである。

第二は，「簡易手続」である。吸収合併存続会社が消滅会社の株主に交付する対価の額が存続会社の純資産額の20％以下である場合には，存続会社等に与えるインパクトが小さいことから，存続会社での株主総会決議での承認が不要となる（会社796条2項）。ただし，一定比率の株主が反対した場合には原則通り株主総会決議を開かなければならない（会社796条3項）など，さらなる例外がある。「対価を交付する側」にとって上記純資産要件を満たすかどうかが問題である。また，吸収合併・新設合併とも消滅会社には簡易手続の例外がない（会社が消滅するという重大な効果を伴うからである）。初学者は略式手続と簡易手続を混同しがちであるので，注意が必要である。

【4】　反対株主の保護──反対株主の株式買取請求

　上記の通り，合併は当事会社の特別決議（議決権の3分の2以上）による賛成が得られれば実行される。これに対して，反対した株主はそれぞれの会社に株式買取請求をし（吸収合併消滅会社：会社785条以下，吸収合併存続会社：797条以下，新設合併消滅会社：806条以下），「公正な価格」の対価（後掲→★Topic＿15参照）を受け取って退出する仕組みとなっている。

　株式買取請求権を行使できる「反対株主」とは，基本的に，株主総会に先立ってその旨を会社に対して通知し，かつ，当該合併等を承認する株主総会でも反対の意思を表明した者を指す（会社785条・797条・806条の各2項）。反対株主は，効力発生日の20日前の日から効力発生日の前日（吸収合併：会社785条5項・797条5項）または通知・公告の日から20日以内（会社806条5項）に株式買取請求権を行使する。株主が利益を求めて場当たり的な行動をとること（機会主義的行動）を防ぐため，この請求は会社の承諾なしに撤回できない（会社785条・797条・806条の各7項）など規制されている。なお，買い取られた株式は会社の自己株式となる。

【5】　債権者異議手続（債権者保護手続）

　前記の通り，合併は包括承継であり，消滅会社のプラスの財産もマイナスの財産（債務）も含めて存続会社・設立会社が承継するため，合併当事会社の財政状態に負の影響を及ぼす可能性があり，債権者の保護が必要となる。例えば，債務超過のA社を消滅会社，財政状態の良いB社が存続会社となり，B社がA社を吸収合併する場合，合併後のB社の財政状態が合併を原因として以前より悪化することが理解できるだろう。そこで，吸収合併の当事会社の債権者（合併の場合は当事会社の全債権者）は効力発生日前に当該合併に異議を述べることが

できる（債権者異議手続：消滅会社は会社789条，存続会社は会社799条，新設合併消滅会社は会社810条の各1項1号）。これを行使するための情報を与えるため，当事会社は合併に関する一定の事項，債権者は一定の期間内に異議を述べることができる旨を官報に公告し，知れている債権者には各別に通知しなければならない（会社789条・799条・810条の各2項。各別催告の省略につき，各規定の3項）。この期間内に異議を述べなかった債権者は，合併を承認したものとみなされる（会社789条・799条・810条の各4項）。なお，「みなす（看做す）」は法律用語で，法律上同一のものと扱うことをいい，当事者間の取決めや反証を許さない効果を伴う。つまり，異議を述べなかった場合は，債権者に実際に異議があっても「承認した」と扱われる。一方，異議を述べた債権者には，当該合併が債権者を害しない場合（債権回収を害するおそれがない場合など（東京地判平成27・1・26商事2074号70頁））を除き，「弁済（合併前に返済してしまう）」「相当の担保提供（弁済を確保する財産の提供）」等して債権者を保護する必要がある（会社789条・799条・810条の各5項）。

【6】 効力発生と登記・事後開示

　上記のようなプロセスを経て，吸収合併の場合はA社とB社という二つの会社が，新B社という一つの会社になる。新設合併の場合は，既存の複数の会社を消滅させ，設立会社（E社）に権利義務を承継させるため，その会社の設立手続を伴う。いずれの場合も，消滅する会社が有していた権利・義務（プラスの財産，マイナスの財産（債務など）も）全部が，存続会社（吸収合併），設立会社（新設合併）に包括承継される（会社750条・754条）とともに，消滅会社が消滅する（清算手続は不要；会社475条1号参照）。なお，消滅会社の株主らは合併対価が株式の場合，それを受け取って存続会社・設立会社の株主として収容される（▶図表11_4）。吸収合併の場合には予め定めた効力発生日（会社749条1項6号参照）に効力が発生するが，効力発生日後2週間以内に本店所在地において，登記をする義務がある（会社921条）。一方，新設合併の場合は新しい設立会社の設立登記日（会社922条・49条）に効力が発生する。

　合併の効力発生後遅滞なく，当事会社は合併に関する一定の事項を記載した書面（記録した電磁的記録）を作成して，本店に備置き，株主・債権者の閲覧等に供する（会社801条・815条）。「備え置く」とは，単なる保存とは異なり，株主・債権者から閲覧・謄本（コピー）交付請求があった場合に対応できるように準備しておくことも含む。上記一連の手続がきちんと守られるようにすることを

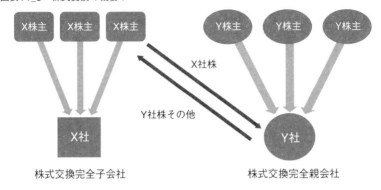

▶図表11_5　株式交換の概要1

X株主　X株主　X株主　　　　Y株主　Y株主　Y株主

X社株

Y社株その他

X社　　　　　　　　　　　　　Y社

株式交換完全子会社　　　　　　　株式交換完全親会社

間接的に担保するとともに，事後的に合併無効の訴え（→12章参照）を提起すべきか否かを判断する資料を提供することを目的とした情報開示である。

▶§3＿　株式会社の完全親子会社化（株式交換・株式移転）

▶▶1　株式交換・株式移転の意義と概要

　例えば，ある会社が別の会社の株式をすべて保有している場合，保有する側を完全親会社，される側を完全子会社と呼び，両者の関係を完全親子会社という。株式交換・株式移転はこの「完全親子会社」を直接創設するための制度である。我が国では複数の企業が株式の保有などを通じて「企業集団（グループ企業）」を形成し，中核となる「持株会社（ホールディングス）」が他の複数の事業会社の株式を保有して支配することで全体の方針を決定することが多い。この企業集団の編成の過程で完全親子会社化する場合にも株式交換・移転は用いられる。その他，経営不振の会社を再建する方法の一手段として，別の会社から資金提供を受け，株式交換により完全子会社となる例もみられる。

　まず，株式交換は，ある会社が発行済株式の全部を既存の別の会社に取得させて完全子会社になる方法と定義される（会社2条31号）。X社（株式交換完全子会社）とY社（株式交換完全親会社）が株式交換をしてこれから完全親子会社を作る例で説明する（▶図表11_5）。Y社は最終的にX社の既存株主が持っている株式全部を取得し，その対価（多くはY社株式）をX社株主に，予め定めた株式交換比率に従って渡すことで，最終的にX社・Y社株式を交換する。その場合

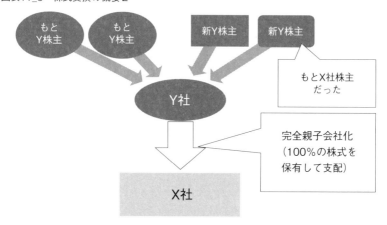

▶図表11_6　株式交換の概要2

株式交換に賛成したX社株主はX社株式を失う代わりにY社株式を手に入れる
ため，株式交換の効力発生後はY社株主となる（反対者については後述）。こうし
て，Y社がX社の全株式を保有する状況が生まれ，完全親子会社が形成される（▶
図表11_6）。

　一方，株式移転はX社（株式移転完全子会社）等が発行済株式を新しく設立す
るZ社（株式移転設立完全親会社）に取得させてZ社の完全子会社となる方法であ
る（会社2条32号）。

▶▶2　株式交換・株式移転手続の流れ

【1】　株式交換契約の締結・株式移転計画の作成

　株式交換等の手続の基本的な流れは▶図表11_2と共通である。株式交換の場
合は，当事会社が対価（金銭である場合はその詳細）や効力発生日などを含んだ
株式交換契約を結ぶ（会社767・768条）。株式移転の場合は，1または2以上の
消滅会社が新会社を設立する株式移転計画を作成する（会社773条）。これらは
合併同様，当事会社の取締役（会）により行われる。先述の通り吸収型組織再
編の対価は柔軟化されているので，株式交換では金銭等を対価とすることも許
される（会社768条）。一方，新設型（株式移転）の場合は，X社（完全子会社）そ
の他の会社が新設するZ社（株式移転設立完全親会社）との間で同様のことを行
うが，対価は基本的には設立会社（Z社）の株式であり，金銭は認められない（会

社773条参照）。

【2】 事前開示

　合併の場合と同様，備置開始日から6か月を経過する日までの間，株式交換契約・株式移転計画の内容，対価の相当性に関する事項など法律や規則の定める詳細な情報を記載・記録した書面・電磁的記録を本店に備え置き，株主・債権者の閲覧等に供しなければならない（株式交換；会社782条・794条，株式移転；803条）。趣旨や機能は合併の場合と同じである。

【3】 株主総会決議とその例外

　株式交換完全子会社X社の株主はその株式を手放してY社株主となり，株式交換完全親会社Y社の株主がその分増加することになるので，両社の株主は多大な影響を受ける。そこで，合併の場合同様，全当事会社で株主総会の特別決議が必要である（会社783条1項・795条1項・804条1項・309条2項12号）。株式交換にのみ略式手続の例外があり，X社・Y社が他方の特別支配会社（90％以上の議決権を保有）である場合には，支配された側での株主総会決議が不要となる（会社784条・796条の各1項；株式移転に略式はない）。また，簡易手続の例外もあり，株式交換完全親会社（Y社）から完全子会社（X社）へ交付する対価の額が，Y社の純資産額の20％以下である場合には，Y社での株主総会決議が不要となる（会社796条2項。例外につき各3項等）。なお，株式交換・移転とも完全子会社には簡易手続の例外がない（株主の地位を失うという重大な効果を伴うからである）。

【4】 反対株主の扱い――反対株主の株式買取請求

　当事会社における特別決議（出席者の議決権の3分の2）による賛成が得られれば株式交換・株式移転は実行され，反対した株主はそれぞれの会社に株式買取請求ができる（株式交換完全子会社；会社785条以下，株式交換完全親会社；会社797条以下，株式移転完全子会社；会社806条以下）。その他，シナジーの分配等に関しては基本的に合併と同様である（後掲→★**Topic__15**参照）。

【5】 債権者異議手続（債権者保護手続）

　株式交換・株式移転の場合には原則として債権者異議手続は不要である。株式交換・株式移転で行われるのは基本的に株主構成の変更であり，原則として当事会社の財政状態に変化を及ぼさないからである（▶図表11_5参照）。株式交換・移転完全子会社から新株予約権付社債が交付される場合，株式交換完全親会社が金銭等を交付する場合等はこの限りではない（会社789条・799条・810条の各1項3号）。

▶図表11_7　株式交付の概要

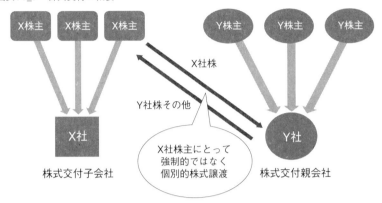

【6】　効力発生と事後開示

　株式交換の場合は株式交換完全親会社が，株式移転の場合は株式移転設立完全親会社がそれぞれ完全子会社の全株式を取得し対価が同子会社株主に交付されたという効果が生ずる（会社769条・774条）。その結果，いずれの場合も完全親子会社関係が生ずる。効力発生は，予め定めた効力発生日（株式交換：会社768条1項6号参照，登記なし），新しい設立会社の設立登記日（株式移転：会社925条・49条）である。効力発生後遅滞なく，当事会社は株式交換・株式移転に関する一定の事項を記載した書面・電磁的記録を作成して，本店に備置き，株主・債権者の閲覧等に供する（会社791条・801条・811条・815条）点は合併の場合と同様である。

▶§4__　株式会社の「100%ではない」親子会社化（株式交付）

▶▶1　株式交付の意義と概要

　令和元年の改正によって，部分的に株式を取得して，「100％の持株比率ではない親子会社」を創設する手段として創設されたのが「株式交付」である（会2条32号の2）。これから親会社になるY社（株式交付親会社）が，これから子会社になるX社（株式交付子会社）の株式を受容して対価のY社株式を与える構造は株式交換と似ているが，X社からY社への株式譲渡は，株式交付に応じたX社株主との間で（強制ではなく）個別的に行われる（▶図表11_7）ため，「部分的株式交換」とも称される。なお，既に親子会社関係にある場合に，親会社が子会

★Topic__15　株式買取請求と「公正な価格」

　合併等組織再編に反対する株主の株式買取請求時の買取価格に関して当事者間の折り合いがつかない場合は裁判所が「公正な価格」を決定する（会社786条・798条・807条）。これは，企業価値の向上を求める取締役・多数派株主らと，反対する株主らの利害調整をはかる制度の中で特に重要である。

　例えば，消滅会社A社の価値を「1」，存続会社B社の価値も「1」とする吸収合併は合併後の新B社の価値が「2超」，つまり余剰部分（シナジー（相乗効果））が生ずることを狙って行われている。家電メーカー2社が合併して物流網や店舗，オフィスを統廃合する，ライバル関係にあったゲーム会社2社が合併してノウハウ・知的財産やクリエイターを共有することで今までにない作品を生み出すなど，二社が別々であるより一社になった方が価値が高まるから合併をするのである。A社とB社の合併が成功しシナジーが生ずれば合併後の新B社の株価へと反映され，賛成株主は新B社の株式価値向上や配当の増加等の利益を享受する。一方，反対株主は効力発生前に退出するのでこのシナジーを受け取れないように見えるが，「公正な価格」の解釈につき判例は，組織再編行為が公正な条件で行われ，その増加した企業価値が株主に公正分配されたとすれば基準日において株式が有するであろうシナジー含みの価格をいうとしている（最決平成24・2・29民集66巻3号1784頁〔百選85事件〕）。将来発生するシナジーの価格を予想し，反対株主にも分配することで，賛成株主と反対株主をできる限り公平に扱おうとする仕組みである（▶図表11_8）。ここで，結果的に企業価値が上昇しない・低下する（負のシナジー発生）場合もあるが，その場合でも，反対株主は原則として基準日（買取請求がなされた日）における「ナカリセバ価格（当該合併等がなければ有していたであろう価値）」によって買取請求ができる（最決平成23・4・19民集65巻3号1311頁〔百選84事件〕）と判例は解しており，反対株主の経済的地位への配慮がなされている。なお，買収や組織再編等全般にシナジーに関する議論は観念することができる。

【千手崇史】

社の株式を買い増す（例：70%から90%に）手段としては使えない。

▶▶2　株式交付親会社の手続の流れ
【1】　株式交付計画の作成と事前開示

　株式交換の場合のような一連の株主保護・債権者保護の手続（▶図表11_2）が用意されているのは，株式交付親会社だけである。株式交付親会社は，譲り受

▶図表11_8　「公正な価格」とシナジー

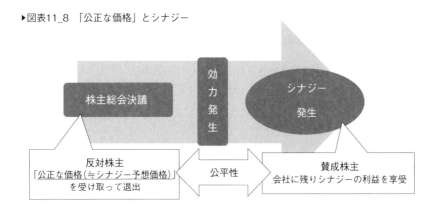

ける株式交付子会社株式の数の下限，対価や効力発生日などを含んだ株式交付
計画を作成し（会社774条の2・774条の3），株式交付親会社の株主・債権者に対
して備置き，閲覧に供する（会社816条の2）。

【2】　株主総会決議とその例外・反対株主の株式買取請求

　株式交付親会社は，効力発生日の前日までに株主総会特別決議による承認を
得る（会社816条の3・309条2項12号）。簡易手続（会社816条の4）の場合には総
会決議が基本的に不要となる（略式手続はない）。株主総会に先立って株式交付
親会社に反対を通知し，かつ株主総会においても反対した株主等は，効力発生
日の20日前から前日までに，株式交付親会社に対して「公正な価格」での株式
買取請求ができる（会社816条の6。裁判所への価格決定申立てにつき，816条の7）。

【3】　債権者異議手続

　株式交付子会社株主へ交付される対価が株式交付親会社の株式等である場合
には，財政状態に変化がないので，債権者異議手続は基本的には必要ない（例外：
会816条の8）。

【4】　効力発生と事後開示・株式交付の不成立

　株式交付子会社の株主と株式交付親会社の個別合意に基づいて株式交付が
成立した場合，効力発生日に株式譲渡の効力が生じ（会社774条の7・774条の11，
登記なし），遅滞なく当該株式交付の内容等が6か月の間，株主（一定の場合債権
者）に間接開示される（会社816条の10）。一方，株式交付はその計画に定めた「譲
り受ける株式交付子会社株式の数の下限」に達しない場合に不成立となり，「株
式交付をしない」旨を通知して速やかに株式を株式交付子会社の株主らに返還

する（会社774条の10）。

▶▶3 株式交付子会社の手続

　株式交付子会社には上記のような特別な手続は用意されていない。株式交付に応じる株式交付子会社の株主と株式交付親会社との手続は，通常の募集株式発行における申込み・割当ての手続と類似している（会社774条の4以下）。

12章__ M&A法制【2】

▶会社分割と事業譲渡／組織再編手続の瑕疵／組織変更

▶§1__ 組織再編行為としての会社分割

▶▶1　会社分割の意義と概要

　会社分割とは，一つの会社を二つ以上に切り離すことをいう。例えば，P社（分割会社）が有する甲・乙の二つの事業部門のうち，甲事業部門（正確には，事業に関する権利義務の全部・一部）を既存のQ社（承継会社）に引き継がせる方法を「吸収分割」という（会社2条29号：**図表12_1**参照）。一方，上記例で，P社（分割会社）が切り離した事業部門（権利義務）を独立させてR社（設立会社）として新設する場合を「新設分割」といい（同30号），経済社会で「分社化」とも呼ばれる。なお，複数の現存会社が分割会社となり，それぞれ切り離した事業部門を合体させて新しい会社とする「共同新設分割」も可能である（会社762条参照）。

▶▶2　会社分割手続の流れ

【1】吸収分割契約の締結・新設分割計画の作成

　会社分割の手続の基本的な流れも前章▶**図表11_2**と共通である。吸収分割の場合は，吸収分割により承継される資産，債務，雇用契約やその他の権利義務に関する事項，対価や効力発生日などを含んだ吸収分割契約を結ぶ（会社757条・758条）。新設分割の場合は，分割会社から承継される資産，債務，雇用契約その他の権利義務に関する事項のほか，新しい設立会社の詳細などを内容とする新設分割計画を作成する（同762条・763条）。いずれも，当事会社の取締役（会）が行う。なお，承継会社・設立会社からの対価たる株式等を分割会社に交付する場合を「物的分割」，最終的に分割会社の株主に交付する場合を「人的分割」と呼ぶ。会社法上は，人的分割の場合も対価がいったん分割会社に交付され，それが配当の形で株主に交付される形をとる。

【2】事前開示

　備置開始日から6か月を経過する日までの間，会社分割契約・計画の内容，

▶図表12_1　吸収分割の概要

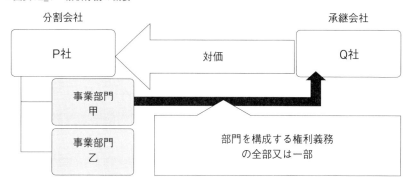

対価の相当性や当事会社の債務の履行の見込みに関する事項など一定の情報を記載・記録した書面・電磁的記録を本店に備え置き，株主・債権者の閲覧等に供しなければならない（吸収分割；会社782条・794条，新設分割；会社803条）。趣旨や機能は合併の場合と同じである。

【3】株主総会決議とその例外

　会社分割も一事業部門の切り離し・承継という点で株主にも重大な影響を及ぼすので，当事会社のすべてにおいて株主総会の特別決議（出席者の議決権の3分の2以上の賛成）を経なければならない（会社783条・795条・804条の各1項，309条2項12号）。吸収分割にのみ略式手続の例外があり，当事会社の他方の特別支配会社（90％以上の議決権を保有）である場合には，支配された側での株主総会決議が不要となる（会社784条・796条の各1項）。また，簡易手続の例外もあり，承継会社へ交付する吸収分割会社の資産の帳簿価格，分割会社へ交付する承継会社の対価の額，設立会社へ承継される新設分割会社の資産の帳簿価格が，それぞれの会社の純資産額の5分の1以下である場合には，株主総会決議が不要となる（会社784条・796条の各2項・805条）。

【4】反対株主の扱い──反対株主の株式買取請求

　当事会社における特別決議（多くとも議決権の3分の2）による賛成が得られれば会社分割は実行され，反対した株主はそれぞれの会社に株式買取請求ができる（吸収分割会社；会785条以下，吸収分割承継会社；797条以下，新設分割会社；806条以下）。その他，シナジーの分配等に関し，合併の箇所（→**11**章）で述べたことが基本的に当てはまる。

▶図表12_2　吸収分割と債権者

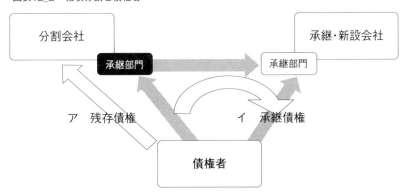

【5】債権者異議手続（債権者保護手続）

　会社分割の債権者異議手続に関しては，分割会社側の債権者の扱いをよく理解する必要がある。条文上は，「分割会社に対して債務の履行を請求できない」債権者が異議手続の対象となっているが（会社789条・810条各1項2号），なぜだろうか。

　まず，前提として，会社分割の場合は承継・新設会社へ承継させる財産や権利・義務を分割契約・計画において定める。債権者が分割会社に対して有する債権（分割会社からみると債務）を分割契約・計画から除外すれば，この債権（債務）は分割会社のもとに残り，依然として分割会社が債務者となる（▶図表12_2のア）。一方，当該債権（債務）を含めて会社分割をすれば，当該債権（債務）は承継・新設会社に移転し，承継・新設会社が新たな債務者となる（▶図表12_2のイ）。債権者異議手続の対象となるのは「イ」の場合である。債務者がどれだけの財産を持つかが債権者にとっては最も重要である。「イ」の場合は，債権者の同意なく締結・作成される会社分割契約・計画によって債務者が分割会社から承継・新設会社へと変更されてしまい，承継・新設会社の財政状態（例えば，承継会社が債務超過である場合を考えてみよ）によっては債務履行の見込みに変化が生じてしまう。条文は「分割会社に債務の履行を請求できない」債権者と表現しているが，要するに会社分割に伴って債務者が承継・新設会社へと変更されてしまう「イ」の場合の債権者を保護しているのである。一方，「ア」の場合はこの手続の対象となっていない。法は，分割会社が承継・新設会社へ承継させた事業部門を構成する財産と同等の対価が分割会社に入ってきているはず

★Topic__16　濫用的会社分割と平成26年会社法改正

　本文の通り，会社分割の残存債権者（▶図表12_2のア）は債権者異議手続の対象とされていない。これを悪用して，この債務の履行を不当に免れるために，会社分割を濫用する事例が多発した（濫用的会社分割・詐害的会社分割）。具体的に，分割会社の負う債務を，会社分割契約・計画段階で除外し意図的に分割会社に残しておく（▶図表12_3）。

▶図表12_3　濫用的会社分割1

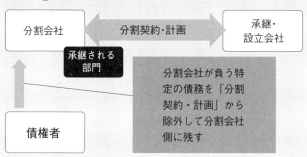

▶図表12_4　濫用的会社分割2

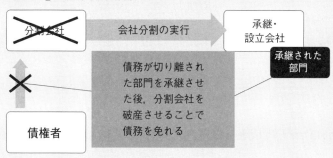

　その後，優良な事業部門のみを会社分割により承継会社・設立会社へと逃がし，見るべき資産もないような不採算部門のみ分割会社に残すことで，残存債権者を害するという方法である（▶図表12_4）。最終的に，分割会社を特別清算・破産させるなどすれば債務を免れてしまう。

　この事態に判例は解釈によって対応した。代表的なものとして，第一に，詐害行為取

消権（民法424条）の類推適用により，残存債権者による会社分割の取消しの余地を認めた判例が有名である（最判平成24・10・12民集66巻10号3311頁〔百選91事件〕）。これは，本来取引の制度である詐害行為取消権を組織行為たる会社分割に類推適用した点に特徴があり，両者が財産権を目的とする法律行為として共通の性質を有すること等を理由としている。しかし，行使要件が厳格な上，執行上も問題（財産の特定や執行方法）が多い。第二に，商号続用者責任（会社22条）による債権者保護も考え得るが，これは商号や事業部門の名称を全く異なるものに変更された場合は発生しない。第三に，法人格否認（濫用）の法理（最判昭和44・2・27民集23巻2号511頁〔百選3事件〕）によって，この法律関係に限り分割会社と承継・設立会社を同一視して請求を認める方法も考えられる。もっとも，一般法理に依拠している点で法人格否認が認められるか否かの予測可能性が乏しい上に要件も厳格である。さらに，本件のような法人格濫用の事例では，背後にいる者（分割会社）が別の法人（承継・設立会社）を支配しているということが要件であり，これは新設分割では比較的認められやすいが（福岡地判平成23・2・17判タ1349号177頁），吸収分割の場合には認めにくいなど難点も多い。その他，債権者を害する取締役の意思決定・行為を任務懈怠ととらえて対第三者責任を追及する方法も考えうるが（会社429条；04章参照），取締役の個人資産をあてにする点で限界がある。

　かかる問題状況下，平成26年の会社法改正において，残存債権者を害することを知って会社分割をした場合，残存債権者は承継・設立会社に対して，会社分割により承継された財産の価額を限度として，直接に債務の履行請求をすることを可能とする規定を新設した（直接請求権；会社759条，764条の各4項以下）。ただし，吸収分割の承継会社が詐害性につき善意の場合や，2年を経過した場合には請求ができない（会社759条4項但書）。なお，会社分割により分割会社が債務超過に陥る場合は「害することを知って」に該当する（立案担当者）。

　なお，事業譲渡の場合にも同様のことがなされることを防ぐため，平成26年会社法改正において同様の直接請求権を設けた（会社23条の2）。

【千手崇史】

だとの前提に立っており，この前提が正しい限りは分割会社の財政状態に変化が生じず，債務の履行の可能性にも変化が生じないからである（これに付随して起こる問題につき→★Topic＿16参照）。なお，以上に対して，もとから吸収分割承継会社の債権者であった者は分割会社の権利義務を承継する点において合併の場合と類似しているので，全ての債権者が異議手続の対象とされている（会

社799条1項2号）。

　上記異議手続の対象である「債権者」に対して当事会社は会社分割に関する一定の事項，1か月の期間内に異議を述べることができる旨を官報に公告し，知れている債権者には各別に通知しなければならない（会社789条・799条・810条の各2項）。期間内に異議を述べなかった債権者は，会社分割を承認したものとみなされる（会社789条・799条・810条の各4項）。一方，異議を述べた債権者には，当該会社分割が債権者を害しない場合 を除き，「弁済（会社分割前に債務を返済してしまう）」「相当の担保提供（弁済の引き当てとなる財産の提供）」等して債権者を保護する必要が生ずる（会社789条・799条・810条の各5項）。

【6】効力発生と登記・事後開示

　吸収分割の場合，予め定めた契約に従って，効力発生日に吸収分割会社の権利義務を承継する（会社759条）が，2週間以内に登記をせねばならない（会社923条）。新設分割の場合は新しい設立会社の設立登記日（会社924条，49条）に効力発生する。効力発生後遅滞なく，当事会社は会社分割に関する一定の事項を記載した書面（記録した電磁的記録）を作成して，本店に備置き，株主・債権者の閲覧等に供する（会社791条・801条・811条・815条）。

▶§2＿ 組織再編等の瑕疵と争い方

　本書の11章・本章でこれまで説明した組織再編（株式交付は親会社）の手続は株主や債権者など何らかの利害関係人の利益を保護する趣旨で制定されているが，これらに違反した場合は，どうなるのだろうか。例えば，組織再編等（本章では，組織再編行為に株式交付を含めて「組織再編等」という）契約・計画の内容自体が違法である，事前・事後開示手続の内容に不備や著しい欠落がある，組織再編等を承認する株主総会で定足数不足・決議に必要な賛成がされていない，株式買取請求のための手続が履践されていない，債権者異議手続を経ていないなど多様な事態を考えうる（総称して「組織再編等手続の瑕疵」という）。かかる重大な瑕疵により害された者の利益を保護し，会社による違法・不当な手続違反を抑止するための制度としては差止請求と無効の訴えの制度が重要である。なお，「瑕疵（かし）」とは法律用語で，法律的に何らかのキズや欠陥があり，本来あるべき要件や性質が欠けていることを総称していう。併せて押さえておきたい。

▶▶1　効力発生前の争い方——差止請求

　まず，組織再編等が法令・定款に違反する場合に，株主が不利益を受けるおそれがあるときは，株主は当事会社に対して差止請求（効力発生日前に組織再編等そのものをやめるよう請求する）ができる（会社784条の2・796条の2・805条の2・816条の5）。瑕疵を争う制度は基本的に組織再編等無効の訴え（後述）しかなかったが，組織再編等で一度発生した効力を後から否定することは大きな負担と困難を伴うため，平成26年の会社法改正で本制度が設けられた。組織再編等手続の瑕疵として上述した例は差止事由に該当しうる。注意すべきは「組織再編等対価の著しい不当性」の扱いである。組織再編対価が著しく不当だったとしても，基本的には差止事由に該当しないと解されている。組織再編対価を定めることは基本的に当事会社の取締役らによる専門的な判断に委ねられており，株主総会特別決議（議決権の3分の2以上）も経ているからである。対価の不当性は，株式買取請求権の場面で争うこととなる。もっとも，略式手続の場合は株主総会決議がなされないため，差止請求で争う余地が残されている（会社784条の2，796条の2の各第2号）。

▶▶2　効力発生後の争い方——組織再編無効の訴え

　上述の例のような組織再編等手続の瑕疵を効力発生後に争う場合には，無効の訴えによる。民事法上の原則として，無効の瑕疵がある場合はいつでも誰でも主張できる。一方，会社の行為（組織再編等を含む）は利害関係人が多く，法的安定性の要請が強くはたらくため，必ず訴えを提起し，効力が生じた日から6か月と提訴期間が制限され，その原告適格も各当事会社の株主・取締役・執行役・監査役や合併を承認しなかった債権者等に限られる（合併：会社828条1項・2項の各7号8号。会社分割：同1項2項の各9号10号。株式交換・移転：同1項2項の各11号12号。株式交付：同1項2項の各13号。被告適格は会834条参照）。組織再編等の無効判決によって初めて法律関係が変動して当該組織再編等行為が無効となる（形成判決：逆に，重大な手続違反があっても無効判決がなされない限り効力が否定されない）。法律関係の画一の要請から，その効力は第三者にも及ぶ（対世効；同838条）。また，判決に遡及効（法律行為のなされた当時から無効であったこととする効力）はない（将来効；同839条）。合併の場合は消滅した会社が復活し，会社分割の場合は，それにより承継された事業部門が分割会社に戻る。また，株式交換と株式交付では，新株発行が将来に向かって効力を失う。なお，新設合併・

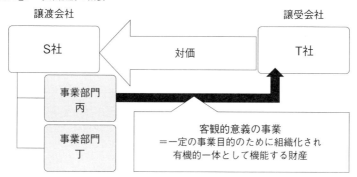

▶図表12_5　事業譲渡の概要

譲渡会社　　　　　　　　　　　　　　譲受会社

S社　　　　　　対価　　　　　T社

事業部門
丙

事業部門
丁

客観的意義の事業
＝一定の事業目的のために組織化され
有機的一体として機能する財産

新設分割の設立会社が解散する。株式移転の場合は設立完全親会社が解散し清算手続に入る（会社475条3号）。

　組織再編の無効事由（無効原因）については法定されておらず，個別具体的な場面で解釈により柔軟な解決が図られることとなる。もっとも，既に組織再編等の効力が発生し，法的安定性の要請が強いことから，これを犠牲にしてでも無効にするほどの重大な手続の瑕疵に限られる。なお，合併対価の不公正は無効原因とはならない旨判示した裁判例があり（東京高判平成2・1・31資料版商事77号193頁〔百選89事件〕），組織再編対価の不公正は基本的に株式買取請求権（先述）や役員等の任務懈怠責任（04章参照）により争うべきであるとして結論に賛同する学説もあるが，株主として組織再編後の会社に残りながら組織再編対価の不公正を争わせるべきだとして無効原因に当たると解する立場もある。

▶§3__　取引行為としての事業譲渡

▶▶1　事業譲渡の意義と概要

　事業譲渡とは，会社（譲渡人）が特定の事業部門を別の者（譲受人）に譲り渡すことをいう（▶図表12_5参照）。経済的な機能は会社分割と類似しており，会社の事業部門を他社に承継させる場合には事業譲渡でも会社分割でも同様の目的を達成できる場合がある。一方で，事業譲渡と会社分割はその性質において重要な違いがある。事業譲渡の性質は「取引行為」であり，法的性質は物の売り買いや譲渡の束を1つの契約で行っているのに近い。これに対して，会社分割は合併など他の組織再編行為同様「組織行為」，つまり会社組織に変更を加

えるために用意された手段の一つである。なお，会社分割は会社にしかできないのに対して，事業譲渡は会社ではない個人商人もすることができるという違いもある。本書は主に会社の行う事業譲渡について述べる。個人商人が行う営業譲渡については，NB1商法入門他04章を参照。

▶▶2 「事業」の意義と対象となる行為
【1】 事業の意義

　法律上の「事業譲渡」に該当する場合は（会社476条），後述の特別な手続が必要となる。ここにいう「事業」とは，①一定の事業目的のために組織化され有機的一体として機能する財産（得意先関係等の経済的価値のある事実関係（のれん）を含む），②譲渡会社がその財産によって営んでいた事業活動を譲受人に受け継がせ，③それによって譲渡会社が法律上当然に競業避止義務を負うものを指す（最大判昭和40・9・22民集19巻6号1600頁〔百選82事件〕）。もっとも，③の義務（後述）は合意によって内容を変更・除外ができるので，要件とまではいえず（多数説），より本質的なのは①と②である。まず，①に関して，会社の「自動車部門」を構成する工場を想像してみよう。自動車製造用の機械（動産），防音を施した建物や材料供給・生産に適した土地（不動産），技術上の秘密や自動車製造に関するノウハウ（無形財産）などは別個に存在するのではなく「自動車を製造する」という一つの目的に向けられ，相互に価値を高めあっており，それを表現したのが①である。これら財産を個別に移転させるのではなく，一括で移転させる方が価値は高い。次に，②に関して，このような工場の操業を停止して譲渡するよりも事業活動を続けながらそのまま譲受会社に受け継がせる方が，やはり価値は高いといえよう。このように，事業譲渡とは，その事業を構成する財産を一括で，また事業活動も含めて承継させる制度であり，財産を個別に又は事業活動を停止させて移転させる場合よりも高い価値での移転を可能にする点で，会社の営利性に資するものである。この「事業」に関して後述する一定の行為をした場合（事業譲渡等と定義される：会社467条）に，本節で説明する法規制（株主総会特別決議など）が適用される。なお，仮に「事業」に至らない財産の集合体であっても，それが会社にとって「重要な財産」である場合には，その譲渡・譲受には取締役会決議が必要となる（会社362条4項1号→06章参照）。会社法上，まず譲渡会社側では，事業の全部・重要な一部の譲渡をした場合，事業の全部の賃貸をした場合が事業譲渡として法規制の対象となる（会社467条1項1号2

号）。一方，譲受会社側では，事業の全部の譲受けのみが対象となる（同3号）。

【2】　重要な子会社株式の譲渡

　株式会社が子会社の株式等の全部・一部を譲渡する場合で，①譲渡する株式等の帳簿価格が株式会社の総資産額の5分の1を超え，②当該譲渡の効力発生日において当該子会社の議決権の過半数を有しなくなる場合には，事業譲渡と類似した規制に服する（会社467条1項2号の2）。親会社は子会社の株式を過半数保有することで支配するが（同2条4号），当該子会社は親会社の事業部門の一つと同程度の重要性を持つ。とすると，上記①を満たすような態様で子会社の株式を手放し，②当該会社の議決権の過半数を有しない（支配を失う）状態になると，いわば会社が重要な事業部門を一つ手放したことと同程度のインパクトを会社に与える。そこで，平成26年の会社法改正において，事業譲渡と同様の法規制をこのような重要な子会社株式の譲渡にも用意したのである。

【3】　事後設立

　事後設立とは，会社が成立した後2年以内に，成立前から生成・存在する財産で会社の事業のために継続的に使用するものを取得することをいい，同様に株主総会特別決議による承認を要する（会社467条1項5号）。設立手続中（本書13章参照）であれば，財産引受けとして厳格な手続規制に服するが，財産取得のタイミングを少し後にずらすことでこの規制を潜脱することを防止する趣旨である。当該財産の帳簿価格の合計が純資産額の5分の1未満である場合はこの限りではない。

▶▶3　事業譲渡手続

【1】　株主総会決議とその例外

　以下，S社がT社に事業の全部・一部を譲渡する例を想定して手続を説明しよう（▶図表12_5）。まず，譲渡会社たるS社で株主総会特別決議が必要となる（会社467条1項・309条2項12号）。譲受会社たるT社では，全部の譲受けの場合のみ同様の手続が必要となる。いずれも，会社分割の場合同様，両方の会社の株主に大きな影響を与える取引であるので，特別決議による慎重な意思決定を要求したものである。これには，まず，略式手続の例外がある。事業譲渡契約の一方が他方の総株主の議決権の10分の9以上を有する「特別支配会社」であれば，支配された側において株主総会決議を開くことは意味がないので，総会決議は不要となる（会社468条1項）。つまり，S社がT社の特別支配会社であれば，T社

側での総会決議が（支配関係が逆であればS社での総会決議が）不要となる。次に，簡易手続の例外がある。譲渡する事業の帳簿価格が，譲渡会社の総資産額の5分の1以下であるときは，株主総会決議は不要となる（会社467条1項2号参照）。事業の全部を譲り受ける会社が交付する対価の帳簿価格の合計額が，当該譲受会社の純資産額の5分の1以下である場合には，譲受会社側の総会決議が不要となる（簡易の事業譲受け：会社468条2項）。会社分割など組織再編行為の場合と同様の趣旨である。

【2】 反対株主の株式買取請求

事業譲渡・譲受に株主総会決議が必要な場合は，反対株主は「公正な価格」での株式買取請求ができる（会社469条）。制度趣旨は，他の組織再編行為同様である（→11章）。協議がまとまらず，価格に不満のある株主は裁判所に価格決定の申立てもできる（会社470条）。なお，組織再編行為と異なり，①事業の全部の譲渡で，譲渡承認決議と同時に会社の解散決議をした場合（会社471条3号）と，②上記「簡易の事業の譲受け」の場合には，株式買取請求が認められない。①は反対株主も残余財産の分配を受けられるから（ただし反対説あり），②は譲受会社株主に与えるインパクトが小さいから，というのが趣旨である。

【3】 財産の移転手続

先述の通り，吸収分割の場合には，事前に吸収分割契約を結び，予め定めた効力発生日に対象部門を構成する財産や権利・義務が承継会社に一括して移転する（登記も必要である）。事業譲渡の場合も，事前に事業譲渡契約を結び，譲渡対象事業を構成する財産やその事業部門での取引等から発生した債権・債務を一つの契約で譲受人に引き継がせることを合意でき，当該事業譲渡契約において特に定めることにより特定の財産，権利義務を契約から除外して譲渡会社側に残すことも可能である。もっとも，事業譲渡の場合は会社分割とは異なり，事業を構成する財産の移転手続は個別に行わなければならない。動産であれば「引渡し」，不動産は「移転登記」が必要であるし，その他の無形財産は各々の法律に規定された方法やそれに適した方法によって譲受会社に移転させる必要がある。債権であれば債権譲渡，債務であれば債務引受（後述）が必要となる。

【4】 譲渡会社の競業避止義務

事業を譲渡した会社は，当事者の別段の意思表示がない限り，同一・隣接市町村の区域内で，譲渡後20年間譲渡した事業と同一の事業を行ってはならないという義務を負う（競業避止義務：会社21条1項）。当該競業をしないことが当事

者の合理的意思であるし，譲渡会社に自由な競業を許せば，せっかく譲渡した
ノウハウの譲渡会社における再利用を認め，得意先関係を再び譲渡会社が奪う
など，譲受会社の利益を害するおそれがあるからである。もっとも，競業避止
義務の規定は任意規定であるので，これを負わせない特約も可能となる。一方，
この義務を加重する特約は譲渡会社の営業活動の自由への侵害につながること
から，30年までと制限されている（同2項）。もっとも，以上全体に対する例外
として，不正な競争の目的を持った競業行為は法律により禁止されている（同
3項）。

▶▶4 事業譲渡における債権者保護

【1】債権者の保護手段——総説

　会社分割等の組織再編行為には債権者異議手続が用意されていたのに対し
て，事業譲渡等にはそれがないが，債権者保護を放棄したわけではない。事業
譲渡は取引としての性質を有し，財産の移転手続は個別に行われる。譲渡会社
の債務（債権者から見て債権）も，取引の制度である「免責的債務引受け」（民法
472条）によるが，これは債権者から見て債務者の変更を伴うため，少なくと
も債権者の承諾が必要となり，これで債権者保護が図られる。

【2】商号続用者責任・債務引受広告

　会社の商号（会社名：会社6条）には顧客吸引力がある。そこで，事業譲渡に
伴って商号を譲受会社が続用することで，かかる顧客吸引力を譲受会社側でも
利用し続けることが可能となる。もっとも，その場合は，譲渡会社側で生じた
債務を（債務引受を特にしなかったとしても）譲受会社も負うこととなるので注意
が必要である（商号続用者責任：会社22条）。商号の続用による事業主体の混同（債
務者は事業譲渡による事業主の交代に気づかない）や債務引受の誤信（仮に気づいた
としても，新しい事業主に債務が引き受けられたと誤信する）から債権者を保護する
ことが趣旨である。全く同じ商号を続用する必要はなく，譲渡人の商号（例：
ベーシック株式会社）に譲受人がなんらかの字句を付加しても（例：ネオ・ベー
シック株式会社，ベーシック出版株式会社），その主要部分を共通にする場合などは
取引通念上「商号の続用」と扱われる場合がある（もっとも，「有限会社米安商
店」から事業譲渡を受けた新会社が「合資会社新米安商店」の商号を使用した事案にお
いて判例は，会社の種類が異なる点に加え，「新」の字句は譲渡会社の債務を承継しな
いことを表すものと解釈し，「商号の続用」に該当しない旨判示した；最判昭和38・3・

1民集17巻2号280頁)。なお，商号ではない事業上の名称を事業譲渡に伴って譲受会社が続用した場合（預託会員制ゴルフクラブの名称：最判平成16・2・20民集58巻2号367頁）や，会社分割に伴う商号続用の事例にも類推適用されている（最判平成20・6・10判時2014号150頁〔百選A40事件〕)。会社法上は事業譲渡後遅滞なく，①譲渡会社の債務弁済責任を負わない旨登記するか，②譲渡会社・譲受会社から債権者に同様の通知をした場合には責任を免れる（会社22条2項）ほか，③事業譲渡後2年間請求（予告）がなければ消滅する（同3項）。その他，商号（事業の名称）を全く違うものに変更すればこの責任は生じないが，その場合は商号・名称が持っていた顧客吸引力も利用できなくなる。一方，商号等の続用がなくても，譲渡会社の債務を引き受ける広告をした場合には譲受会社も責任を負うが，2年以内に請求等がなければ消滅する（会社23条）。

▶▶5　事業譲渡の瑕疵

　差止請求や無効の訴えが用意されていた会社分割など組織再編行為と異なり，事業譲渡等に重大な手続違反があった場合に，これを特別に争わせるための制度はない。株主総会決議を欠く事業譲渡・譲受けは何人（なにびと；「誰でも」の意）との関係でも無効であり，譲受会社側からもこれを主張できる（最判昭和61・9・11判時1215号125頁〔百選5事件〕）。

▶§4__　会社の組織変更

　「組織変更」とは，会社が法人格の同一性を保った状態のまま，「株式会社」と「持分会社（合名・合資・合同会社；→02章参照）」との間で種類を変えることである（会社2条26号参照；「組織再編」と混同する初学者が多いので注意）。持分会社の間で種類を変える（例えば，合名会社から合資会社へ）のは「持分会社の種類の変更」と呼ばれ，組織変更とは区別される（会社638条参照）。組織変更をするには，初めに「組織変更計画（会社743条）」を作成し，そこに示された効力発生日までに「総株主の同意（株式会社の場合；会社776条1項）」「総社員の同意（持分会社の場合；会社781条）」を得る必要がある（「社員」とは会社法上は出資者を指し，株式会社の社員を特に「株主」という。従業員のことではない）。株主総会特別決議で足りる組織再編行為より厳格な要件となっているのは，組織変更が社員の業務執行権限や持分の譲渡性，また特に社員の責任（有限責任・無限責任）

に大きな変更をもたらすからである。次に，債権者異議手続（会社779条・747条）を経なければならない。これら手続を履践した後，効力発生日に効力が発生することで，株式会社・持分会社間での組織変更が完了する（会社745条・747条）。以上の組織変更の手続に瑕疵がある場合は，組織変更無効の訴え（会社828条1項6号参照）によって，株主等は効力発生日から6か月以内に無効主張をすることができる。認容判決には対世効があるので，原告・被告の当事者以外の第三者にも効力が及ぶ（会社838条）。また，判決には遡及効がなく，判決の時点から将来に向かって合併などの効力が失われるにとどまる（将来効；会社839条）。

13章__ 会社の設立

▶ §1__ 総説

▶▶1 設立の意義

　設立とは，会社の実体を形成し，会社に法人格を取得させることをいう。会社法は，株式会社の設立について会社法25条～103条に規定し，持分会社の設立について会社法575条～579条に規定する。会社法の規定に従って会社の実体が形成されると，設立の登記（会社911条～914条）をすることで会社は法人格を取得する。

　設立では，会社の実体を形成することが重要であるが，この点は会社の種類により異なる。株式会社は，会社の根本規則である定款を作成し，株式引受人を定め出資を履行させて会社財産を形成し，取締役等の機関を決定することにより，会社の実体が形成される。これに対し，持分会社は，定款の作成が必要である点は株式会社と同様であるが，出資の履行は必ずしも必要ではない（たとえば，全社員が無限責任を負う合名会社は，社員となろうとする者が定款を作成すれば会社の実体は形成される。合同会社は，全社員が有限責任を負うため，株式会社と同様，出資の履行も会社成立前にする必要がある。会社578条参照）。

▶▶2 株式会社の設立──発起設立と募集設立

　本章では，以下，株式会社の設立を扱う。会社法は，株式会社の設立方法につき，発起設立と募集設立を定めている。発起設立とは，発起人が設立時発行株式（株式会社の設立に際して発行する株式）の全部を引き受ける方法（会社25条1項1号），募集設立とは，発起人が設立時発行株式を引き受けるほか，設立時発行株式を引き受ける者を募集する方法（会社25条1項2号）をいう。

　発起人とは，定款に発起人として署名または記名押印（電子署名も可）した者である（会社26条1項・2項）。発起人は，設立を企画し，自ら設立事務を執行して会社の成立に向けて尽力することになる。各発起人は，株式会社の設

立に際し設立時発行株式を1株以上引き受けなければならない（会社25条2項）。発起人の資格に制限はなく，行為能力のない者や法人でもよい。実質的に設立を企画しても定款に発起人として署名しない者は，法律上の発起人ではない。

　発起人の出資だけでは不足するような大規模な株式会社を設立するのには募集設立の方が適しているが，後述するように，募集設立の場合は株主の募集と創立総会開催という手続が必要となってくる。一般的に，募集設立はまれで，発起設立が多い。なお，組織再編（新設合併，新設分割，株式移転）の場面で新たな会社が設立される場合もあるが，本章では扱わない。

▸§2＿　設立中の会社と発起人の権限

▸▸1　設立中の会社

　会社は設立の登記によって成立し，法人格を取得するが，設立の登記前は権利能力を有しておらず，発起人が会社の設立のために様々な行為を行う必要がある。会社の成立前に発起人が取得した権利や負担した義務は，形式的には発起人に帰属するが，会社が成立すれば，発起人が取得した権利や負担した義務は成立した会社に帰属することになる。

　このことを説明するための概念が「設立中の会社」である。設立中の会社は，会社として成立することを目的とする権利能力なき社団であり，発起人はその執行機関である。発起人が会社の設立のために取得した権利や負担した義務は，形式的には発起人に帰属するが，実質的には設立中の会社に帰属するので，会社が成立すればこれらの権利義務は成立した会社に当然に帰属すると考えるのである。設立中の会社と成立した会社は実質的に同一の存在であると考えられる（同一性説）。

　発起人は1名でも会社を設立することができるが，発起人が複数の場合は，発起人間に会社の設立に必要な事務（定款の作成，設立時発行株式に関する事項の決定，株式の引受け等）を他の発起人と共同して行う合意があり，「発起人組合」という民法上の組合（民667条～688条）が存在すると考えられている。

▸▸2　発起人の権限

　発起人は，設立中の会社の執行機関として，会社の設立のために様々な行為を行う。発起人の権限の範囲内の行為であれば，その効力は成立後の会社に帰

属することになるが，発起人の権限を広く捉えすぎると，発起人による権限濫用や成立後の会社の過大な債務負担が懸念されるし，逆に狭く捉えすぎると，会社の設立事務に支障をきたすことが懸念されるため，発起人の権限の範囲については争いがある。

発起人の権限の範囲については，①会社の設立を直接の目的とする行為（定款の作成，設立時発行株式に関する事項の決定，株式の引受け等），②会社の設立に事実上・経済上必要な行為（設立事務所の賃借等），③開業準備行為（会社成立後の事業をスムーズに展開できるようにするための準備行為）が問題となるが，発起人は①および②の行為をする権限があるとするのが判例・通説の立場である（発起人の開業準備行為の効果は成立後の会社に帰属せず，発起人のなした開業準備行為は無権代理人の行為に類似するとして，民法117条の類推適用により発起人の責任を認めた判例として，最判昭和33・10・24民集12巻14号3228頁〔百選4事件〕）。なお，後述する財産引受け（会社28条2号）も開業準備行為に当たるが，発起人は開業準備行為をすることができないとする判例・通説の立場からは，会社法は厳格な要件を定めたうえで例外的に財産引受けについて許容したと捉えることになる。

▶§*3*__ 設立の手続

▶▶*1* 定款の作成

【1】 序

定款とは，会社の組織および活動に関する基本的事項を定めた根本規則のことである（→巻末資料「株式会社の定款モデル」を参照）。定款の作成とは，会社の根本規則を実質的に確定し，これを書面に記載または電磁的に記録することをいう。定款は，発起人が署名または記名押印（電子署名も可）したうえで，公証人の認証を受けなければ効力を生じない（会社30条1項。なお，30条2項）。発起人によって合意された内容を明確にし，後日の紛争を防ぐためである。最初の定款を原始定款と呼ぶが，公証人の認証が必要であるのは原始定款であり，その後の定款変更の際には公証人の認証は不要である。

定款は，発起人が定めた場所（会社成立後は，本店および支店）に備え置き，発起人（会社成立後は，株主および会社債権者）の閲覧・謄写等に供する（会社31条1項・2項。31条4項も参照）。会社成立後は，親会社社員（親会社の株主およびその他の社員をいう）も，権利を行使するため必要があるときは，裁判所の許可

を得て，閲覧・謄写等の請求をすることができる（会社31条3項）。

【2】 定款の記載事項

　定款の記載事項には，絶対的記載事項，相対的記載事項，任意的記載事項がある。

　❶　絶対的記載事項　　定款に必ず記載しなければならない事項をいい，この記載を欠くと定款が無効となる。絶対的記載事項には，目的，商号，本店の所在地，設立に際して出資される財産の価額またはその最低額，発起人の氏名または名称および住所，発行可能株式総数（授権株式数）がある（会社27条・37条）。これらのうち，発行可能株式総数は，会社成立時までに，発起人の全員の同意によって定め，記載する必要があるが（会社37条1項），公証人による定款認証時には定款に記載する必要はない。発行可能株式総数を原始定款で定めた場合は，会社の成立のときまでに，発起人の全員の同意によって変更することができ，公証人の認証は不要である（会社37条2項）。設立時発行株式の総数は，公開会社の場合，発行可能株式総数の4分の1以上でなければならない（会社37条3項）。

　❷　相対的記載事項　　定款に記載しなくても定款の効力に影響はないが，定款に記載しなければ効力を生じない事項をいう（会社29条参照）。後述する変態設立事項（会社28条）や，株式の内容についての定め（会社107条・108条），公告方法（会社939条1項・2項）などが相対的記載事項である。

　❸　任意的記載事項　　上記の❶❷以外で，会社法の規定に違反しないかぎり定款で定めることができる事項をいう。❷と異なり，定款で定めなくても効力があるが，定款で定めることで明確性が高まる。他方，定款で定めたときは，その変更には定款変更手続が必要となる。

【3】 変態設立事項

　❶　内容　　相対的記載事項のうち，現物出資，財産引受け，発起人の報酬その他の特別利益，設立費用を変態設立事項という（会社28条各号）。以下，それぞれについて説明する。

　(1)　現物出資（会社28条1号）　　現物出資とは，金銭以外の財産（動産，不動産，有価証券等）による出資をいう。会社が現物出資の目的物を過大に評価して不当に多くの株式を現物出資者に与えると，会社の財産的基礎を危うくして会社債権者を害することになるし，金銭出資をした者との間で不公平となるため，変態設立事項として規制されている。現物出資者の氏名または名称，当該財産

およびその価額ならびに割り当てる設立時発行株式の種類および数を定款で定めなければならない。現物出資ができるのは，発起人のみである。

　(2)　財産引受け（会社28条2号）　　財産引受けとは，発起人が会社のため会社の成立を条件として特定の財産を譲り受ける旨の契約をいう。現物出資が金銭以外の財産を出資して会社の株式を引き受けるのに対し，財産引受けは通常の売買契約であるが，財産引受けの目的物を過大に評価すると現物出資と同様の弊害のおそれがあり，現物出資の規制が潜脱されるおそれもあるため，変態設立事項として規制されている。財産引受けの目的となる財産およびその価額ならびに譲渡人の氏名または名称を定款で定めなければならない。定款の記載を欠く財産引受けは無効であり，この無効は会社だけでなく譲渡人も主張することができ，会社が追認しても有効とはならないとするのが判例の立場である（最判昭和28・12・3民集7巻12号1299頁，最判昭和61・9・11判時1215号125頁〔百選5事件〕）。

　(3)　発起人の報酬その他の特別の利益（会社28条3号）　　発起人の報酬とは，発起人が設立事務を執行する対価としての報酬であり，特別の利益とは，発起人の功労に対して特別に与えられる利益をいう。お手盛り防止などの観点から，変態設立事項として規制されている。

　(4)　設立費用（会社28条4号）　　設立費用とは，発起人が会社設立のために支出した費用をいう。事務所の賃借料，株式の募集広告費などがこれに当たる。設立費用は，会社が成立したときは，これを支出した発起人が会社に対して求償できるものであるが，設立に不必要な費用まで会社に対して求償できるとすると，会社の財産的基礎が害されるため，変態設立事項として規制されている。ただし，定款の認証の手数料その他会社に損害を与えるおそれがないものとして法務省令で定めるものについては，濫用のおそれがないため，除外される（会社28条4号かっこ書，会社規5条）。会社設立時に未だ弁済されていない設立費用の帰属につき，設立費用について定款に記載があり，創立総会において承認された場合は，その設立費用は当然成立後の会社に帰属し，発起人が負担するものではないとした判例がある（大判昭和2・7・4民集6巻428頁〔百選6事件〕）。

　❷　手続　　以上の変態設立事項は「危険な契約」とも呼ばれ，原始定款で定め，原則として裁判所が選任する検査役による調査（会社33条）を受け，不当であると判断されたときは定款を変更する必要がある。

　しかし，検査役による調査には時間と費用がかかるため，現物出資および財

産引受けの財産（以下「現物出資財産等」という）については，①定款に記載された現物出資財産等の価額の総額が500万円を超えない場合，②市場価格のある有価証券の価額が，法務省令で定める方法により算定された市場価格を超えない場合，③定款に記載された現物出資財産等の価額が相当であることについて，弁護士，弁護士法人，公認会計士，監査法人，税理士，税理士法人等の証明を受けた場合には，検査役による調査を省略することができる（会社33条10項各号。なお，33条11項）。

▶▶2　設立時発行株式に関する事項の決定・株式の引受け・出資の履行

　設立時発行株式とは，設立の際に発行される株式をいう。設立時発行株式が発行される過程では，設立時発行株式に関する事項の決定，株式の引受け，出資の履行が重要となる。以下，説明する。

【1】　設立時発行株式に関する事項の決定

　設立時発行株式に関する事項のうち，設立に際して出資される財産の価額またはその最低額は定款で定める必要があるが（会社27条4号），それ以外の事項は定款で定める必要はなく，原則として発起人の多数決で決定することができる（民670条）。しかし，①発起人が割当てを受ける設立時発行株式の数，②設立時発行株式と引換えに払い込む金銭の額，③成立後の株式会社の資本金および資本準備金の額に関する事項については，定款に定めがある場合を除き，発起人全員の同意を得て決定する必要がある（会社32条1項。種類株式発行会社の場合は，32条2項）。

【2】　株式の引受け

　❶　発起設立　　発起設立の場合，発起人が設立時発行株式の全部を引き受け，発起人が出資の履行をすれば，発起人は会社成立時に株主となる（会社50条1項）。

　❷　募集設立　　募集設立の場合，発起人は設立時発行株式の一部を引き受け，それ以外の残りについては，発起人が株主を募集することになる（会社57条）。募集に応じて設立時発行株式の引受けの申込みをした者に対して割り当てる設立時発行株式を，設立時募集株式という。設立時募集株式については，募集事項の決定（会社58条），申込み（会社59条・61条），割当て（会社60条・61条），引受け（会社62条），払込み（会社63条・64条）という過程をたどり，設立時募集株式の引受人が払込みをすれば，引受人は会社成立時に株主となる（会社102条2項）。

【3】 出資の履行

❶ **発起設立**　発起人は，設立時発行株式の引受け後遅滞なく，その引き受けた設立時発行株式につき，その出資に係る金銭の全額を払込み，またはその出資に係る金銭以外の財産の全部を給付しなければならない（会社34条1項）。金銭の払込みと金銭以外の財産の給付を合わせて「出資の履行」という。ただし，発起人全員の同意があるときは，登記等の第三者に対抗するために必要な行為は，会社の成立後にすることができる（会社34条1項ただし書）。

金銭の払込みは，発起人が定めた銀行・信託会社等（払込取扱機関）の払込みの取扱いの場所においてしなければならない（会社34条2項，会社則7条）。発起人の不正を防止し，払込みを確実にするためである。なお，出資の履行により設立時発行株式の株主となる権利の譲渡は，成立後の会社に対抗することができない（会社35条）。

発起人のうち，出資の履行をしていない者がある場合には，発起人は，出資の履行をしていない発起人に対して，期日を定め，その期日までに出資の履行をするよう当該期日の2週間前までに通知する必要がある（会社36条1項・2項）。通知を受けた発起人が期日までに出資の履行をしないときは，当該発起人は引受人の地位を失う（会社36条3項）。迅速な設立を実現するため，このような失権が認められる。

❷ **募集設立**　設立時募集株式の引受人は，払込期日または払込期間内に，発起人が定めた銀行等の払込みの取扱いの場所において，全額の払込みをしなければならず，払込みをしない場合は当然に失権する（会社63条1項・3項）。この場合，他の出資者により出資された財産の価額が定款で定めた「設立に際して出資される財産の価額またはその最低額」（会社27条4号）を満たさないときは，発起人は追加の引受人を募集しなければ設立手続を続行できない（逆に，これを満たしているときは，そのまま設立手続を続行できる）。

募集設立の場合には，発起人は，銀行等の払込取扱機関に対し，払込金の保管に関する証明書（保管証明書）の交付を請求することができる（会社64条1項）。保管証明書を交付した銀行等は，保管証明書の記載が事実と異なることや，払込金の返還に関する制限をもって成立後の会社に対抗することができない（会社64条2項）。募集設立では，設立登記の際に保管証明書の添付が必要となる（商業登記法47条2項5号）。

❸ **仮装の払込みに対する規制──預合いと見せ金──**

（1）　預合い　　預合い（あずけあい）とは，発起人が銀行等から資金を借入れ，これを預金に振り替えて株式の払込みにあてるが，この借入金を返済するまでは預金を引き出さないことを約束する行為をいう。この場合は，払込みがあった形式は整えられているものの，会社は払込金を運用することができず，実質的な払込みを欠いているため，有効な払込みとは認められないと考えられる。預合いは犯罪であり，会社法は，預合いに対して5年以下の懲役または500万円以下の罰金を科している（会社965条。なお，最判昭和42・12・14刑集21巻10号1369頁〔百選A44事件〕参照）。さらに，このような仮装の払込みを防止する観点から，発起人は銀行・信託会社等を払込取扱機関として定める必要があり（会社34条2項），募集設立において払込取扱機関が保管証明書を交付した場合についての規定（会社64条2項）を置いている。

（2）　見せ金　　預合いに対し，見せ金とは，発起人が払込取扱機関以外の者から借り入れた金銭を株式の払込みにあて，会社の成立後に引き出して借入金の返済にあてることをいう。預合いとは異なり，形式的にみれば，株式に対する金銭の払込みがあり，会社成立後の取締役に任務違反があるだけのようであるが，実質的にみれば，払込みの実質がなく，発起人が当初から仕組んだ仮装の払込みにすぎず，有効説もあるものの，一般的には見せ金は無効と考えられている（最判昭和38・12・6民集17巻12号1633頁〔百選7事件〕参照）。見せ金は，預合いと異なり，刑事罰の規定はない。

▶▶3　設立時役員等の選任・設立の登記

【1】　設立時役員等の選任

　設立時役員等とは，会社の設立に際して取締役，会計参与，監査役，会計監査人等となる者をいう。会社の設立の過程では発起人がほとんどの行為を行うが，設立事項の調査（会社46条1項・93条1項）などは設立時取締役等が行うとされており，誰の行為であるかを明確にするため，会社法は設立時役員等について規定している。設立時役員等の選任については，発起設立の場合と募集設立の場合で異なる。

　❶　発起設立　　発起人は，出資の履行が完了した後，遅滞なく，設立時取締役を選任しなければならない（会社38条1項）。設立しようとする会社が監査等委員会設置会社である場合は，設立時監査等委員とそれ以外の取締役を区別する必要がある（会社38条2項）。設立時会計参与，設立時監査役，設立時会計

監査人についても，出資の履行が完了した後，遅滞なく選任する必要がある（会社38条3項各号）。

　設立時役員等の選任は，発起人の議決権の過半数で決定するが，その際，発起人は，出資の履行をした設立時発行株式1株につき1個の議決権を有する（会社40条1項・2項。設立時役員等の選任の方法の特則については41条参照）。設立しようとする会社が，取締役会設置会社である場合は設立時取締役3名以上，監査役会設置会社である場合は設立時監査役3名以上，監査等委員会設置会社である場合は設立時監査等委員である設立時取締役3名以上が必要である（会社39条1項・2項・3項）。設立時役員等の解任には，発起人の議決権の過半数が必要であるが，設立時監査等委員である設立時取締役または設立時監査役の解任には，発起人の議決権の3分の2以上の多数決が必要である（会社42条〜45条参照）。

　設立時取締役（設立しようとする会社が監査役会設置会社の場合は，設立時監査役も含む）は，選任後遅滞なく，検査役の調査が不要な現物出資財産等（会社33条10項1号・2号）の価額の相当性，専門家による証明（会社33条10項3号）の相当性，出資の履行が完了していること，設立手続が法令・定款に違反していないことについて調査しなければならない（会社46条1項）。調査の結果，法令・定款違反や不当な事項があると認めるときは，発起人にその旨を通知しなければならない（会社46条2項。設立しようとする会社が指名委員会等設置会社の場合は，46条3項参照）。

　❷　募集設立　　募集設立の場合は，創立総会を開催したうえで，設立時役員等を選任する必要がある。創立総会とは，設立中の会社の決議機関であり，設立時株主（発起人および設立時募集株式の引受人）からなる。会社成立後の株主総会に相当するものである。設立時発行株式の引受人を募集する場合には，払込期日または払込期間以後，遅滞なく，創立総会を招集しなければならない（会社65条1項）。発起人は，必要があると認めるときには，いつでも創立総会を招集することができる（会社65条2項）。招集手続，議決権，議長の権限などは株主総会とほぼ同様であるが（会社67条以下），創立総会の権限は，設立に関する事項に限られる（会社66条）点が株主総会とは異なる。創立総会は，議題以外の事項について決議することができないが，定款の変更または設立の廃止については，議題として招集通知に記載または記録がなくても決議することができる（会社73条4項）。

　創立総会では，発起人が設立の経過を報告し（会社87条），設立時取締役等を

選任する（会社88条）。設立時取締役（設立しようとする会社が監査役会設置会社の場合は，設立時監査役も含む）は，選任後遅滞なく，検査役の調査が不要な現物出資財産等（会社33条10項1号・2号）の価額の相当性，専門家による証明（会社33条10項3号）の相当性，出資の履行が完了していること，設立手続が法令・定款に違反していないことについて調査し，調査の結果を創立総会で報告する（会社93条1項・2項。設立時取締役等が発起人の場合の特則は94条参照）。創立総会は，変態設立事項を不当と考えたときは定款の変更も可能であるが（会社96条），この場合，定款変更に反対した設立時株主は，決議後2週間以内に限り，設立時発行株式の引受けに係る意思表示を取り消すことができる（会社97条）。

創立総会の決議は，当該創立総会において議決権を行使することができる設立時株主の議決権の過半数であって，出席した当該設立時株主の議決権の3分の2以上に当たる多数決をもって行う（会社73条1項。ただし，73条2項・3項）点も株主総会と異なる。

【2】 設立の登記

発起設立の場合も募集設立の場合も，株式会社は本店の所在地における設立の登記によって成立し，法人格を取得する（会社49条）。株式会社の設立の登記は，代表者が，所定の日から2週間以内にしなければならない（会社911条1項・2項）。登記しなければならない事項は，会社法911条3項が定める。登記申請には，所定の添付書類や登録免許税が必要になる。設立の登記により，設立中の会社の段階では発起人に形式的に帰属していた権利義務は，成立後の会社に帰属することになる。発起人は，会社の成立後は，錯誤，詐欺または強迫を理由として設立時発行株式の引受けの取消しをすることができない（会社51条2項）。設立時募集株式の引受人は，会社の成立後または創立総会もしくは種類創立総会においてその議決権を行使した後は，錯誤，詐欺または強迫を理由として設立時発行株式の引受けの取消しをすることができない（会社102条6項）。

▶§4__ 設立の無効・会社の不存在と会社の不成立

▶▶1 設立の無効・会社の不存在

設立の登記がなされても，設立の過程において法定の要件を満たさない場合には，一般原則により設立は無効となるはずである。しかし，設立の登記がなされ外観上は会社が有効に成立すると，会社をめぐる多数の法律関係が生じる

旧商法では，株式会社を設立するには資本金1000万円以上（旧商法168条の4），有限会社を設立するには資本金300万円以上（旧有限会社法9条）が必要であった。株式会社の株主や有限会社の社員は間接有限責任を負うに過ぎないことから，会社債権者保護のため，このような最低資本金制度が採用されていたのである。しかし，最低資本金制度は，責任財産が会社に現実に存在していることまでを保障するものではなく，会社成立後に会社財産が資本金額に満たなくなっても増資や会社の解散が要求されるわけではなかったので，会社債権者保護にはあまり役立つものではないといわれてきた。また，最低資本金制度は，実態として起業や新規事業の参入を妨げる原因となっていたことから，最低資本金制度は撤廃され，会社法では，設立に際して出資される財産の価額またはその最低額を定めなければならないことになった（会社27条4号）。もっとも，会社法は，資本金額にかかわらず純資産額が300万円未満の場合，剰余金の配当を禁止しており（会社458条），この限りにおいて最低資本金制度が果たしてきた会社債権者保護機能は会社法のもとでも残っているといえる。

【矢﨑淳司】

ことになるので，一般原則により設立を無効とすると，多数の法律関係が混乱し，法的安定性を害することになる。そこで，会社法は，設立の無効を画一的に処理するため，設立無効の訴えを設けた。設立の無効は，設立の登記から2年以内に，株主，取締役，清算人，監査役等が訴えを提起する方法によってのみ認められる（会社828条1項1号・2項1号）。設立無効の訴えは，形成訴訟であり，設立を無効とする判決が確定すると，設立無効の判決は当事者だけではなく，第三者にも効力が及ぶが（会社838条。対世効），無効の効力は遡及せずに将来に向かってのみ効力を有し（会社839条），会社は清算をしなければならない（会社475条2号）。

　設立の無効事由は，設立手続に重大な瑕疵がある場合に限定されると解されている。たとえば，①定款の絶対的記載事項が欠けていたり，定款の記載が違法である場合，②設立時株式を1株も引き受けない発起人がいる場合，③定款に公証人の認証がない場合，④株式発行事項について発起人全員の同意がない場合，⑤設立に際して出資される財産の総額が定款所定の最低額に満たない場合，⑥募集設立において創立総会が開催されない場合などである。

以上の設立の無効に比して，会社の設立手続の瑕疵が甚だしい場合に「会社の不存在」が主張されることがある。会社の不存在に関する会社法の規定はないが，誰でもいつでも会社の不存在を主張することができる。

▶▶2　会社の不成立

　会社の不成立とは，会社の設立が途中で挫折し，設立の登記まで至らなかった場合をいう。この場合は，途中までなされた設立手続の後始末が問題となる。この場合，発起人は，連帯して，設立に関してした行為について責任を負い，設立に関して支出した費用を負担する（会社56条）。発起人は，連帯して，設立時募集株式の引受人に対して払込金を返還する責任がある。また，定款の認証手数料等の設立費用は，定款に記載があっても全額が発起人の負担となる。誰でもいつでも会社の不成立を主張することができる。

▶§5＿　設立に関する責任

　設立に関する不正行為を防止し，会社債権者や設立時募集株主等を保護するため，会社法は，発起人，設立時取締役，設立時監査役等に対し，刑事罰（会社960条1項）や過料（会社976条）を科すほか，以下のような厳格な民事責任を課している。

▶▶1　出資された財産等の価額が不足する場合の責任

　会社の成立時における現物出資財産等（現物出資または財産引受けの対象となる財産）の価額が定款で定めた価額に著しく不足するときは，発起人および設立時取締役は，会社に対し，連帯して，不足額を支払う義務を負う（会社52条1項）。ただし，現物出資（会社28条1号）の財産を給付した者または財産引受け（会社28条2号）の財産の譲渡人を除き，以下の場合は，発起人および設立時取締役はこの義務を免れる。①発起設立において，現物出資または財産引受けについて検査役の調査を経た場合，または，発起人または設立時取締役が職務を行うについて注意を怠らなかったこと（無過失）を証明した場合（会社52条2項），②募集設立において，現物出資または財産引受けについて検査役の調査を経た場合（会社103条1項・52条2項）である。現物出資または財産引受けについて専門家による証明・鑑定がなされた場合は，証明・鑑定を行った専門家も発起人お

および設立時取締役と連帯して不足額を支払う義務を負うが，当該証明者が無過失を証明した場合は責任を免れる（会社52条3項）。

▶▶2　出資の履行を仮装した場合の責任

　発起人は，設立時発行株式について，金銭の払込みまたは金銭以外の財産の給付を仮装した場合は，会社に対し，仮装した出資に係る金銭の全額または財産の全部の給付をする義務を負う（会社52条の2第1項）。出資の仮装に関与した発起人または設立時取締役も，連帯して同様の義務を負うが，無過失を証明した場合は責任を免れる（会社52条の2第2項・3項）。募集設立の場合における設立時募集株式の引受人は，会社に対し，仮装した払込金額の全額の支払をする義務を負い，この義務は総株主の同意がなければ免除できない（会社102条の2第1項・2項）。出資の履行を仮装した発起人または払込みを仮装した設立時募集株式の引受人は，以上の責任を果たした後でなければ，仮装した設立時発行株式について，設立時株主および株主の権利を行使することができないが（会社52条の2第4項・102条3項），この設立時発行株式またはその株主となる権利を譲り受けた者は，悪意または重大な過失があるときを除き，設立時株主および株主の権利を行使することができる（会社52条の2第5項・102条4項）。

▶▶3　任務懈怠責任

　発起人，設立時取締役，設立時監査役は，会社の設立について任務を怠ったときは，会社に生じた損害を賠償する責任を負う（会社53条1項）。この責任は，総株主の同意がなければ免除することができない（会社55条）。これらの者は，職務を行うについて悪意または重大な過失があったときは，第三者に生じた損害を賠償する責任を負う（会社53条2項）。会社法53条1項・2項の責任は，連帯責任である（会社54条）。

▶▶4　疑似発起人の責任

　募集設立の場合において，募集の広告その他募集に関する書面等に，自己の氏名または名称および株式会社の設立を賛助する旨を表示することを承諾した者を疑似発起人という。疑似発起人は，定款に署名をしておらず，法律上の発起人ではないが，禁反言ないし権利外観法理にもとづき，疑似発起人を発起人とみなして，発起人と同様の責任を負わせている（会社103条4項）。

14章　会社の解散・清算

▸§1　解散

▸▸1　意義

解散とは，会社の法人格の消滅を生じさせる原因となる事実である。もっとも会社の法人格は，――解散事由が合併の場合を除いて――解散によって直ちに消滅するのではない（→▸▸3【1】）。

▸▸2　解散事由

株式会社は，次の事由によって解散する（会社471条各号）。同条には定められていなが，休眠会社についてみなし解散という制度が設けられている（→★Topic__18）。

【1】　定款で定めた存続期間の満了（会社471条1号）

定款で存続期間を定めた場合には，その期間が満了した時に会社は解散する。

【2】　定款で定めた解散事由の発生（会社471条2号）

例えば①鉱山会社において，鉱脈が尽きたら解散する，②創業者であるワンマン社長の特殊な能力で事業が成り立っている会社で，社長が死亡したら解散する。このような定めを定款に置いている場合に，鉱脈が尽きた時あるいは社長が死亡した時に会社は解散する。

【3】　株主総会の決議（会社471条3号）

株主総会の特別決議によって会社はいつでも解散できる（会社309条2項11号）。決議の時に会社は解散する。

【4】　合併（会社471条4号）

合併当事会社のうち合併によって消滅する会社は解散する。①吸収合併では被吸収会社，②新設合併ではすべての当事会社である。上記①では合併契約で定めた吸収合併の効力発生日（会社749条1項6号），上記②では新設合併の登記（会社922条）をした日（会社754条1項）に解散する。

★Topic__18　休眠会社のみなし解散

　会社は事業を休止していても——解散命令がなされない限り（→▶§1▶▶2【6】）——存続する。しかしこのような会社が存在すると，①登記が実態を反映しておらず，登記に対する信頼を害する，②いわゆる会社屋の標的になり，登記が悪用されるおそれがある，③登記事務のコストが余計にかかるといった弊害が生じる。このような弊害をなくすため，最後の登記があった日から12年を経過した会社を休眠会社と定義したうえで，休眠会社を法務大臣の職権で解散させるのが，休眠会社のみなし解散という制度である（会社472条）。

　みなし解散の手続（休眠会社の整理作業）は次の通りである。事業を廃止していない旨の届出を２か月以内に登記所にすべき旨を休眠会社に対して法務大臣が官報に公告し，登記所は休眠会社にその旨を通知する。上記届出を書面でする（会社規139条），または会社に関する登記がされる，そのいずれもないときは，上記２か月の期間が経過した日に解散したものとみなされる（みなし解散）。登記官は職権で解散の登記をしなければならない（商登72条）。みなし解散とされたときは，通常清算が行われる（→▶§2▶▶1【2】）。清算が結了するまでは，株主総会の特別決議による継続も可能であるが（→▶§1▶▶3【3】），みなし解散後３年以内という制限がある（会社473条）。

　上記の届出または登記（会社472条）がなされたときは，登記官は裁判所に対して過料事件の通知をする（商登規118条）。例えば取締役を選任する手続またはその登記を怠ったことを理由にして、代表取締役（または代表取締役職務執行者）は過料に処せられる（会社915条・976条１号・22号）。

　休眠会社の整理作業は1974年から始まり，2020年までに12回行われている。整理作業をする時期（間隔）について法定されていないが，2014年以降は年１回行われている。直近の第12回の整理作業では，2020年10月15日時点で上記12年という期間を経過している会社を対象にする旨の公告が同日なされている。同年12月15日までに上記の届出または登記のいずれもなく，同月16日付けでみなし解散とされた休眠会社は，31,516社である（法務省のホームページhttp://www.moj.go.jp/MINJI/minji06_00082.html参照（2021年４月29日最終閲覧））。

　休眠会社が上記届出をしてみなし解散とされない場合であっても，その後例えば取締役の選任の登記をはじめとする必要な登記がない場合には，休眠会社の要件を充たすため次回整理作業の対象にもなる。

【多木誠一郎】

【5】 破産手続開始の決定（会社471条5号）

会社は，破産手続開始の決定があった場合には，その決定の時に解散する（破産30条2項）。

【6】 解散命令（会社471条6号）

会社法が定める一定の場合において，公益を確保するため会社の存立を許すことができないと認めるときは裁判所は，法務大臣または株主，債権者その他の利害関係人の申立てによって，会社の解散を命じることができる（会社824条1項）。解散を命じる裁判所の決定が確定した時に会社は解散する。

【7】 解散判決（会社471条6号）

下記①または②の状況にあり，かつやむを得ない事由があるときは，総株主の議決権の10分の1以上の議決権を有する株主または発行済株式の10分の1以上の数の株式を有する株主は，訴えによって会社の解散を請求することができる（会社833条1項）。解散判決が確定した時に会社は解散する。

やむを得ない事由とは，下記①または②という危機的状況を打開するための公正かつ相当な手段がないことを意味する（持分会社の解散の訴え（会社833条2項）についての最判昭和61・3・13民集40巻2号229頁〔百選79事件〕）。

① 会社が業務の執行において著しく困難な状況に至り，回復できない損害が会社に生じ，または生じるおそれがあるとき（同条1項1号）。例えば対立する2派がそれぞれ各50％の議決権を有しており（つまり双方とも議決権の過半数を有していない），会社の正常な運営に必要な意思決定ができない状況である（東京地判平成28・2・1 D1-Law.com判例体系29016192〔百選93事件〕）。二進も三進も行かない状況である。

② 会社の財産の管理または処分が著しく失当で，会社の存立を危うくするとき（同項2号）。例えば取締役が会社の財産を不当に流用し，それにより会社が立ちゆかなくなるような場合である。休眠状態にある会社について，近い将来会社が営業活動を再開する予定であり，しかもそれが実現可能なものである等の特段の事情のない限り，本②に該当するとする判決例がある（大阪地判昭和57・5・12判時1058号122頁）。

▶▶3 解散の効果

【1】 一般

上記▶▶2【4】以外の解散事由によって会社が解散した場合には，会社の法

人格は解散によって直ちに消滅するのではない。このうち上記▶▶2【1】−【3】【6】【7】の解散事由によって会社が解散したときは，解散に続いて会社法の規定に基づく清算を行う（会社475条1号。→▶§2▶▶1【1】）。清算の結了によって会社の法人格は消滅する（会社476条。→▶§2▶▶4【2】）。上記▶▶2【5】の解散事由によって会社が解散したときは，破産法の規定に基づく破産手続をふむ。破産手続の終了によって会社の法人格は消滅する（破産35条）。

　これに対して上記▶▶2【4】の解散事由によって解散した場合には，解散と同時に会社の法人格は消滅し，清算は行われない。

【2】解散の登記

　上記▶▶2【1】【2】【3】の解散事由によって会社が解散した場合には，本店の所在地において2週間以内に解散の登記をしなければならない（会社926条）。

【3】会社の継続

　上記▶▶2【1】【2】【3】の解散事由によって会社が解散した場合には，清算が結了するまでは，株主総会の特別決議によって会社を継続することができる（会社473条・309条2項11号）。

▶§2　清算

▶▶1　総説

【1】意義

　上記▶§1▶▶2【1】−【3】【6】【7】の解散事由によって会社が解散した場合には，解散に続いて会社法の規定に基づく清算を行う（→▶§1▶▶3【1】）。清算は，会社の現務を結了し，債権の取立て・債務の弁済を行い，必要に応じて財産を換価して残余財産を株主に分配することを最終目的にする手続である（会社481条）。会社を巡る法律関係の後始末をするための手続である。

　解散した場合以外でも清算を行うことがある。会社設立の無効の訴えを認容する判決が確定した場合および株式移転の無効の訴えを認容する判決が確定した場合である。会社設立・株式移転が遡って無効になるのではなく，将来に向かって無効とされるため（会社839条），これらの行為が有効であることを前提にしてなされた行為によって生じた法律関係の後始末をすべく，解散の場合と同じく清算を行う。

　清算を会社の自治に大幅に委ねると，会社財産の分配を巡って株主の間で対

立が生じるおそれがある。債権者にとっては，株主有限責任の原則のもとでは（会社104条），自らの債権の引当てになるのは会社財産のみであり，株主への分配のあり方によって大きな影響を受ける。あるいは特定の会社債権者のみに有利な弁済がなされないようにする必要がある。このような事情に照らして会社法は，清算について詳細に規整している。

【2】　清算の種類

会社の清算には，通常清算と特別清算がある。通常清算は文字通り通常のすなわち原則的な清算である。これに対して特別清算は，下記①または②という特別の事由があると認められるときに行われる清算である。①清算の遂行に著しい支障を来すべき事情があること，②債務超過の疑いがあることである。裁判所による厳格な監督のもとで行われる。

特別清算は倒産処理手続の1つであり（→NB.3 会社法Ⅱ10章▶§4▶▶2），ここでは通常清算についてのみ説明する。

【3】　清算株式会社

清算の開始原因に該当し（会社475条。→【1】），清算をしなければならない株式会社を清算株式会社という。清算株式会社は，清算の開始原因が生じる前の会社と同一の法人格を有する。清算が結了するまで清算株式会社は存続する。ただし清算株式会社は，清算の目的の範囲内においてのみ権利能力を有する（会社476条）。清算人が目的の範囲外の行為をしても，行為の効果は清算株式会社に帰属しない（最判昭和42・12・15判時505号61頁）。それゆえ事業にかかる取引を新たにすることは一般的にはできない（→▶▶3【3】）。

▶▶2　清算株式会社の機関

清算株式会社は，目的である事業（会社27条1号）を行わない。それゆえ事業にかかる業務執行をしたり，その決定に参加することを職務とする取締役は終任になる。取締役に代わって清算人が置かれる（会社477条1項）。清算人会・代表清算人が置かれることもある（会社477条2項・483条1項・489条3項）。株主総会は存続し（会社491条・295条〜320条参照），監査役・監査役会は存続しうる（会社477条2項）。

【1】　清算人・清算人会・代表清算人

❶　清算人の意義・定数・資格・任期・就任・終任　　清算人は，清算株式会社における業務（清算事務）を執行すること（非清算人会設置会社の場合），ま

たは業務執行の決定に参加すること等（清算人会設置会社の場合）を職務とする者である（会社482条・489条2項）。1人以上の清算人を置かなければならない（会社477条1項）。清算人会設置会社では清算人は3名以上である（会社478条8項→会社331条5項）。清算人の消極的資格(欠格事由)は取締役の場合と同じである(会社478条8項→会社331条1項)。

　清算の開始原因が解散であり，そのうち解散事由が解散命令・解散判決の場合以外では，同原因が生じる前の会社の取締役全員が清算人になるのが原則である（会社478条1項1号。法定清算人）。ただし取締役の一部または取締役以外の者を株主総会の決議または定款で清算人に選任することも可能である（同項2号・3号）。同項の規定により清算人になる者がいないときは，利害関係人の申立てにより裁判所が清算人を選任する（同条2項）。清算の開始原因が解散命令・解散判決の場合には，利害関係人もしくは法務大臣の申立てによりまたは職権で裁判所が清算人を選任する（同条3項）。清算の開始原因が解散以外の場合には（会社475条1項2号・3号。→▶▶1【1】），利害関係人の申立てにより裁判所が清算人を選任する（同条4項）。法定清算人以外の清算人については，清算人への就任には被選任者の承諾が必要である。

　清算人の任期について会社法に定めはない。株主総会の決議または定款で定めない場合には，清算の結了までが任期である。任期を定めているときは，任期満了によって清算人は終任になる。任期を定めているのか否かにかかわらず，欠格事由に該当・清算の結了・委任の終了事由の発生（民651条・653条）によって終任になる。

❷　清算人の職務　　非清算人会設置会社では清算人が1人の場合には，業務執行の決定・業務執行・代表は同人が行う（会社482条1項・483条1項本文）。清算人が複数いる場合には，業務執行の決定は定款に別段の定めがある場合を除き，清算人の過半数でする（会社482条2項）。決定した内容を実行に移す，すなわち業務を執行するのは各清算人である（同条1項）。代表も各清算人がするのが原則であるが（会社483条1項本文），代表清算人を定めたときは同人のみが代表権限を有する（同項ただし書）。

❸　清算人会・代表清算人　　清算株式会社は定款の定めによって清算人会を置くことができる（会社477条2項）。下記の通り，清算の開始原因が生じる前の会社における取締役会・代表取締役に倣った体制がとられている。もっとも清算の開始原因が生じる前に取締役会設置会社であっても，定款に定めを置か

なければ清算人会は置かれない。監査役を置く場合には，清算人会を置かなければならない（同条1項）。清算人会を任意に置く会社とその設置を強制される会社を総称して，清算人会設置会社という（会社478条8項）。

　清算人会は清算人全員で組織する（会社489条1項）。清算人会設置会社では，清算人会が清算人の中から代表清算人を選定する（会社489条2項3号・3項本文）。ただし清算人の選任方法（→❶）に応じて特別の定めがある（会社489条3項ただし書・5項・483条4項・5項）。

　清算人会は，清算株式会社の業務執行を決定し，清算人の職務執行を監督する（会社489条2項1号・2号）。決定した内容を実行に移す，すなわち業務執行をするのは代表清算人・選定業務執行清算人である（同条7項）。代表清算人は清算株式会社を対外的に代表する（会社483条1項ただし書）。

【2】　清算の開始原因が生じる前に存在した機関

❶　株主総会　　株主総会は清算株式会社にも置かれる。権限・招集手続・運営については，清算の開始原因が生じる前の会社の株主総会におけるのと同様である（会社491条・295条～320条）。

❷　監査役・監査役会　　監査役は，定款の定めによって置くことができる（会社477条2項）。①清算の開始原因が生じる前の会社が監査役を置く旨を定款に定めていたとき，②上記①に該当しないが，清算株式会社の株主総会でその旨を新たに定款に定めたときである。もっとも清算の開始原因が生じた時に公開会社または大会社であった清算株式会社は，監査役を置かなければならない（同条4項）。監査役は，清算人の職務の執行を監査することを職務とする（会社491条・381条）。

　清算株式会社は，定款の定めによって監査役会を置くことができる（会社477条2項）。

　監査役・監査役会には，清算の開始原因が生じる前の会社における監査役・監査役会についての規定が適用される（会社4章7節・8節の適用がある旨を会社491条が定める）。

❸　その他の機関　　清算の開始原因が生じると取締役は終任になる（→▶▶2冒頭）。取締役を構成員とする取締役会，取締役の中から選定される代表取締役を置くことはできない。会計参与・会計監査人・監査等委員会・指名委員会等・執行役も置くことができない（会社477条7項が会社326条2項の適用を排除）。

▶▶3　清算手続──清算人による清算事務の執行

【1】　総説

　清算は，残余財産を（一般的には金銭で）株主に分配することを最終目的とする。清算手続は，清算人による業務（清算事務）の執行としてなされる（非清算人会設置会社の場合。清算人会設置会社の業務執行については，→▶▶2【1】❸）。

　清算人が行う清算事務として，現務の結了・債権の取立て・債務の弁済・残余財産の分配が列挙されている（会社481条）。しかしここに列挙された事項は清算事務の主要なものにすぎず，清算事務はこれらに限られない。例えば債務を弁済したり，残余財産を金銭で分配したりするには，財産を換価する必要がある。これも清算事務に含まれる（→【5】）。清算手続の基礎になる清算開始時の財産目録・貸借対照表の作成という清算事務もある（→【2】）。

【2】　財産の現況の調査

　清算人は，就任後遅滞なく清算株式会社の財産の状況を調査し，清算の開始原因が生じた日における財産目録等（財産目録・貸借対照表）を作成し，これらを株主総会に提出または提供して承認を受けなければならない。清算人会設置会社では株主総会の承認を求めるに先立ち，財産目録等について清算人会の承認を受けなければならない（会社492条）。

【3】　現務の結了

　清算人は現務を結了しなければならない（会社481条1号）。現務の結了とは，清算の開始原因が生じる前の会社で未了のままになっている業務の後始末をすることである。例えば取引先との継続的取引関係や従業員との雇用関係を終了させることである。

　事業にかかる取引を新たにすることは，現務の結了には一般的には含まれない（→▶▶1【3】）。もっとも現務の結了に必要であれば事業にかかる取引を新たにすることもできる。例えば棚卸資産の売却，締結済みの供給契約を実行するための目的物の仕入れである。

【4】　債権の取立て

　清算人は債権の取立てをしなければならない（会社481条2号）。債権の取立てとは，清算株式会社が有する債権にかかる債務者から債務の履行を受けることである。つまり弁済の受領である（民473条）。代物弁済の受領（民482条）・更改（民513条）・和解（民695条）・担保権の実行（民369条）・債権譲渡（民466条）による債権回収も債権の取立てに含まれる。

【5】 財産の換価

　債務の弁済・残余財産の分配をするには，清算株式会社の財産を換価する必要がある（→【1】）。任意売却で足りる。財産を個々に売却するのみならず，事業の譲渡をすることも可能であるが，清算の開始原因が生じる前と同様株主総会の特別決議を要する（会社491条・467条1項1号・2号・309条2項11号）。

【6】 債務の弁済

　清算人は，清算株式会社の負っている債務を弁済しなければならない（会社481条3号）。自らの債権の引当てになるのが清算株式会社の財産のみである会社債権者に，弁済を受ける機会を公平に与えるため，下記の通り慎重な手続を践むことが要求されている。清算株式会社は，清算の開始原因が生じた後遅滞なく，①債権者に対して，一定の期間内（2か月以上であることを要する。債権申出期間）にその債権を申し出るべき旨を官報に公告し，かつ②清算株式会社に知れている債権者には各別にこれを催告しなければならない（会社499条1項）。この公告には，当該債権者が債権申出期間に申出をしないときは清算から除斥される旨を付記しなければならない（同条2項）。

　債権申出期間内は債務の弁済をすることができない（会社500条1項前段。2項に例外）。それにもかかわらず清算株式会社は，弁済の遅延によって生じた責任を免れることはできない（同条1項後段）。

　債権申出期間の経過後に，申出をした債権者・知れている債権者に対して債務の弁済をする。同期間内にその債権の申出をしなかった債権者は，——知れている債権者を除き——清算から除斥される（会社503条1項）。清算から除斥された債権者は，申出をした債権者・知れている債権者に対して清算株式会社が弁済した後に残っている財産に対してのみ弁済を請求できる（同条2項）。

【7】 残余財産の分配

　株主に対する残余財産の分配は，清算株式会社の債務を弁済した後でなければすることができない（会社502条前段。後段に例外）。株主は会社債権者に劣後する。

　残余財産の分配は，各株主の有する株式の数に応じてなされる（会社504条3項）。株式会社が営利法人である点に照らすと——剰余金の配当と同様——持株数に応じて残余財産の分配をすることが本来的だからである。金銭以外の財産を残余財産として分配することも可能である。この場合には当該残余財産に代えて金銭を交付することを清算株式会社に対して請求する権利（金銭分配請

求権）を株主は有する（会社505条）。

　非公開会社では残余財産の分配について,株主ごとに異なる取扱いを行う旨（属人的な定め）を定款で定めることができる（会社109条2項）。定款に定めを置かなくとも全株主の同意で属人的な定めをしたときも, 同項の趣旨に反するところはなく有効であるとする判決例がある（東京地判平成27・9・7判時2286号122頁）。

▶▶**4**　清算の結了とその後

【1】　決算報告の承認

　清算事務が終了したときは清算株式会社は決算報告を遅滞なく作成し（会社507条1項）, 株主総会に提出または提供してその承認を受けなければならない（同条3項）。清算人会設置会社では株主総会に提出または提供するに先立ち, 決算報告は清算人会の承認を受けなければならない（同条2項）。株主総会の承認によって清算人の任務懈怠責任は免除されたものとみなされる（同条4項。→▶▶2【1】❹）。

【2】　清算の結了

　清算事務が終了し, 決算報告が株主総会に承認されれば清算が結了（終了）する。これにより清算株式会社の法人格は消滅する（最判昭和59・2・24刑集38巻4号1287頁）。上記承認があっても実際に清算事務が終了していなければ, その終了時に清算が結了する。

　清算が結了したときは, 株主総会による決算報告の承認の日から2週間以内に,本店の所在地において清算結了の登記をしなければならない(会社929条1号)。会社設立の登記と異なり（会社49条）, 清算結了の登記に創設的効力はない。つまり登記によって法人格が消滅するのではなく, 既に効力が生じている法人格の消滅という事項を公示するにすぎない。

【3】　帳簿資料の保存

　清算人（清算人会設置会社では代表清算人・選定業務執行清算人）は, 清算株式会社の帳簿資料すなわち帳簿および事業・清算に関する重要な資料を清算結了の登記の日から10年間保存しなければならない（会社508条）。帳簿資料について閲覧・謄写請求の規定はない（会社442条対照）。判例によると利害関係人は, 帳簿資料の閲覧・謄写を請求することはできない（最判平成16・10・4民集58巻7号1771頁）。清算終了後も秘匿することを要する情報が記載された資料が存在しうることを理由とする。

15章__ 外国会社と国際会社

▶§1__ 内国会社と外国会社

コロナ禍により多少の鈍化はあるであろうが，日本で活動する外国会社は，グローバル化の流れの中で増加している。外国の会社が日本法のもとで子会社を設立する場合は内国会社として扱えばよいが，外国会社として日本国内で活動された場合には，どのように規制をかけるかという問題がある。そこで，会社法は外国会社の日本市場への適応のための規定を置いている。これはまた，内国会社のみを対象とする規定の適用範囲の確定のためにも，外国会社を明確に定義する必要があるとも言える。

この問題は，会社法と国際私法との交錯であり，すなわち端的にはどの国の法律を適用すべきかという問題である。まず，外国会社か内国会社かの区分については，以下のような主義が唱えられる。

・設立準拠法主義：準拠法による区別
・本拠地法主義：会社の事業活動の本拠による区別
・管理主義：企業を支配する者の国籍による区別

日本法は，設立準拠法主義を採用する（会社2条2号）。会社法は外国会社と内国会社を明確に区別しつつ，内外問わず会社全般に適用するルールの定めは，「会社（外国会社を含む）」という定め方をしている（例えば会社5条・10条など）。

設立準拠法主義によるとしても，日本よりも基準の緩やかな某国法により設立した会社が専ら日本で活動しているような場合，外国会社に適用される規定だけでなく，日本の会社法そのものを適用すべきではないかという問題は生じうる。これに対処するため，日本に本店を置き，または日本において事業を行うことを主たる目的とするいわゆる擬似外国会社は，継続的取引はできず，これに違反して取引した者は，相手方に対して外国会社と連帯して債務の弁済責任を負い（会社821条），過料も課せられうる（会社979条2項）。

★Topic__**19**　多国籍企業（multinational enterprise）

　　多国籍企業とは，いくつかの定義があるものの，単純に言えば複数の国にまたがる活動をしている企業ということになる。例えば本社が日本で設立された会社であり，子会社としてアメリカや中国に現地法人などを設立している場合（本社と子会社が別の法人格）であっても，多国籍企業である。国際的な移動リスクにさらされることなく活動でき，日本のように資源に乏しい国の企業でも原材料の調達もしやすく，また国際的企業としてブランド力も高い。GAFAなどが特徴的である（→★Topic__**04**参照）。

　　もっとも，多国籍企業には問題点も多々ある。一般的に指摘されるのは，発展途上国に進出することで雇用創出等がなされるメリットもありつつ反面で途上国内の小規模企業が競争に勝てず撤退するとか，環境破壊を起こすとか，あるいは文化面での軋轢をもたらすなどである。そのため，OECDには常設の多国籍企業問題を検討する委員会（国際投資委員会）が置かれており，「多国籍企業行動指針」を公表している。

　　このほかにも労働問題として児童雇用や途上国での低賃金での雇用，また税金逃れなど様々な問題が指摘される中，前述の指針や，多国籍企業の社会的責任（CSR）が問われるようになっている。

【道野真弘】

‣§**2**__　日本国内での外国会社の活動

　他国で法人格を有する会社は，自動的にわが国でも法人格がある（民35条2項）。一方，本国で法人格のない会社はわが国でも法人格を認められないが，会社としては認められる（会社2条2号は「法人その他の外国の団体」であって会社と同種または類似するものと定義する）。

　日本で継続的に事業活動をする場合，日本での代表者を定め，最低1名は日本に住所を持つ必要があり（会社817条），外国会社としての登記も必要である（会社933条2項，会社規220条1項6号7号）。登記なき継続取引は，外国会社名で取引した個人が会社と連帯責任を負う（会社818条。過料の制裁について979条2項）。なお，登記をしても規制産業についての活動は，別途要件を具備しないとできない。

　外国会社は実態が本拠地である国にあるとなると，日本における実態を掴む

★Topic__20　株式の自由譲渡性と表現の自由

　「日刊新聞紙の発行を目的とする株式会社の株式の譲渡の制限等に関する法律」では，その1条に「一定の題号を用い時事に関する事項を掲載する日刊新聞紙の発行を目的とする株式会社にあつては，定款をもつて，株式の譲受人を，その株式会社の事業に関係のある者に限ることができる」とし，関係のない者に株式が渡った場合は，関係のある者に譲渡しなければならない旨あわせて定款に定めることができるとする。これは外国の投資家に限ることではないが，日刊新聞紙の表現の自由・報道の自由保護のための定めであり，とりわけ外国の投資家に多数の株式を保有されると日本企業としての独立性が保たれず，諸外国のプロパガンダに用いられる可能性も否定できない。株式の自由譲渡性との関連では極めて特殊な法律であるが，表現の自由・報道の自由という基本的人権に直結する権利との関連では，当然の規定とも言える。

【道野真弘】

ことが困難になる。そこで日本における代表者を定めることが必要になるわけであるが，日本に営業所を設けていない外国会社が外国会社としての登記後に営業所を日本国内に設置したときは，代表者の住所地と営業所の所在地との登記の管轄地域が異なる場合は前者において3週間以内に営業所を設けたことを登記し，後者では4週間以内に外国会社の登記が必要だが，同じ管轄区域内の場合は代表者の住所地において営業所を設けたことを登記すれば足りる（会社936条1項）。反対に外国会社が日本での営業所を全て閉鎖する場合，日本での代表者がいる限り，代表者の住所地と営業所の所在地との登記管轄区域が異なる場合はそれぞれにおいて登記が必要だが，同一区域内の場合は営業所閉鎖の登記だけで足りる（同2項）。

　代表者が日本国内からいなくなる場合は，債権者保護手続の後その終了または債権者を害するおそれがないことを証明する書面を添付して退任登記を申請し，この登記により退任の効力が発生する（会社820条，商登130条2項）。もっとも，代表者が残債務を負担しないまま国外に出る可能性もあり，実効性に乏しいとの批判もある（会社429条の準用も必要ではないかとの見解あり）。

　外国会社の存立，機関，社員，資金調達，会計と開示などは，原則として本国会社法に照らして判断される。ただし，内国会社だと解散命令を受けるようなケースに関する定めもある（会社822条・827条）。また代表者については，表

見代表等（会社817条2項3項，代表機関や従業員の不法行為についての同4項，法の適用に関する通則法（以下法通）17条・18条）の規定もある。さらに純粋に取引の問題については当事者自治を原則として（法通7），流通地法としての日本法で判断されるし，資金調達に関連して，継続事業会社でなくても，日本での証券の募集・売出しには金融商品取引法上の規制がかけられるのは当然であろう。計算書類の開示に関しても，日本の株式会社に相当する外国会社は毎年度貸借対照表の公告義務がある（会社819条1項）。

▶ §3__ 企業の国際化

GAFAなどを例に挙げるまでもなく，日本企業でも国際的大企業に限らず，他国に進出するケースは多々ある。このとき，例えば駐在員の派遣，営業所の設置，現地法人の設立，現地法人との合弁，買収など，どのような形で進出するかは，国際取引法との関連でも問題となる。その点はここでは省略し，日本企業が諸外国（の投資家）と関係を持つ際の数点の問題に絞って言及するにとどめる。

日本の会社に対して，外国の投資家が投資をすることは少なくない。その際，外国の投資家が株主となるわけであり，どのような対応をすべきか。通常は，株式取扱規則によって日本に常任代理人を置くよう当該株主に求めるようである。今後ICTによって株主権の行使が外国からも可能にはなっていくであろうが，セキュリティの問題など解決すべき点は多い。

諸外国で資金調達をする場合，その地の証券市場に直接会社の株式を上場することも可能であるが，上場基準に定める条件によってはそれが困難な場合もある。外国預託証券（米国市場向けのADR＝American Depositary Receipt，EU市場向けのGDR＝Global Depositary Receiptなど）は，ある企業が本拠地とする国で発行した株式を信託銀行等に預託し，それをもとに発行する証券であり，これを証券市場に上場することで資金調達をする。反対に言えば，米国の投資家はドル建てで外国の企業に投資することができる。

外国人の（日本の会社の）役員就任は日産のカルロス・ゴーン氏問題で一般にも有名になったが，以前からあることである。日本企業（内国会社）では日本国籍の者しか経営者になれないような規定はなく，あくまで日本法に基づいて株主総会の承認決議等の手続に基づいて行われる。

アメリカの会社と日本の会社が合併するような，国際的な合併は法制度が用意されておらずできない。株式取得による子会社化は可能であり，いわゆる「三角合併」による子会社化は理論上できる。実際，会社法が制定された平成17年，ほとんどの条文が平成18年施行であったが，三角合併を可能にする規定に関しては，さらに1年施行が延期されていた。外国企業による「買収」に対処する期間を，日本企業が欲したからである。もっとも，対処策が奏功したのか，実際にはあまり行われなかったようである。

▶参考文献ガイド

＊原則として令和元年改正会社法をフォローアップしている基本書を掲載

▶▶1　基本書

神田秀樹『会社法（法律学講座双書）』弘文堂（2021年，第23版）
　＊なお，2022年3月に，第24版が刊行された。
田中亘『会社法』東京大学出版会（2021年，第3版）
江頭憲治郎『株式会社法』有斐閣（2021年，第8版）
弥永真生『リーガルマインド会社法』有斐閣（2021年，第15版）
柴田和史『会社法詳解』商事法務（2021年，第3版）
近藤光男『最新株式会社法』中央経済社（2020年，第9版）
伊藤靖史・大杉謙一・田中亘・松井秀征『会社法（LEGAL QUEST）』有斐閣（2021年，第5版）
髙橋美加・笠原武朗・久保大作・久保田安彦『会社法』弘文堂（2020年，第3版）
河本一郎・川口恭弘『新・日本の会社法』商事法務（2020年，第2版）
高橋英治『会社法概説』中央経済社（2019年，第4版）

▶▶2　令和元年改正会社法の判例解説書，実務書

神作裕之・藤田友敬・加藤貴仁編『会社法判例百選』有斐閣（2021年，第4版）
山下友信・神田秀樹編『商法判例集〔第8版〕』有斐閣（2020年，第8版）
神作裕之・藤田友敬編『商法判例百選』有斐閣（2019年）
竹林俊憲編著『一問一答　令和元年改正会社法』商事法務（2020年）
田中亘・梅野靖一郎・沖隆一・加藤貴仁・齋藤真紀・邉英基編著『Before／After会社法改正』弘文堂（2021年）

▶01章＿会社法への誘い

次の各文章の正誤を答えなさい。

①会社法が定める会社には合名会社・合資会社・合同会社・株式会社の４つの形態がある。

②会社法上，証券取引所で株式が取引されている会社のことを公開会社と呼ぶ。

③会社の性質は営利法人であり，社団性は会社法上は有しない。

▶02章＿ 株式会社の機関設計

次の各文章の正誤を答えなさい。

①新たに有限会社を設立することはできないが，既存の会社が旧有限会社と合併して有限会社になることは可能である。

②株式会社はもちろんのこと，持分会社も全て出資者１名で設立・存続することができる。

③有限責任事業組合は民法の特別法たる有限責任事業組合契約に関する法律により設立されるが，これには法人格がない。

▶03章＿ 会社の経営機関

次の各文章の正誤を答えなさい。

①株式会社では，１名以上の代表取締役を置かなければならない。

②甲社と乙社の取締役を兼任するAが乙社を代表して，Bが代表する甲社と取引する場合，乙社において利益相反取引の承認が必要となる。

③取締役の報酬の決定は，定款の定めまたは株主総会決議によらなければならない。

▶04章＿ 取締役等の責任

次の各文章の正誤を答えなさい。

①経営判断原則とは，取締役のなした経営判断は，経営の専門家としての判断であるから，結果のいかんを問わずに無条件に尊重されるべきであるとの考えである。

②取締役の第三者に対する責任（会社429条１項）は，第三者保護のための特別な法定責任であるとするのが判例の立場である。

③株主代表訴訟に勝訴した株主は，当該役員等から，直接，その損害の賠償を受けることができる。

④責任限定契約と会社補償では，当該契約の相手方となる取締役の範囲は，非業務執行担当取締役等に限られる。

▶05章__ 会社を代表する者

次の各文章の正誤を答えなさい。

①会社は，代表取締役を選定することができるが，代表権限の帰属を明確にするため，その人数は1名に限られる。

②取締役会規則（内規）によって代表取締役の権限に加えた制限は，会社内部関係においても，第三者に対しても有効である。

③表見代表取締役は会社を代表する権限を有しないので，当該表見代表取締役がした行為について，会社は，第三者に対しては，いかなる場合にも責任を負わない。

④表見代表取締役がした行為の相手方は，善意であったとしても，重過失がある場合には保護されない。

▶06章__ 取締役会

次の各文章の正誤を答えなさい。

①取締役会設置会社では，業務の執行は代表取締役が行わなければならない。

②指名委員会等設置会社の取締役は，執行役を兼ねてはいけない。

③監査等委員会設置会社の監査等委員会は，全ての監査等委員である取締役で組織され，その過半数は社外取締役でなければならない。

▶07章__株主総会

次の各文章の正誤を答えなさい。

①取締役会設置会社において，会社法が株主総会の決議事項として定めている事項を，取締役会において決議できることとするためには，あらかじめ，定款にその旨を定めておく必要がある。

②取締役会設置会社の株主総会においては，招集者が会議の目的として定めた事項以外の事項について決議することができない。

③公開会社において，株主総会の招集通知は，招集者が会日の2週間前までに発しなければならないが，口頭による通知であっても有効な招集通知と認められる。

▶08章__株主総会と株主権

次の各文章の正誤を答えなさい。

①株主総会決議において，自己株式には議決権が認められず，「議決権を行使できる株主の議決権」の数には算入されない。

②株主は，自らが株主総会において議決権行使できない事項についても，株主提案権を行使することができる。

③取締役等は，株主総会における株主からの質問に対して，質問をした当該株主が理解するまで説明を尽くさなければ，会社法314条の説明義務に違反すると解するのが判例の立場である。

▶09章＿＿ 株主総会決議の瑕疵・欠缺

次の各文章の正誤を答えなさい。
①株主総会決議無効確認・不存在確認の訴えの提訴権者は会社法の明文で限定されている。
②株主総会決議の瑕疵・欠缺を争う訴えはすべて提訴期間の限定はない。
③株主総会決議無効確認・不存在確認の訴えを認容する判決は，すべて判決確定の時点から将来に向かって効力を生ずる。
④先行する株主総会における取締役選任決議が不存在である場合，そこで選任されたとされる取締役らによる取締役会決議によって選定された代表取締役が株主総会を招集しそこで決議が行われたとしても，後行の株主総会決議は不存在とするのが判例の見解である。

▶10章＿会社の監査機関等

次の各文章の正誤を答えなさい。
①監査役は，全ての株式会社で設置義務がある。
②監査役設置会社の取締役は，同時に監査役を兼ねることができる。
③監査役設置会社の監査役は，監査役会の決議に拘束される。
④「モニタリングモデル」のほうが監査に対する信頼性が高いため，日本の上場会社のほとんどが「指名委員会等設置会社」をとっている。

▶11章＿M&A法制【1】

次の各文章の正誤を答えなさい。
①「株式会社がその発行済株式の全部を他の株式会社等に取得させる」行為のことを「吸収合併」という。
②会社の吸収合併は，消滅会社と存続会社両方の財産状態に影響を及ぼすことから，いわゆる「債権者異議手続」を両方の会社のすべての債権者に対してしなければならない。
③現在の最高裁判例によれば，組織再編行為（合併や株式交換・株式移転など）によってシナジーが発生する場合，事前にこの組織再編行為に反対し「株式買取請求権」を用いて会社から退出する株主は，シナジーを受け取らないという意思表示をしたと評価できることから，シナジーを含んだ価格での株式買取りを請求することはできない。
④現行法（2022年時点の法律）では，A株式会社が別のB株式会社を子会社にするために「株式交付」という制度を使うことができ，この方法で「100％ではない親子会社（例えば，A社がB社の80％の持株比率を有する）」を形成することができる。

▶12章＿ M&A法制【2】

次の各文章の正誤を答えなさい。
①会社分割において，分割会社となる会社は常に1社であり，2社以上が共同で分割会社になる方法は法律上許されていない。

②吸収分割において，分割会社に対する債権や債務を承継会社に移転させるかどうかは会社分割契約において定めるが，これに伴い「分割会社に対して債務の履行を請求できない」債権者は債権者異議手続の対象となる。

③吸収合併など組織再編行為の「無効の訴え」における無効事由は法定されておらず，解釈に委ねられている。

④事業譲渡においては，会社分割のような複雑な債権者異議手続が用意されていない。

▶13章__会社の設立

次の各文章の正誤を答えなさい。

①株式会社を設立する場合，設立時の資本金の額は1000万円以上でなければならない。

②株式会社を設立する場合，定款に記載・記録されずに行われた財産引受けは絶対的に無効であり，会社が追認することはできないとするのが判例の立場である。

③会社の設立無効の訴えが提起され，設立を無効とする判決が確定した場合，当該会社は直ちに消滅する。

▶14章__会社の解散・清算

次の各文章の正誤を答えなさい。

①株主総会の特別決議によって会社が解散する場合には，会社の法人格は解散によって直ちに消滅する。

②清算株式会社にも取締役は存在する。

③株主に対する残余財産の分配は，清算株式会社の債務を弁済した後でなければすることができない。

▶15章__外国会社と国際会社

次の各文章の正誤を答えなさい。

①外国会社とは，外国法に準拠して設立された会社のことであり，法人格がなくても会社として扱われることがある。

②外国の会社と日本の会社が直接合併する法制度はないが，日本の会社が外国国籍の者を代表者にすることは会社法上問題はない。

大東京○○株式会社定款

第1章　総　則

（商号）
第1条　当会社は，大東京○○株式会社と称し，英文ではＤＡＩＴＯＫＹＯ××Ｃ
　　Ｏ．，Ｌｔｄ．と表示する。

（目的）
第2条　当会社は，次の事業を行うことを目的とする。
　⑴　○○の製造及び販売
　⑵　××の輸入及び販売
　⑶　（省略）
　⑷　（省略）
　⑸　（省略）
　⑹　（省略）
　⑺　前各号に附帯又は関連する一切の事業

（本店所在地）
第3条　当会社は，本店を東京都○○区に置く。

（公告方法）
第4条　当会社の公告は，電子公告により行う。
　2　事故その他やむを得ない事由によって電子公告による公告をすることができない
　　場合には，○○新聞に掲載する方法により行う。

第2章　株　式

（発行可能株式総数，発行可能種類株式総数）
第5条　当会社の発行可能株式総数は，１０万株とする。
　2　優先株式の発行可能種類株式総数は，３万株，普通株式の発行可能種類株式総数
　　は，７万株とする。

（株券の発行）
第6条　当会社の発行する株式については，株券を発行するものとする。
　2　当会社の発行する株券は，１００株券，５００株券及び１０００株券の3種類と
　　する。

（優先株主に対する優先配当金）
第7条　当会社は，優先株式の株主に対し，毎事業年度の末日において配当すべき剰余
　　金の中より１株につき金○円を普通株式に優先して配当する。

2　優先配当金の支払が，前項の優先配当額に達しないときは，同項の規定にかかわらず，その不足額を優先株式の株主に対して配当しない。

（自己株式の取得）

第8条　当会社は，取締役会決議によって，市場取引等により自己株式を取得することができる。

（単元株式数，単元未満株式の株券不発行）

第9条　当会社の1単元の株式数並びに普通株式及び優先株式の1単元の株式数は，いずれも100株とする。

　2　当会社は，1単元の株式数に満たない数の株式に係る株券を発行しない。

（単元未満株主の売渡請求）

第10条　当会社の単元未満株式を有する株主は，その有する単元未満株式の数と併せて単元株式数となる数の株式を自己に売り渡すことを当会社に請求することができる。

（単元未満株主の権利制限）

第11条　当会社の単元未満株主は，次に掲げる権利以外の権利を行使することができない。

　⑴　会社法第189条第2項各号に掲げる権利

　⑵　剰余金の配当を受ける権利

　⑶　募集株式又は募集新株予約権の割当てを受ける権利

　⑷　前条に規定する単元未満株式の買増しを請求する権利

（株主名簿記載事項の記載の請求）

第12条　当会社の株式の取得者が株主の氏名等株主名簿記載事項を株主名簿（実質株主名簿を含む。）に記載又は記録することを請求するには，当会社所定の書式による請求書にその取得した株式の株主として株主名簿に記載若しくは記録された者又はその相続人その他の一般承継人と株式の取得者が署名又は記名押印し，共同してしなければならない。ただし，株式取得者が株券を提示して請求をしたとき等法務省令で定める場合には，株式取得者が単独で上記請求をすることができる。

（質権の登録及び信託財産の表示の請求）

第13条　当会社の発行する株式につき質権の登録，変更若しくは抹消又は信託財産の表示若しくは抹消を請求するには，当会社所定の書式による請求書に当事者が署名又は記名押印し，株券を添えてしなければならない。

（株券の再発行）

第14条　当会社の発行する株券の分割若しくは併合又は株券の毀損，汚損等の事由により株券の再交付を請求するには，当会社所定の書式による請求書に請求者が署名又は記名押印し，これに株券を添えてしなければならない。

　2　株券の喪失によりその再発行を請求するには，当会社所定の書式による株券喪失登録請求書に請求者が署名又は記名押印し，これに必要書類を添えてしなければならない。

（手数料）

第15条　前3条の請求をする場合には，当会社所定の手数料を支払わなければならない。

（基準日）

第16条　当会社は，毎年3月末日の最終の株主名簿に記載又は記録された議決権を有する株主をもって，その事業年度に関する定時株主総会において権利を行使することができる株主とする。

　2　前項のほか，必要があるときは，あらかじめ公告して，一定の日の最終の株主名簿に記載又は記録されている株主又は登録株式質権者をもって，その権利を行使することができる株主又は登録株式質権者とすることができる。

　3　第1項及び前項の規定にかかわらず，同各項の株主の権利を害しない場合には，同各項記載の日の後に，募集株式の発行，合併，株式交換又は吸収分割その他これに準ずる事由により当会社の議決権を有する株式を取得した者の全部又は一部を当該定時株主総会において議決権を行使することができる株主と定めることができる。

（株主名簿管理人）

第17条　当会社は，株主名簿，実質株主名簿，株券喪失登録簿及び新株予約権原簿（以下「株主名簿等」という。）の作成及び備置きその他株主名簿等に関する事務を取り扱わせるため，株主名簿管理人を置き，当会社においてこれを取り扱わない。

　2　株主名簿管理人及びその事務取扱場所は，取締役会の決議によって定め，これを公告する。

　3　株主名簿等は，株主名簿管理人の営業所に備え置く。

（株式取扱規則）

第18条　当会社の株式の譲渡承認手続，株主名簿記載事項の記載の請求手続その他株式に関する取扱い及び手数料については，法令又は定款に定めるほか，取締役会において定める株式取扱規則による。

第3章　株主総会

（招集時期）

第19条　当会社の定時株主総会は，毎事業年度の終了後3か月以内に招集し，臨時株主総会は，必要がある場合に招集する。

（招集権者）

第20条　株主総会は，法令に別段の定めがある場合を除き，取締役会の決議により，執行役社長が招集する。

　2　執行役社長に事故があるときは，あらかじめ取締役会の定めた順序により，他の執行役又は取締役がこれに当たる。

（株主総会の招集地）

第21条　株主総会は，東京都〇〇区において招集する。

（招集通知）

第22条　株主総会の招集通知は，当該株主総会の目的事項について議決権を行使する

ことができる株主に対し，会日の2週間前までに発する。

（株主総会の議長）

第23条　株主総会の議長は，執行役社長がこれに当たる。

　2　執行役社長に事故があるときは，取締役会においてあらかじめ定めた順序により，他の執行役又は取締役が議長になる。

　3　執行役又は取締役全員に事故があるときは，株主総会において出席株主のうちから議長を選出する。

（株主総会の決議）

第24条　株主総会の決議は，法令又は定款に別段の定めがある場合を除き，出席した議決権を行使することができる株主の議決権の過半数をもって行う。

　2　会社法第309条第2項の定めによる決議は，定款に別段の定めがある場合を除き，議決権を行使することができる株主の議決権の3分の1以上を有する株主が出席し，その議決権の3分の2以上をもって行う。

（議決権の代理行使）

第25条　株主は，代理人によって議決権を行使することができる。この場合には，株主総会ごとに代理権を証する書面を当会社に提出しなければならない。

　2　前項の代理人は，当会社の議決権を有する株主に限るものとし，かつ，2名以上の代理人を選任することはできない。

（議事録）

第26条　株主総会の議事については，開催の日時及び場所，議事の経過の要領及びその結果，出席した取締役，執行役及び会計監査人その他会社法施行規則第72条第3項に定める事項を記載又は記録した議事録を作成し，議長及び出席した取締役及び執行役がこれに署名若しくは記名押印又は電子署名をし，株主総会の日から10年間本店に備え置く。

第4章　取締役及び取締役会

（取締役の員数）

第27条　当会社の取締役は，30名以内とする。

（取締役の選任）

第28条　取締役は，株主総会において，議決権を行使することができる株主の議決権の3分の1以上を有する株主が出席し，その議決権の過半数の決議によって選任する。

　2　取締役の選任については，累積投票によらない。

（取締役の解任）

第29条　取締役の解任決議は，議決権を行使することができる株主の議決権の過半数を有する株主が出席し，その議決権の3分の2以上をもって行う。

（取締役の任期）

第30条　取締役の任期は，選任後1年以内に終了する事業年度のうち最終のものに関する定時株主総会の終結の時までとする。

2　任期満了前に退任した取締役の補欠として，又は増員により選任された取締役の任期は，前任者又は他の在任取締役の任期の残存期間と同一とする。

（取締役会の設置）

第３１条　当会社は，取締役会を置く。

（取締役会長）

第３２条　取締役会長は，取締役会の決議で定める。

（取締役会の権限）

第３３条　取締役会は，当会社の業務執行を決定し，執行役等の職務の執行を監督する。

（取締役会の招集権者及び議長）

第３４条　取締役会は，法令に別段の定めがある場合を除き，取締役会長が招集し，議長となる。

2　取締役会長に欠員又は事故があるときは，取締役会があらかじめ定めた順序により，他の取締役がこれに当たる。

3　前2項の定めにかかわらず，第４２条に定める各委員会の委員長は，取締役会を招集することができる。

4　第1項及び第2項の定めにかかわらず，執行役は，法令の定めに従い，取締役会の招集を請求し，又は招集することができる。

（取締役会の招集通知）

第３５条　取締役会の招集通知は，会日の3日前までに各取締役に対して発する。ただし，緊急の必要があるときは，この期間を短縮することができる。

2　取締役全員の同意があるときは，招集の手続を経ないで取締役会を開くことができる。

（取締役会の決議方法）

第３６条　取締役会の決議は，議決に加わることができる取締役の過半数が出席し，その出席取締役の過半数をもって行う。

2　決議について特別の利害関係がある取締役は，議決権を行使することができない。

（取締役会の決議の省略）

第３７条　当会社は，取締役が提案した決議事項について取締役（当該事項につき議決に加わることができるものに限る。）の全員が書面又は電磁的記録により同意の意思表示をしたときは，当該事項を可決する旨の取締役会の決議があったものとみなす。

（議事録）

第３８条　取締役会の議事については，開催の日時及び場所，議事の経過の要領及びその結果，出席した特別利害関係を有する取締役の氏名，出席した執行役，会計監査人又は株主の氏名又は名称その他会社法施行規則第１０１条第3項で定める事項を議事録に記載又は記録し，出席した取締役が署名若しくは記名押印又は電子署名をし，取締役会の日から１０年間本店に備え置く。

2　前条により取締役会の決議を省略するときは，決議があったものとみなされた事項の内容，当該事項を提案した取締役の氏名，決議があったものとみなされた日，

議事録の作成に係る職務を行った取締役の氏名等会社法施行規則第１０１条第４項第１号で定める事項を議事録に記載又は記録し，同議事録及び前条の意思表示を記載し，又は記録した書面又は電磁的記録を決議があったものとみなされた日から１０年間本店に備え置く。

（取締役会規則）

第３９条　取締役会に関する事項については，法令及び定款に定めのあるもののほか，取締役会の定める取締役会規則による。

（取締役の責任の一部免除）

第４０条　当会社は，会社法第４２３条第１項に定める取締役の責任について，当該取締役が職務を行うにつき善意でかつ重大な過失がない場合において，責任の原因となった事実の内容，当該取締役の職務の執行の状況その他の事情を勘案して特に必要と認めるとき等法令に定める要件に該当する場合には，会社法第４２５条第１項に定める範囲で取締役会の決議により免除することができる。

２　当会社は，取締役（業務執行取締役等であるものを除く。）が職務を行うにつき善意でかつ重大な過失がないとき等法令に定める要件に該当する場合には，当該取締役との間に，会社法第４２３条第１項による賠償責任を限定する契約を締結することができる。ただし，当該契約に基づく賠償責任額は，金〇〇万円以上であらかじめ定める額又は法令が規定する額のいずれか高い額とする。

（取締役の報酬等）

第４１条　取締役の報酬，賞与その他の職務執行の対価として当会社から受ける財産上の利益（以下「報酬等」という。）は，報酬委員会の決議によって定める。

第５章　委員会

（各委員会の設置）

第４２条　当会社は，指名委員会，監査委員会及び報酬委員会を置く。

（各委員会の構成等）

第４３条　各委員会は，取締役３名以上で構成し，その過半数は，社外取締役であって当会社の執行役でない者でなければならない。

２　監査委員会の委員は，当会社若しくはその子会社の執行役若しくは業務執行取締役又は当会社の子会社の会計参与（会計参与が法人であるときは，その職務を行うべき社員）若しくは支配人その他の使用人を兼ねることができない。

（委員の選定方法）

第４４条　各委員会の委員は，取締役の中から，取締役会の決議により選定する。

（各委員会の権限）

第４５条　指名委員会は，株主総会に提出する取締役の選任及び解任に関する議案の内容を決定する。

２　監査委員会は，次に掲げる事項を行う。

　(1)　執行役及び取締役の職務の執行の監査及び監査報告の作成

　(2)　株主総会に提出する会計監査人の選任及び解任並びに会計監査人を再 任しない

ことに関する議案の内容の決定

　3　報酬委員会は，取締役及び執行役の個人別の報酬等の内容の決定をする。

（委員会の招集及び招集権者）

第４６条　委員会は，当該委員会の各委員が招集する。

　2　委員会の招集通知は，各委員に対し，会日の５日前までに発するものとする。ただし，緊急を要するときは，この期間を短縮することができる。

　3　前項の規定にかかわらず，委員会は，当該委員会の委員の全員の同意があるときは，招集の手続を経ることなく開催することができる。

（決議方法）

第４７条　委員会の決議は，議決に加わることができる委員の過半数が出席し，出席した委員の過半数をもって行う。

（議事録）

第４８条　各委員会の議事については，開催の日時及び場所，議事の経過の要領及びその結果，出席した特別利害関係を有する委員の氏名，出席した執行役又は会計監査人の氏名又は名称その他会社法施行規則第１１１条第３項で定める事項を議事録に記載又は記録し，出席した委員が署名若しくは記名押印又は電子署名を行い，委員会の日から１０年間本店に備え置く。

（委員会規則）

第４９条　各委員会に関する事項は，法令，定款又は取締役会で定めるもののほか，各委員会において定める委員会規則による。

第6章　執行役

（執行役の員数）

第５０条　当会社の執行役は，１０名以内とする。

（執行役の選任）

第５１条　執行役は，取締役会の決議によって選任する。

　2　代表執行役は，取締役会の決議によって執行役の中から選定する。ただし，執行役が１名のときは，その者が代表執行役に選定されたものとする。

（執行役の任期）

第５２条　執行役の任期は，選任後１年以内に終了する事業年度のうち最終のものに関する定時株主総会の終結後最初に招集される取締役会の終結の時までとする。

（役付執行役及び権限）

第５３条　取締役会の決議をもって，執行役社長，執行役副社長，執行役専務及び執行役常務を若干名選定することができる。

　2　取締役会は，執行役の職務の分掌及び指揮命令関係その他の執行役の相互に関係する事項を定めることができる。

（執行役の報酬等）

第５４条　執行役の報酬等は，報酬委員会の決議によって定める。

　2　執行役が当会社の支配人その他の使用人を兼ねるときは，当該兼務に係る報酬等

についても，前項と同様とする。

（執行役の責任の一部免除）

第５５条　当会社は，会社法第４２３条第１項に定める執行役の責任について，当該執行役が職務を行うにつき善意でかつ重大な過失がない場合において，責任の原因となった事実の内容，当該執行役の職務の執行の状況その他の事情を勘案して特に必要と認めるとき等法令に定める要件に該当する場合には，会社法第４２５条第１項に定める範囲で取締役会の決議により免除することができる。

第７章　会計監査人

（会計監査人の設置及び員数）

第５６条　当会社は，会計監査人を置く。

　２　会計監査人は，３名以内とする。

（会計監査人の選任）

第５７条　会計監査人は，株主総会において，議決権を行使することができる株主の議決権の３分の１以上を有する株主が出席し，その議決権の過半数の決議によって選任する。

（会計監査人の任期）

第５８条　会計監査人の任期は，選任後１年以内に終了する事業年度のうち最終のものに関する定時株主総会の終結の時までとする。

　２　会計監査人は，前項の定時株主総会において別段の決議がされなかったときは，当該定時株主総会において再任されたものとみなす。

（会計監査人の報酬等）

第５９条　会計監査人の報酬等は，代表執行役が監査委員会の同意を得てこれを定める。

（会計監査人の責任の一部免除）

第６０条　当会社は，取締役会の決議をもって，会社法第４２３条第１項に定める会計監査人の責任を法令の限度において免除することができる。

　２　当会社は，会社法第４２７条第１項の規定により，会計監査人との間に，同法第４２３条第１項に定める賠償責任を限定する契約を締結することができる。ただし，当該契約に基づく賠償責任額は，金○○万円以上であらかじめ定める額又は法令が規定する額のいずれか高い額とする。

第８章　計　算

（事業年度）

第６１条　当会社の事業年度は，毎年４月１日から翌年３月末日までの年１期とする。

（剰余金の配当）

第６２条　当会社は，取締役会の決議によって，会社法第４５９条第１項各号に掲げる事項を定めることができる。

　２　当会社は，毎事業年度末日現在の最終の株主名簿（実質株主名簿を含む。）に記載又は記録された株主又は登録株式質権者に対して，金銭による剰余金の配当を行う。

3　当会社は，会社法第４５９条第１項各号に掲げる事項は，株主総会の決議によっ
　　ては定めない。
（配当の除斥期間）
第６３条　剰余金の配当がその支払の提供の日から３年を経過しても受領されないとき
　　は，当会社は，その支払義務を免れるものとする。
2　未払の配当金には，利息を付けない。

第９章　附　　則

（設立に際して出資される財産の最低額並びに成立後の資本金及び資本準備金の額）
第６４条　当会社の設立に際して出資される財産の最低額は，金５億円とし，出資され
　　た財産の価額の２分の１を資本金とし，その余を資本準備金とする。
（最初の事業年度）
第６５条　当会社の最初の事業年度は，当会社成立の日から平成○○年３月末日までと
　　する。
（発起人の氏名ほか）
第６６条　発起人の氏名又は名称，住所並びに引受株式の種類及び数は，次のとおりで
　　ある。
　　　　　　東京都○○区○町○丁目○番○号
　　　　　　　発起人　　○○○○　　　　普通株式　　１万株
　　　　　　東京都○○区○町○丁目○番○号
　　　　　　　発起人　　××××　　　　普通株式　　５０００株
　　　　　　東京都○○区○町○丁目○番○号
　　　　　　　発起人　　△△△△　　　　普通株式　　５０００株
　　　　　　東京都○○区○町○丁目○番○号
　　　　　　　発起人　　株式会社□□　　普通株式　　３万株
（法令の準拠）
第６７条　この定款に規定のない事項は，全て会社法その他の法令に従う。

　　以上，大東京○○株式会社設立のため，この定款を作成し，発起人が次に記名押印する。

　　　　平成○○年○○月○○日

　　　　　　　　　　発起人　　○○○○　　　　　　　　（印）
　　　　　　　　　　発起人　　××××　　　　　　　　（印）
　　　　　　　　　　発起人　　△△△△　　　　　　　　（印）
　　　　　　　　　　発起人　　株式会社□□
　　　　　　　　　　　　代表取締役　○○○○　　　　　（印）

〔資料出所〕　東京公証人会HP（http://www.tokyokoshonin-kyokai.jp/eoaoi）掲載の定款例をもとに作成。

ネオ・ベーシック商法2

会社法 I　ガバナンス編

2022年5月10日　初版第1刷印刷
2022年5月20日　初版第1刷発行

編著者　道 野　真 弘
発行所　　(株)北大路書房

〒603-8303　京都市北区紫野十二坊町12-8
電　話　(075) 431-0361 (代)
ＦＡＸ　(075) 431-9393
振　替　01050-4-2083

企画・編集制作　秋山　泰（出版工房ひうち：燧）
装　　丁　上瀬奈緒子（綴水社）
組　　版　華洲屋（kazu-ya）
印刷・製本　（株）太洋社